로스쿨
경제법

주진열

LAW SCHOOL
ECONOMIC LAW

박영사

독점금지법은 자유시장을 보호하는 마그나 카르타이다.

"Antitrust laws in general, and the Sherman Act in particular, are the Magna Carta of free enterprise."
- 미국 연방대법원(1972)

머리말

본서는 변호사시험 경제법 출제경향, 학습 가이드 및 답안 작성 요령, 핵심 조문과 판례, 전체 기출 답안 해설, 실전연습을 위한 연도별 기출 문제를 수록하여, 효율적이고 효과적인 시험 대비가 될 수 있도록 만들어졌다. 법무부가 발간하는 변호사시험용 법전을 보면 경제법편 6개 법령 분량이 많아 보이지만, 실제로 시험에 출제되는 핵심 조문은 극히 일부이고 암기해야 할 판례 분량도 적어서 다른 선택과목에 비해 효율적 시험 대비가 가능하다. 2022년 국제거래 법 기출 문제와 경제법 기출 문제를 비교해보면 알겠지만, 경제법 문제가 국제거래법 문제보다 더 어렵지도 않고 더 복잡하지도 않으며, 문제 설문을 봐도 알 수 있듯이 경제법 문제가 훨씬 간단하다. 본서를 중심으로 경제법 시험을 대비하면, 국제거래법이나 환경법과 비교해도 손색이 없을 것이다.

토익이나 텝스 시험을 위해 셰익스피어 작품을 영어 원서로 공부하는 수험생은 없을 것이다. (물론 토익이나 텝스 수험서로 셰익스피어 문학을 연구하려는 사람도 없을 것이다.) 변호사시험도 시험이고, 시험은 시험일뿐이다. 본서는 수험서이므로 실무에서는 아무리 중요하더라도 변호사시험 출제가능성이 없는 부분은 생략하였다. 기출 판례는 언제든 다시 출제될 수 있으므로 '✪ 암기 판례'라고 표시하고, 수험생이 암기해서 실제 답안지에 쓸 수 있을 정도로 요약하였다. 답안 작성 요령은 '※ TIP'으로 표시하였다. 효율적 시험 대비를 위해 '본서 특징 및 사용법'을 꼭 읽어보길 바란다.

다만 무미건조한 시험 준비에서 공부 흥미와 이해에 도움이 될 만한 최소 내용은 출제가능성이 없거나 극히 낮더라도 ☑ 표시를 하고 간략하게 서술하였다. 공부 시간이 충분하면 ☑ 표시 부분을 읽어 보면, 보다 깊은 이해를 할 수 있을 것이다. 그러나 변호사시험을 바로 앞둔 시점이라면 ☑ 표시 부분은 읽어 볼 필요가 없다. 본서 각주 부분도 마찬가지다.

참고로 경제법 과목의 핵심인 독점규제·공정거래법(경쟁법)은 행정, 민사, 형사, 지적재산, 산업규제, 기업지배구조 등 다양한 법 분야의 쟁점은 물론이고, 경제분석, 정치이론, 과학기술과도 밀접한 관련이 있어, 법의 종합예술이라고 할 만큼 다채롭고 흥미로운 분야이다. 최근에는 제4차 산업혁명, 빅데이터, 인공지능, 로봇, 개인정보, 프라이버시, 디지털·온라인 플랫폼, 블록체인, 메타버스와 관련하여 복잡하면서도 흥미로운 쟁점들이 독점규제·공정거래법 분야에서 나타나고 있다. 변호사시험 대비 차원을 넘어 독점규제·공정거래법에 학문적 관심이 생기면 변호사시험 합격 후에 박사과정에 진학하여 공부해 보길 권한다.

본서가 경제법 선택 수험생들의 합격에 도움이 되길 바라며, 본서가 나올 수 있도록 해주신 박영사 여러 분들께 감사드린다.

저자
2022년 10월

차 례

2023년 시행 변호사시험 경제법 기출문제 해설은 2023년 3월 PDF 파일로 아래 QR 코드를 통해 제공될 예정입니다.

본서의 특징 및 사용법

1. 특징

① 실제 시험장에서는 법전만 볼 수 있다. 빈출 핵심 판례는 결국 손으로 쓸 수 있어야 답안을 작성할 수 있다. 이를 반영하여 본서는 핵심 법률 조문부터 발췌하고 그 밑에 바로 관련 시행령, 관련 기출 지문, 관련 판례, 관련 설명을 제시하였다. 이러한 코멘터리 구성은 일반 교과서와 다르고 기존 수험서와도 다르다. 그래도 코멘터리 편집 방식이 사례형 시험 대비에는 가장 효율적이라고 생각된다.
  - 원래 조문에 나와 있는 괄호 안의 설명은 간략하게 다음과 같이 편집하였다. <예시> "상품의 가격이나 용역의 대가(이하 "가격"이라 한다)..." → "상품의 가격이나 용역의 대가(=가격)..."
  - 불필요한 목차를 없애기 위해, 조문과 판례에 나와 있는 용어에 대한 추가 설명은 해당 용어 옆에 괄호를 치고 조문보다 작은 글씨체로 서술하였다. <예시> 상표 내 경쟁(→ 브랜드內 경쟁, 즉 특정 브랜드 사업자의 제품을 판매하는 대리점들 사이의 경쟁, 예: BMW 딜러들 사이의 경쟁)
② 답안 작성에 관한 설명은 '※ TIP'이라고 표시하였다.
③ 변호사시험 경제법 제1문(80점)에서 출제되는 「독점규제 및 공정거래에 관한 법률」이 2021년 전면 개정되어 조문 번호가 바뀌었다. 시험 대비 효율성을 위해서, 본서에 수록된 기출문제와 판례에서 구법 조문은 모두 현행 조문으로 바꾸어 표기하였다. <예시> 부당공동행위 관련 구법 19조는 현행 40조로 변경 표기, 불공정거래행위 관련 구법 23조는 현행 45조로 변경 표기
④ 기출 핵심판례는 '✪ 암기판례'라고 표시하고, 수험생이 암기하여 답안에 쓸 수 있을 정도로 요약하였다. 암기판례는 주로 공정거래법에 관한 것이다.
⑤ 사실관계와 법리가 복잡한 판례의 경우 시험 문제 적합성이 너무 떨어지면 '출제가능성 낮음'으로 표시하였다.

2. 본서를 이용한 시험 대비법

■ 다음 방법은 절대적 기준은 아니지만 경제법 사례형 대비 차원에서 효율적이고 효과적이다.

① 본서에 ☑ 표시 부분은 시험 대비용이 아니라 흥미를 위한 것이므로, 시험을 앞두고 읽을 필요는 없다.

② 혼자 공부해도 되지만 2, 3명이라도 같이 이야기하면서 공부하면 기억이 훨씬 오래 남고 덜 지겹다. 경제법 선택자들끼리 스터디그룹을 만들어 공부할 것을 권장한다. 내가 공부한 것을 다른 사람에게 설명해서 상대방이 이해할 수 있으면 제대로 공부하고 있는 것이다. 혼자서 공부하더라도 그냥 눈으로만 읽는 것은 기억에 남지 않기 때문에, 암기판례는 소리 내어 읽어도 보고, 내가 얼마나 외우고 있는지 직접 손으로 써보는 연습도 해야 한다. 그런 데 혼자서 손으로 써보는 연습이 정말 어렵기 때문에 스터디그룹을 권하는 것이다.

③ 시험장에서는 법전만 보고 답안을 작성해야 하므로, 평소에 법전을 찾아보면서 공부해야 한다. 물론 본서에도 조문을 수록했지만 법전에서 다시 조문을 찾아서 확인하는 연습이 반 드시 필요하다. 가장 좋은 방법은 최신 변호사시험용 「선택과목 법전」(법무부 비매품)을 로 스쿨 도서관이나 학생지원센터에 요청하여 빌려서, 「경제법편」 부분만 복사해서 이용하는 것이다. (분량이 많아 보이더라도, 핵심 조문은 극히 일부이므로 걱정할 필요는 없다.) 어떤 이유로 든 법전을 구할 수 없다면, 차선책으로 법제처 국가법령센터 홈페이지에서 검색하거나 또는 공정거래위원회의 법령 홈페이지에서 경제법 6개 법률과 6개 시행령 파일을 다운로드 받아 서 글자 크기 등을 편집하고 프린트해서, 변호사시험용 법전 순서와 동일하게 「소비자기본 법령 → 전자상거래법령 → 독점규제·공정거래법령 → 약관규제법령 → 할부거래법령 → 방문판매법령」 순서로 묶어서 '법전'으로 이용해도 된다. 물론 차차선책으로 본서 <부록 1의 기출조문집>을 이용해도 된다. 그래도 전체 법령이 수록된 법전을 이용하는 것이 실전 감각을 익히는데 가장 좋다.

③ 본서의 효율적 사용법은 다음과 같다. **먼저 <부록 1의 기출조문집>을 대충 빠르게 한번 읽는다.** 그 다음 제1편(독점규제·공정거래법)과 제2편(소비자 5개 법률)을 공부하면서, 복사 또는 프린트해 둔 법전을 옆에 두고 본문에 수록된 기출 조문을 법전에서 직접 찾아보고 확인한다. 법률 조문 바로 밑에 시행령, 기출 지문, 판례, 설명 등을 간략하게 정리하여 제시 하였는데, 조문 및 판례와 기출 지문을 비교해보면서 출제 적합성이 있는 조문이 무엇인지 생각해본다. **제1편과 제2편을 일독한 뒤에 바로 제3편 기출 답안 해설을 공부한다.** (제1편과 제2편은 기출 답안 해설을 공부하기 위한 준비 단계라고 생각하면 된다.) 기출 답안 해설에 나온

조문을 법전에서 직접 찾아보고 확인한다. 기출 답안 해설을 공부하면서 어떤 조문과 판례가 어떤 문제 지문으로 출제되는지를 확인하면서, 문제 지문 '패턴'이 무엇인지 생각해본다. 초기 기출과 최근 기출 패턴에 차이가 있는지 확인해본다. 수험생 자신이 시험 출제자라고 생각하고, 기출 경향에 비추어볼 때 '이런 조문은 이런 식으로 문제 지문을 만들어 출제할 수 있겠다'고 생각해보면 시험 공부가 덜 지겨울 수 있다. 여하튼 기출 답안 해설에 있는 판례는 반복 출제될 수 있으므로 무조건 암기한다. (여기까지는 혼자 공부해도 될 것이다.)

④ 기출 답안 해설에 나온 판례를 암기한 뒤에는, <부록 2의 연도별 기출문제>를 실전 시험처럼 법전만 참조하여 실제 시험시간 2시간 안에 손으로 답안지를 작성하는 실전연습이 꼭 필요하다. 기출 답안 해설과 비교하며 부족한 부분이 무엇인지 점검한다. 실전연습은 혼자서 하기가 어려우면, 경제법 선택자들끼리 2, 3명이라도 모여 스터디그룹을 만들어 빈 강의실 등 적당한 장소에 같이 모여서 실전처럼 답안지 작성을 해보고, 같이 이야기도 나누어본다. 실전연습을 해보지 않으면 필수 내용을 제대로 이해하고 암기하고 있는지 객관적으로 알기 어렵다. 실전 연습은 기출 답안 작성에 자신감이 생길 때까지 반복한다. 비슷한 시간, 비슷한 노력을 하더라도, 이렇게 대비하는 것이 보다 더 효율적이고 효과적이다. 법전만 참조하여 기출 답안 해설과 비슷한 수준으로 답안을 작성할 수 있다면 변호사시험 대비가 상당히 진전된 것으로 볼 수 있을 것이다.

⑤ 위와 같이 기출 답안 해설을 완전히 숙지한 상태에서, 그래도 좀 더 시험 준비 상태를 점검해보고 싶다면, 로스쿨협의회(이하 '협의회')의 과년도 모의고사 문제를 구해서 선택적으로 풀어봐도 될 것이다. 재학생은 협의회 모의고사를 3번 응시할 수 있으므로 실제 모의시험은 이것만으로도 충분할 것이나, 좀 더 공부해보길 원한다면 과거 모의고사 문제를 구해서 풀어보면 된다. 협의회 모의고사 문제는 경우에 따라 실제 변호사시험보다 어렵게 출제되기도 하므로 기출보다 더 어렵다고 해서 당황할 필요는 없다.

⑥ 10~20점 배점의 이른바 불의타 문제가 나오더라도, 결국 법전에서 관련 조문을 찾아서 쓰면 되므로 전혀 당황할 필요가 없다. 이 점에서 진정한 의미의 불의타 문제는 없다고 볼 수 있다. 예를 들어, 지금까지 한 번도 출제된 적 없는 부당지원행위 문제나 다단계판매 문제가 나오더라도 당황할 필요 없이 관련 조문을 찾아서 필요한 전제가 있으면 제시하면서 차분히 쓰면 된다. 2시간의 시험시간에서 전형적인 문제들은 빨리 풀 수 있으므로, 불의타 문제가 나와도 나머지 시간에 법전에서 조문을 찾아서 충분히 답안을 작성할 수 있을 것이다. 따라서 불의타에 민감해하거나 불안해할 필요가 없다. 다른 수험생들은 모두 아는데 나만 모르면 불의타가 아니라 공부가 부족한 것이고, 나뿐만 아니라 다른 수험생들도 모두 모르

면 아무 문제가 없다.

⑦ 변호사시험 문제 적합성이 아예 없거나 극히 낮은(따라서 출제가능성도 아예 없거나 극히 낮은) 조문들도 많은데, 이런 조문들까지 공부할 필요는 없다(예를 들어, 공정거래법 17조 내지 39조의 경제력집중억제). 기출 문제를 공부해보면, 어떤 조문이 출제 적합성이 없거나 극히 낮은지를 판별할 수 있을 것이다.

⑧ 문제 사안 해결에 불필요한 내용은 아무리 많이 써도 득점 포인트가 아니므로 점수가 부여되지 않는다. 득점 포인트는 쓰지 않거나 불충분하게 쓰고, 득점 포인트가 아닌 부분을 많이 쓰고 답안 작성을 잘했다고 생각할 수도 있다. 막상 점수를 받아보면 낮은 점수라서 실망하고 괜히 경제법은 어렵다고 잘못 생각하기 쉽다. 본서 제3편의 기출 답안 해설을 보면서 공부하면 이런 오류는 피할 수 있을 것이다.

경/제/법

제1편

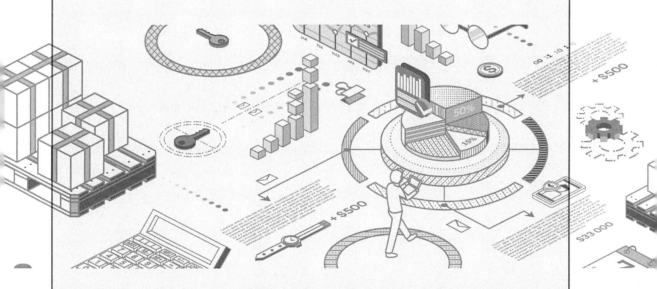

공정거래법

• 제1장 총설 • 제2장 부당공동행위 등 • 제3장 시장지배적지위남용 등

제1편 공정거래법

[출제경향 및 기본 가이드]

제1문 (80점)	부당공동	기업결합 제한	사업자 단체	시장지배적 지위남용	불공정 거래	재판매 가격유지	기타
2012	●			●			
2013	●				●	●	
2014	●		●				
2015		●		●	●		
2016	●				●		● 부당공동 역외적용
2017	●				●	●	● 부당공동 정당행위
2018	●						
2019				●	●		
2020	●				●		● 부당공동 손해배상제
2021				●	●		● 동의의결
2022	●				●		

☑ 독점규제 및 공정거래에 관한 법률은 "사업자의 시장지배적지위의 남용과 과도한 경제력의 집중을 방지하고, 부당한 공동행위 및 불공정거래행위를 규제하여 공정하고 자유로운 경쟁을 촉진함으로써 창의적인 기업활동을 조성하고 소비자를 보호함과 아울러 국민경제의 균형 있는 발전을 도모함을 목적으로 한다"(1조). 독점규제·공정거래법에서 독점규제란 '시장경쟁을 부당하게 제한하는 행위를 규제 또는 금지'한다는 의미이고, 독점 자체를 위법이라고 하지는 않는다. 독점규제는 「부당공동행위(40조), 기업결합제한(9조), 시장지배적지위남용(5조)」에 관한 것이고, 공정거래는 「불공정거래행위(45조), 재판매가격유지행위(46조)」에 관한 것이다. 공정거래위원회의 영향 때문에 공정거래법이라는 용어가 널리 쓰이나, 독점

규제에 관한 내용이 더 많고 더 중요하므로 독점규제법으로 약칭하는 것이 타당하다. 그래도 공정거래법이란 약칭이 더 알려져 있으므로, 본서에서는 수험생 편의를 위해 공정거래법으로 약칭하였다.

공정거래법은 강학상 경쟁법(competition law) 또는 독점금지법(antitrust law)에 해당하는데, 경쟁법이란 사업자가 부당하게 시장을 독점하거나 시장경쟁을 제한하는 행위를 금지함으로써 시장경쟁을 보호하는 법을 말한다. 외국 경쟁법으로는 미국의 셔먼법(1890)/클레이튼법(1914)/연방거래위원회법(1914), 일본의 독점금지 및 공정거래 확보에 관한 법률(1947), 독일의 경쟁제한방지법(1957), 유럽연합기능조약 제101조(부당공동행위) 및 제102조(시장지배적지위남용) 등 100여 개가 넘는 경쟁법 법률이 있다. 경쟁법은 (기업결합 사전심사 규제를 제외하고는) 일반적 의미의 사전규제법과 구별된다.

한국 공정거래법은 미국, 일본, 유럽으로부터 많은 영향을 받았다. 이 때문에 한국 실무에서도 미국, 일본, 유럽 사례를 참조하는 경우가 많다. 한편 공정거래법상 「17조 내지 39조의 경제력집중억제, 45조 1항 9호의 부당지원행위, 47조의 부당이익제공」은 다른 나라에는 없는 규제인데, 그 타당성과 관련하여 복잡한 논쟁이 있다.

실제 공정거래 사건에서는 관련시장 획정과 관련시장에서 경쟁제한성 여부 판단을 위해서 시장분석 또는 경제분석이 이용되는 경우가 많다. 경제이론에는 비현실적인 가설에 근거한 이론들이 많으며 실증 경제분석도 오·남용될 수 있다는 점에 유의할 필요가 있다. 법정에 증거로 제출된 경제분석 자료에 대해서는 엄격한 사법통제가 필요한데, 법원이 잘못된 경제분석을 알아차리지 못하면 오판하기 쉽다. 이 문제는 한국뿐만 아니라 다른 나라에서도 마찬가지다.

제1장 총설

제1절 관련시장과 경쟁제한성·부당성
제2절 사건 처리 및 법 적용제외 사유

☑ 공정거래법에서 가장 중요한 핵심 개념은 관련시장과 경쟁제한성·부당성이다. 공정거래 사
  건은 대부분 행정사건으로 처리되고, 공정거래법에는 특허권의 정당한 행사 등 이 법을 적
  용하지 않는 일정한 사유가 규정되어 있다.

제1절 관련시장과 경쟁제한성 · 부당성

- 공정거래법은 기본적으로 '관련시장에서 사업자[1] 또는 사업자단체[2]의 부당한 경쟁제한행위를 금지'(예외 있음)하는 법이므로, '관련시장과 경쟁제한성 · 부당성'이라는 개념이 가장 중요하다. 이들 개념은 부당공동행위(40조), 기업결합(9조), 사업자단체 금지행위(51조), 시장지배적지위남용(5조), 불공정거래행위(45조), 재판매가격유지행위(46조)에 공통적으로 적용된다. 경쟁제한성이란 실제로 경쟁이 제한된 경우는 물론이고 경쟁이 제한될 수 있는 우려도 포함한다. 공정거래법상 경쟁제한성 여부는 추상적 · 일률적으로 판단할 수 없고, 실제 사건에서 개별 사안에 따라 구체적으로 판단한다.

- 위 조항에서 부당(위법)성은 경쟁제한성을 전제로 하고(예외 있음), 경쟁제한성은 관련시장을 전제로 하므로, 어떤 행위의 부당성 여부 판단을 위해서는 관련시장에서 경쟁제한성 여부부터 판단해야 한다. 이런 경우 관련시장을 정하지 않으면 어떤 시장에서 경쟁[3]이 제한된다는 것인지 알 수 없으므로 부당성 여부도 알 수 없다.

1. 관련시장(일정한 거래분야)

- 공정거래법 2조 4호는 관련시장을 "일정한 거래분야"라는 용어로 "거래의 객체별 · 단계별 또는 지역별로 경쟁관계에 있거나 경쟁관계가 성립될 수 있는 분야"라고 규정하고 있는데, '일정한 거래분야'보다는 '관련시장'이 더 간결한 용어이므로 이 용어가 널리 쓰인다.[4]

---

1) 2조 1호에 의하면, "사업자"란 제조업, 서비스업 또는 그 밖의 사업을 하는 자를 말한다. 이 경우 사업자의 이익을 위한 행위를 하는 임원, 종업원(계속하여 회사의 업무에 종사하는 사람으로서 임원 외의 사람), 대리인 및 그 밖의 자는 사업자단체에 관한 규정을 적용할 때에는 사업자로 본다.

2) 2조 2호에 의하면, "사업자단체"란 그 형태가 무엇이든 상관없이 둘 이상의 사업자가 공동의 이익을 증진할 목적으로 조직한 결합체 또는 그 연합체를 말한다.

3) 예: 자동차 판매시장에서 경쟁, 스마트폰 판매시장에서 경쟁, 이동통신서비스 판매시장에서 경쟁, 커피음료 판매시장에서 경쟁, 아이스크림 판매시장에서 경쟁, 휘발유 판매시장에서 경쟁, 온라인광고 판매시장에서 경쟁, 유럽여행상품 판매시장에서 경쟁 등. (수요시장에서 구매자 경쟁도 있다.)

4) ☑ "일정한 거래분야"는 1890년 셔먼법상 "any part of the trade or commerce", 1914년 클레이튼법상 "any line of commerce"라는 문구를 일본이 먼저 '일정한 거래분야'로 번역한 것이다. 관련시장은 관련상품시장과 관련지역시장으로 구분되며, 미국 연방법무부와 연방거래위원회가 기업결합 사건에서 관련시

※ TIP: 관련시장과 관련하여 특히 기업결합규제와 시장지배적지위남용 사건에서 복잡하지만 흥미로운 쟁점이 많다. 판례는 공정거래법상 시장지배적사업자 여부 판단을 위한 일정한 거래분야, 즉 판매자 입장에서 관련상품시장이란 가격이 상당기간 어느 정도 의미 있는 수준으로 인상될 경우 구매를 전환할 수 있는 상품의 집합'을 의미하며, 여러 가지 요소를 고려하여 정한다고 하였다[5](대법원 2007. 11. 22. 선고 2002두8626 전원합의체 판결). 최근에는 네이버, 구글, 카카오와 같은 디지털 플랫폼 사업자의 관련시장 획정법이 문제되고 있다. 변호사시험에서 관련시장은 아래와 같이 '국내 어떤 시장으로 한다'는 식으로 주어지므로 답안에서 관련시장을 논할 필요가 없다.

★ 기출 지문 예시
2022: 이 사안의 관련시장은 국내 X상품시장으로 한다.
2021: 관련 시장을 '국내 가전양판시장'이라고 가정한다.
2018: 관련시장은 국내 관급항만건설공사 시장이라고 가정한다.
2015: 관련시장은 국내 컴퓨터 공급시장으로 가정한다.
2014: 관련시장은 국내 자전거 제조시장으로 전제한다.

---

2. 경쟁제한성 · 부당성

■ 문제된 행위의 관련시장이 정해지면 그 시장에서 그 행위로 인하여 경쟁제한효과가 초래되었다거나 초래될 우려가 있는지, 그 행위가 부당한지 여부를 판단할 수 있다. 제2편 각 장에 흩어져 있는 경쟁제한성·부당성 부분을 모아서 정리하면 다음과 같다. (자세한 내용은 제2편에서 해당 부분 참조)

장 획정법으로서 처음 사용한 'Small but significant and non-transitory increase in price' (SSNIP, '스닙') 테스트 등 다양한 경제분석법이 이용된다. 구매자 입장에서 A상품과 B상품 사이에 합리적 대체성이 인정되면, 관련시장은 A상품과 B상품을 포함한다. 이 경우 A상품시장에서 점유율이 50%인 사업자라고 해도 B상품을 포함한 관련시장에서 점유율은 20%에 불과할 수 있다. 현실에서 상품 사이의 대체성 여부를 판단하기는 쉽지 않다. 예를 들어, 커피음료와 합리적 대체성 또는 경쟁관계가 있는 음료수의 범위는 어디까지인가?

5) 구매자인 사업자의 관련상품시장 획정법도 제시되었으나 별로 중요하지 않다.

(1) 2조 5호의 "경쟁을 실질적으로 제한하는 행위"

▪ 공정거래법 2조 5호는 "경쟁을 실질적으로 제한하는 행위"를 "일정한 거래분야의 경쟁이 감소하여 특정 사업자 또는 사업자단체의 의사에 따라 <u>어느 정도 자유로이 가격, 수량, 품질, 그 밖의 거래조건 등의 결정에 영향을 미치거나 미칠 우려가 있는 상태를 초래하는 행위</u>"라고 규정하고 있다.

  ☑ 위의 밑줄 친 부분은 2조 3호의 "시장지배적사업자"정의에서 <u>"가격, 수량, 품질, 그 밖의 거래조건을 결정·유지 또는 변경할 수 있는 시장지위"</u>와 유사한데, 이를 강학상 시장력 (market power, 가격인상으로 초과이윤을 얻을 수 있는 능력)이라고 한다. 간략하게 정리하면 2조 5호는 "경쟁을 실질적으로 제한하는 행위"를 "시장력을 초래하는 행위"로 정의한 것이다. 한편 2조 3호의 시장지위는 용어상으로 시장지배적지위와 구별되는데, 전자에 후자가 포함되어 있다고 볼 수 있다.[6] 공정거래법은 시장지배적사업자의 남용행위를 금지할 뿐 시장지위 또는 시장지배적지위 그 자체는 합법이다.[7]

---

6) ☑ 예를 들어 설명하면, 시장력(또는 시장지위)의 크기가 0보다 크고 100 이하인 수치로 표현된다고 할 때, 시장지배력(또는 시장지배적지위)을 50 이상의 시장력이라고 하면, 50 미만의 시장력은 시장지배력이 아니다. 이처럼 시장력은 시장지배력보다 훨씬 넓은 개념이다.

7) ☑ 이와 관련하여 다음과 같은 비교법 역사 이야기가 있다. 미국의 1914년 클레이튼법 7조는 종전 1890년 셔먼법에서 1조의 거래제한(restrain of trade=부당공동행위) 또는 2조의 독점화(monopolization=시장지배력남용)로 여겨졌던 '경쟁제한적 기업결합'의 위법성 내용을 '일정한 거래분야에서 경쟁의 실질적 감소·제한(substantially lessen competition) 또는 독점 초래(create monopoly)'라고 규정하였다. 미국 판례는 독점(monopoly)을 시장지배력(monopolistic power)이라고 하였다. 한편 2차 대전 후 미국의 요구로 독점금지법을 만들게 된 일본은 셔먼법상 거래제한과 독점화 그리고 클레이튼법상 경쟁제한적 기업결합을 모두 같은 것으로 이해하고, 일본 독점금지법상 부당거래제한(=부당공동행위), 사적독점(=시장지배력남용), 경쟁제한적 기업결합 등 3대 행위의 위법성을 클레이튼법 7조의 표현인 '일정한 거래분야에서 경쟁의 실질적 제한'으로 규정하였다. 1952년 일본 판례는 '경쟁의 실질적 제한'을 '사업자가 자신의 의사로 어느 정도 자유롭게 가격, 품질, 수량, 그 외 각종 조건을 좌우'하는 상태라고 하였는데, 일본 학설은 이를 시장력(market power)으로 이해하였다. 그런데 강학상 시장력(또는 경제학에서 말하는 시장력)은 원래 미국 반독점법상 시장지배력보다 훨씬 더 넓은 개념이다. 현실에서 미미한 시장력은 거의 모든 사업자가 갖고 있고, 그러한 미미한 시장력은 시장지배력이 아니다. 그런데 미국 판례가 'market power' 라는 표현도 사용했기 때문에 시장지배력이 미미한 시장력도 포함하는지를 두고 학계에서 잠시 논의가 있었으나, 미국 판례상 'market power'라는 표현은 시장지배력(monopolistic power)을 의미하는 것이 명백하므로 미미한 시장력은 포함하지 않는다는 것으로 정리되었다.
1986년 12월 개정된 한국 공정거래법상 부당공동행위 성립 요건과 기업결합 금지 요건에 클레이튼법 7조를 참조한 일본 독점금지법에 나오는 "일정한 거래분야에서 경쟁을 실질적으로 제한"이라는 문구가

(2) 기업결합규제(→ 제2장 제2절)

▪ 9조 1항은 "일정한 거래분야에서 경쟁을 실질적으로 제한하는" 기업결합을 금지한다. "경쟁을 실질적으로 제한"의 의미는 앞서 살펴본 2조 5호와 같고, 9조 3항 1호에 경쟁제한적 기업결합 추정 요건이 있다.[8]

(3) 부당공동행위(→ 제2장 제1절)

▪ 40조 1항은 '부당하게 경쟁을 제한하는 행위의 합의'를 금지한다.

  ※ TIP: 부당공동행위 구법 19조 1항은 공동행위의 위법성 내용을 "일정한 거래분야에서 경쟁을 실질적으로 제한"(즉 현행 2조 5호의 내용과 같음)으로 규정하였는데, 1999년 2월 지금과 같이 "부당하게 경쟁을 제한"으로 개정되었다. 따라서 40조 1항의 경쟁제한성을 2조 5호라고 답안을 작성하면 안 된다.

▪ 판례에 따르면, 공동행위의 경쟁제한성 여부는 여러 사정을 고려하여 '<u>가격·수량·품질 기타 거래조건 등의 결정에 영향을 미치거나 미칠 우려</u>'가 있는지를 살펴 개별적으로 판단한다. 단 가격담합(40조 1항 1호)이나 입찰담합(8호)은 그 범위에서 경쟁을 제한하므로 원칙적으로

들어갔고, 1997년 12월 개정된 공정거래법에 "경쟁을 실질적으로 제한하는 행위"가 "일정한 거래분야의 경쟁이 감소하여 특정 사업자 또는 사업자단체의 의사에 따라 어느 정도 자유로이 가격·수량·품질 기타 거래조건등의 결정에 영향을 미치거나 미칠 우려가 있는 상태를 초래하는 행위"로 정의되었다(현행 2조 5조에서도 유지). 이 때문에 구법에서는 부당공동행위를 '어느 정도 자유로이 가격·수량·품질 기타 거래조건등의 결정에 영향을 미치거나 미칠 우려가 있는 상태를 초래하는 행위'라고 이해할 수밖에 없었다. 그러다 1999년 2월 개정된 공정거래법상 부당공동행위 성립 요건이 종전 "일정한 거래분야에서 경쟁을 실질적으로 제한"에서 "부당하게 경쟁을 제한"으로 문구가 바뀌었다. 판례는 아직도 '어느 정도 자유로이 가격 등 결정에 영향을 미치거나 미칠 우려'라는 과거 표현을 유지하고 있지만, 위와 같은 법개정 때문에 현행 40조 1항의 부당공동행위의 부당성 내용이 현행 2조 5호와 같다고 할 수 없다. 1999년 2월 개정된 공정거래법상 시장지배적사업자 정의에 "가격, 수량, 품질, 그 밖의 거래조건을 결정·유지 또는 변경할 수 있는 시장지위"라는 문구가 들어갔고, 지금까지 유지되고 있다.

8) ☑ 9조 1항과 2조 5호를 문언 그대로 해석하면, 시장력을 초래하는 기업결합을 금지한다는 것이다. 그런데 미미한 시장력, 즉 어느 정도 자유로이 가격 등을 결정할 수 있는 능력은 현실에서 어떤 사업자든 이미 보유하고 있다. 따라서 미미한 시장력을 초래하는 기업결합을 금지한다면 사실상 모든 기업결합을 금지한다는 것이므로 현실과 맞지도 않고 공정거래법 취지와도 맞지 않다. 이러한 문제 때문에 경쟁제한적 기업결합의 추정 요건이 따로 9조 3항 1호 가목 내지 다목에 규정되어 있다. 이 중에서 가목이 시장지배적지위 추정 요건(6조)이다. 결합기업이 가목, 즉 6조에 의해 시장지배적사업자로 추정되더라도 경쟁제한적 기업결합으로 추정되지 않고, 나목과 다목까지 충족되어야 경쟁제한적 기업결합으로 추정된다. 경쟁제한적 기업결합으로 추정되더라도 예외사유가 있으면 해당 기업결합은 법위반이 아니다.

부당하고, 법 적용제외 사유나 효율성증진 등 특별한 사정이 없으면 부당공동행위에 해당한다.

- Cf. 사업자단체의 부당공동행위(51조 1항 1호)도 위와 같다.

  ※ TIP: 미국, 일본, 유럽에서는 가격·입찰담합과 같은 경성담합(하드코어 카르텔)의 경우 정당화 항변을 받아들이지 않고 바로 당연위법으로 처리한다. 이에 비해 한국 판례는 40조 1항의 문구가 종전 "일정한 거래분야에서 경쟁을 실질적으로 제한"에서 "부당하게 경쟁을 제한"으로 개정된 것이어서 경성담합의 경우에도 경쟁제한성은 물론이고 부당성까지 인정되어야 위법하다는 입장이므로, 당연위법과는 거리가 멀다. 따라서 가격담합이 경성담합이므로 당연위법으로 처리된다고 답안을 작성하면 안 된다.

(4) 시장지배적지위남용(→ 제3장 제1절)

- 사업자의 시장지배적지위 그 자체는 합법이고, 5조 1항은 시장지배적사업자의 '부당한 남용행위'만 금지한다. 판례를 요약하면 다음과 같다.
  - 5조 1항 3호의 사업활동방해(← 강학상 '배제남용'에 해당함)의 경우, 시장지배적사업자가 관련시장을 독점할 의도 또는 경쟁제한의도를 갖고 "관련시장에서 가격상승, 산출량 감소, 혁신저해, 유력 경쟁자 수 감소, 다양성 감소 등과 같은 경쟁제한효과"가 발생할 우려가 있는 행위를 하면 부당성이 인정되고, 공정거래위원회(이하'공정위')가 이러한 경쟁제한효과가 실제로 초래되었음을 증명하면 경쟁제한의도는 사실상 추정된다.
  - 시행령 9조 5항 2호의 배타조건부거래의 경우도 부당성 여부를 위와 같이 판단하지만, 경쟁자를 차단하는 봉쇄효과를 고려하여 봉쇄효과가 큰 경우에는 경쟁제한성을 인정한다.
- 경쟁제한성이 인정되더라도 (부당공동행위처럼) 법 적용제외 사유 등 정당한 이유가 있으면 부당(위법)하지 않다.
- (Cf. 가격남용(1호), 출고조절(2호), 소비자이익저해(5호 후단)처럼 강학상 '착취남용'행위는 경쟁자배제를 전제로 하지 않기 때문에 착취남용의 부당성 내용은 배제남용과 다르다.)

(5) 불공정거래행위(→ 제3장 제2절)

- 45조 1항은 '공정한 거래를 해칠 우려'가 있는 각 호의 '부당한 행위'를 금지한다. 판례는 각 호의 부당성은 결국 1항의 '공정거래 저해성'과 같다는 입장이다. 각 호의 부당성은 각 호의 행위유형에 따라 차이가 있다.
- 45조 1항 7호의 구속조건부거래의 경우, 판례에 따르면, 부당성 여부는 경쟁제한성을 중심으로 기타 요소를 고려해서 판단한다.

- 이에 비해 45조 1항 6호의 거래상지위남용의 부당성 내용은 거래의 불공정성(이른바 갑질)이므로 경쟁제한성과는 거리가 멀다.
- Cf. 사업자단체의 불공정거래행위(51조 1항 4호)도 위와 같다.

(6) 재판매가격유지행위(→ 제3장 제3절)

- 46조는 재판매가격유지행위를 원칙적으로 금지한다. 단 소비자후생 증대효과, 즉 친경쟁효과가 큰 재판매가격유지행위는 합법으로 인정될 수 있다. 판례에 따르면, 상표 내(=브랜드內) 경쟁제한효과와 상표 간(=브랜드間) 경쟁촉진효과를 비교형량하여 위법성 여부를 판단한다.
- Cf. 사업자단체의 재판매가격유지행위(51조 1항 4호)도 위와 같다.

제2절 사건처리 및 법 적용제외 사유

■ 이하에서는 공정거래법 절차 측면인 행정, 민사, 동의의결 등과 공정거래법 적용제외 사유에 대해 기출 문제를 중심으로 정리해 둔다.

1. 행정

■ 공정거래 사건의 대부분은 공정위 처분에 기한 행정사건이다.
■ 공정위 사무처 행정조사(81조, 84조) → 심사관 심사보고서 작성 → 위원회 심의 → 시정조치[9], 과징금 등 행정처분 → 서울고등법원(전속관할) 특별부 → 대법원(원심수긍 또는 파기환송) (→ 환송후원심 → 대법원)
■ 102조 과징금[10] 일반 조항 ← 법전 조문 확인

2. 민사

■ 가격담합과 입찰담합 사건의 경우 구매자가 제기한 손해배상 민사사건도 있다.

(1) 공정거래법상 손해배상제도

제109조(손해배상책임) ① 사업자 또는 사업자단체는 이 법을 위반함으로써 피해를 입은 자가 있는 경우에는 해당 피해자에 대하여 손해배상의 책임(→ 실손액 배상 원칙)을 진다.[11] 다만,

---

9) ☑ 원칙적으로 '경쟁회복'을 위한 시정조치여야 한다. 공정위 시정조치 운영지침에 '행위중지명령, 행위금지명령, 이용강제·거래개시·거래재개명령, 합의파기명령, 계약조항의 수정 또는 삭제명령, 독자적 가격재결정명령, 분리판매명령, 정보공개명령, 절차이행명령, 통지명령 또는 교부명령, 교육실시명령, 점검활동 보장명령, 자료보관명령'이 규정되어 있다.

10) ☑ 공정위의 「과징금부과 세부기준 등에 관한 고시」가 실무에서 중요한데 내용이 복잡하다. 소송에서 과징금 재량권 일탈남용이 거의 예외 없이 주장되는데, 일반 행정법 법리가 적용된다.

11) ☑ 가격담합 또는 입찰담합 손해액은 담합가격과 담합행위가 없었을 경우에 형성되었을 가상 경쟁가격과의 차액이고, 가상 경쟁가격은 계량경제학 방법을 이용하여 합리적으로 추정해야 한다(대법원 2011. 7. 28. 선고 2010다18850 판결 등). ☑ 밀가루 가격담합으로 인상된 가격으로 밀가루를 구매한 원고 삼립식

사업자 또는 사업자단체가 고의 또는 과실이 없음을 입증한 경우에는 그러하지 아니하다(→ 사업자의 고의·과실이 추정된다는 의미).

② 제1항에도 불구하고 사업자 또는 사업자단체는 제40조(→ 가격담합 등 부당공동행위), 제48조 또는 제51조제1항제1호를 위반함으로써 손해를 입은 자가 있는 경우에는 그 자에게 발생한 손해의 3배를 넘지 아니하는 범위에서 손해배상의 책임을 진다. 다만, 사업자 또는 사업자단체가 고의 또는 과실이 없음을 입증한 경우에는 손해배상의 책임을 지지 아니하고, 사업자가 제44조제1항 각 호의 어느 하나에 해당하는 경우 그 배상액은 해당 사업자가 제40조를 위반하여 손해를 입은 자에게 발생한 손해를 초과해서는 아니 된다.

제115조(손해액 인정) 법원은 이 법을 위반한 행위로 손해가 발생한 것은 인정되나 그 손해액을 입증하기 위하여 필요한 사실을 입증하는 것이 해당 사실의 성질상 매우 곤란한 경우에 변론 전체의 취지와 증거조사의 결과에 기초하여 상당한 손해액을 인정할 수 있다.

★ 2020 기출 지문

甲, 乙, 丙이 X 상품의 가격을 10% 인상하기로 협의하고 인상된 가격으로 소비자에게 X 상품을 판매하였다고 가정하고, 이로 인하여 발생하는 손해를 보전받기 위해서 소비자가 공정거래법상 이용할 수 있는 제도와 그 특징에 대해 설명하시오. (20점)

---

(2) 불공정거래행위 금지청구

제108조(금지청구 등) ① 제45조제1항(제9호 제외) 및 제51조제1항제4호[제45조제1항(제9호 제외)에 따른 불공정거래행위에 관한 부분으로 한정]를 위반한 행위로 피해를 입거나 피해를 입을 우려가 있는 자는 그 위반행위를 하거나 할 우려가 있는 사업자 또는 사업자단체에 자신에 대한 침해행위의 금지 또는 예방을 청구할 수 있다. (← 2021년 신설 조항)

품이 밀가루를 원료로 생산하여 판매하는 제품에 관한 가격 인상을 통하여 인상된 밀가루 가격의 전부 또는 일부를 최종 소비자에게 전가하였다는 이유로 가격담합을 한 피고들이 배상할 손해액에서 위와 같이 전가된 손해액 부분을 공제해야 한다는 이른바 '손해전가의 항변(passing-on defence)'은 인정될 수 없다(대법원 2012. 11. 29. 선고 2010다93790 판결).

3. 형사: 공정위 전속고발제

- 대형 담합 사건의 경우 공정위 고발로 인한 형사사건이 있다.
  124조(벌칙), 125조(벌칙), 129조(고발[12]) ← 법전 조문 확인

4. 동의의결

☑ 미국에서 복잡한 사건의 효율적 해결 수단으로 활용되는 법원에 의한 화해결정(consent decree) 제도가 변형되어 한국에 도입된 것인데, 동의의결 요건이 너무 엄격하여 활용도가 낮다.

제89조(동의의결) ① 공정거래위원회의 조사나 심의를 받고 있는 사업자 또는 사업자단체(...)는 해당 조사나 심의의 대상이 되는 행위(...)로 인한 경쟁제한상태 등의 자발적 해소, 소비자 피해구제, 거래질서의 개선 등을 위하여 제3항에 따른 동의의결을 하여 줄 것을 공정거래위원회에 신청할 수 있다.

> ★ 2021 기출 지문
> - 乙은 공정거래위원회의 조사를 받던 중 문제가 되는 행위를 자발적으로 시정할 수 있는 방안을 제시하여 사건을 신속하게 종결하고자 한다. 乙이 취할 수 있는 공정거래법상 절차는 무엇인지 설명하시오. (15점)

5. 법 적용제외 사유

- 116조, 117조, 또는 118조에 해당하면 공정거래법이 아예 적용되지 않는다.

제116조(법령에 따른 정당 행위) 이 법은 사업자 또는 사업자단체가 다른 법령에 따라 하는 정당한 행위에 대해서는 적용하지 아니한다.

---

12) ☑ 공정위의 고발은 행정처분이 아니다. 경성담합과 관련하여 공정위 전속고발제를 폐지하고 검찰이 바로 수사할 수 있도록 해야 하는지와 관련하여 논란이 있다.

▷ 예시: 해운법 29조 1항에 따르면, "외항화물운송사업자는 다른 외항화물운송사업자와 운임·선박배치, 화물의 적재, 그 밖의 운송조건에 관한 계약이나 공동행위를 할 수 있다." 이 조항에 따른 가격담합에는 공정거래법이 적용되지 않는다.

> ★ 2017 기출 지문
> 라면 4사는 제품생산에 필요한 원료가격 및 인건비 등이 상승하자 자사의 라면가격을 각사의 사정에 따라 인상할 것을 고려하고 있었다. 이러한 사실을 알게 된 정부는 라면 4사의 대표들을 불러 물가 안정을 위해 라면 가격 인상률을 5% 이내로 해줄 것을 요청하였다. 이에 라면 4사 대표는 식사 모임을 갖고, 그 자리에서 정부 시책에 따라 각사의 라면 공급 가격을 5% 인상하기로 결정하였다.
> - 라면 4사가 라면의 공급 가격을 5% 인상하기로 한 행위가 행정지도에 따른 행위로서 공정거래법상 정당한 행위로 볼 수 있는지를 설명하시오. (20점)

✪ 암기판례: 116조의 "법령에 따른 정당한 행위"란 자유경쟁의 예외를 구체적으로 인정하고 있는 법령의 범위 내에서 필요 최소한의 행위를 의미한다.[13] 법령에 근거 없는 행정지도에 따른 가격담합은 부당공동행위이다.

제117조(무체재산권의 정당한 행사) 이 법은 「저작권법」, 「특허법」, 「실용신안법」, 「디자인보호법」 또는 「상표법」에 따른 권리의 정당한 행사라고 인정되는 행위에 대해서는 적용하지 아니한다.

▷ 판례: 특허소송 화해계약에서 경쟁제한 합의는 특허권의 정당한 행사가 아니다.[14]

☑ 표준필수특허가 아닌 일반 특허권자가 경쟁자에게 라이선스를 거절하여 경쟁제한효과가 초래되더라도 그러한 라이선스 거절은 특허권의 정당한 행사이므로 공정거래법이 적용되지 않는다. (* FRAND 조건부 표준필수특허 라이선스를 거절한 대신에 특허침해소송을 제기하지 않겠다는 부제소약정을 해준 행위가 시장지배적지위남용에 해당하는지 여부가 대법원에서 심리 중 - 퀄컴 2 사건[15])

---

13) 대법원 1997. 5. 19. 선고 96누150 판결.

14) 대법원 2012두24498 및 2012두27794 판결.

15) ☑ 같은 사안에서 2020년 미국 연방항소법원은 연방거래위원회의 경쟁제한성 증명이 없다는 이유로 하급심을 파기하고 퀄컴 승소 판결. 2021년 3월 연방거래위원회 상고 포기.

제118조(일정한 조합의 행위) 이 법은 다음 각 호의 요건을 갖추어 설립된 조합(조합의 연합체를 포함한다)의 행위에 대해서는 적용하지 아니한다. 다만, 불공정거래행위 또는 부당하게 경쟁을 제한하여 가격을 인상하게 되는 경우에는 그러하지 아니하다(→ 즉 불공정거래행위와 가격담합에는 공정거래법이 그대로 적용됨)

1. 소규모의 사업자 또는 소비자의 상호부조(相互扶助)를 목적으로 할 것

2. 임의로 설립되고, 조합원이 임의로 가입하거나 탈퇴할 수 있을 것

3. 각 조합원이 평등한 의결권을 가질 것

4. 조합원에게 이익배분을 하는 경우에는 그 한도가 정관에 정하여져 있을 것

제2장 부당공동행위 등

제1절 부당공동행위(40조)

제2절 기업결합규제(9조)

제3절 사업자단체 금지행위(51조)

☑ ① 가장 대표적인 부당공동행위는 경성담합(하드코어 카르텔)인 가격담합과 입찰담합이며 현실에서도 많은 사례가 있다.

② 경쟁제한적 기업결합은 원래 미국에서 1890년 셔먼법 1조의 거래제한(부당공동행위)의 한 유형으로서 1904년 Northern Securities Co. 판결에서 처음 인정되었다가, 1914년 클레이튼법과 1950년 셀러-케포버법(기업결합 사전심사제)이 만들어지면서 독자적 행위유형처럼 인식되었는데, 그래도 여전히 부당공동행위로 취급할 수 있으나 현실에서는 기업결합 사전심사제로 처리된다. 미국의 기업결합규제 모델이 한국을 포함하여 전 세계로 확산되었다.

③ 미국, 유럽에는 사업자단체 조항이 따로 없다. 한국은 일본을 모델로 하여 사업자단체 조항을 만들었는데 실제 사건은 많지 않다.

제1절 부당공동행위

1. 학습 가이드

■ 문제된 합의 또는 공동행위가 40조 1항 각 호의 어떤 부당공동행위에 해당하는지, 법위반시 공정위 행정처분이 출제되었고, 부당공동행위와 관련한 주변 문제(자진신고자 감면, 손해배상제, 공정거래법 역외적용)도 출제되었다. 앞으로도 이런 패턴이 유지될 것으로 보인다.

☑ 공동거래거절(boycott)은 원래는 대표적인 경성담합으로서 미국에서 부당공동행위로 다루어 졌는데, 한국 공정거래법에서는 (일본의 영향을 받아서) 불공정거래행위의 세부 유형으로 시행령 <별표 2> 1호 가목에 규정되어 있다.

2. 조문과 판례

제40조(부당한 공동행위의 금지) ① 사업자는 계약·협정·결의 또는 그 밖의 어떠한 방법으로도 다른 사업자와 공동으로 <u>부당하게 경쟁을 제한하는</u> 다음 각 호의 어느 하나에 해당하는 <u>행위</u>를 할 것을 <u>합의</u>(= 부당한 공동행위)하거나 다른 사업자로 하여금 이를 하도록 하여서는 아니 된다.

✪ 암기판례

1. 일반

- 부당공동행위의 교사는 금지되나 방조는 금지되지 않는다.
- 경쟁관계가 없는 사업자들(예: 제조업자와 대리점들) 사이에도 부당공동행위가 성립할 수 있다.

2. 합의

- 실행 전 합의만으로도 부당공동행위는 성립한다. 즉 부당공동행위는 각 호의 행위를 할 것을 합의함으로써 성립하며, 실행을 요하지 않는다.[16]

- 묵시적 양해(또는 암묵적 요해)도 합의로 인정된다.[17]
- 의식적 병행행위, 즉 과점시장에서 선발업체가 독자적 판단에 따라 가격을 인상하고 후발업체가 일방적으로 이를 모방하여 가격을 인상하더라도 합의가 없으므로 가격담합이 아니다.[18]
- 비진의의사표시로도 부당공동행위는 성립한다. 어느 한 쪽의 사업자가 당초부터 합의에 따를 의사도 없이 진의아닌 의사표시에 의하여 합의한 경우라고 하더라도 다른 쪽 사업자는 당해 사업자가 합의에 따를 것으로 신뢰하고 당해 사업자는 다른 사업자가 합의를 신뢰하고 행동할 것이라는 점을 이용함으로써 경쟁을 제한하는 행위가 되는 것은 마찬가지이므로 부당공동행위가 성립한다.[19]

3. 합의 추정 (이하는 명시적 합의 증거가 없는 경우)

- ① 행위의 외형상 일치와 의사연락 상호성 증명: 부당공동행위 합의는 의사연락 상호성을 본질로 하므로 행위의 외형상 일치가 있더라도 바로 합의를 인정할 수 없다. 의사연결의 상호성 증명이 있어야 묵시적 합의를 인정할 수 있다.[20]
- ② 사업자가 ❶ 자신의 이익을 극대화하기 위하여 독자적으로 행동하였다거나(eg, 원재료 가격 상승으로 가격인상) 또는 담합과 양립하기 어려운 행동(eg, 가격인하)을 하였다는 등

---

16) 대법원 1999. 2. 23. 선고 98두15849 판결 등.
17) ☑ 암묵적 요해를 설명하면 다음과 같다. 평소에 서로 친한 A, B, C가 모였는데, A가 저녁식사 자리에서 가격인상을 제안하자, B, C는 명시적 동의 없이 고객만 약간 끄덕였다. 다음날 B, C는 A가 제안한 대로 가격을 인상시켰다. 명시적 동의가 없더라도, A, B, C의 가격인상행위(행위 일치)로부터 B, C가 고개를 약간 끄덕인 행위가 암묵적 요해였다고 인정할 수 있다. 따라서 가격담합을 인정할 수 있다. 만약 B, C의 가격인상이 없다면, 고객을 약간 끄덕인 행위를 암묵적 요해로 인정할 수 없을 것이다. 즉 서로 친한데 저녁식사 자리에서 A 제안을 명시적으로 거절하기가 불편해서 그냥 고개를 약간 끄덕였다고 볼 수 있다.
18) 대법원 2008. 9. 25. 선고 2006두14247 판결.
19) 대법원 1999. 2. 23. 선고 98두15849 판결.
20) ☑ 묵시적 합의 인정 판례: 벤츠코리아 딜러들이 벤츠코리아에 공임 인상을 요구하고, 벤츠코리아가 공임 상한선을 제시하면 딜러들이 여기에 따른 경우, 벤츠 딜러들의 시간당 공임 인상 '묵시적 합의' 인정(대법원 2019. 3. 14. 선고 2018두60984 판결). 부정 사례: 원고가 이 사건 합의의 내용을 알고 있었고 이를 수용할 필요도 있었으며, 결국 곡수 등을 제한한 Non-DRM 상품에 대해서만 음원공급계약을 체결하였다고 하더라도, 원고와 다른 음원사업자들 사이에 그와 같은 내용의 음원 공급에 관하여 묵시적이나마 의사의 일치가 있었다는 점이 증명되었다고 보기 어렵다(대법원 2013. 11. 28. 선고 2012두17421 판결).

의사연락을 인정하기 어려운 경우에는 그 사업자가 합의에 가담하였다고 인정할 수 없다.[21] ❷ 과점시장에서 시장점유율이 높은 선도업체가 독자적 판단에 따라 가격을 먼저 올리고, 그 밖의 경쟁자들이 그 가격을 추종하고(← 여기까지는 의식적 병행행위이므로 가격담합 아님), 그러한 관행이 상당 기간 누적되어 사업자들이 이런 사정을 모두 인식하고 있는 경우에는(← 추가 요건), 가격 결정과 관련된 의사연락이 증명되거나 추가 사정들에 비추어 의사연락을 추단할 수 있다면, 가격담합을 인정할 수 있다.[22]

▷ **위 ❶, ❷ 이해를 위한 해설(암기不要):** 과점시장에서 누군가가 먼저 시장점유율을 늘리기 위해 공격적인 가격인하를 할 경우 다른 경쟁사들도 각자의 시장점유율을 방어하기 위해 가격인하를 하게 되고, 그렇게 되면 사업자들 모두 시장점유율 증가 없이 수익만 악화될 수 있다. 사업자들은 가격담합 없이도 가격에 관한 공동의 경제적 이익과 상호의 존성을 인식하고 있으므로 각자 이익극대화를 위해 수익성 위주로 비슷한 가격정책을 택할 합리적 동기가 있다. 과점시장에서 시장점유율 1위인 사업자가 가격을 먼저 책정하면, 나머지 경쟁자들도 이에 대처하기 마련이고, 시장점유율 1순위 사업자의 가격을 모방·추종하는 것이 자신의 이익에 부합한다고 판단되면 얼마든지 독자적으로 가격을 모방·추종할 수 있다. 따라서 과점시장에서 상품 가격이 동일·유사하게 나타나는 외형상의 일치가 상당기간 지속되고 사업자들이 이러한 사정을 모두 인식하고 있다 하더라도, 사업자들 사이의 의사연락을 인정할 수 있는 추가적 사정이 증명되지 않으면 담합을 인정할 수 없다.

- ③ 가격정보교환: 가격정보 교환 그 자체만으로는 가격담합을 인정할 수 없고, '가격결정에 관한 의사연결 상호성' 증명이 있어야 가격담합을 인정할 수 있다.[23] 가격정보 교환은 가격담합을 쉽게 하거나 촉진할 수 있는 수단이 될 수 있지만, 그 정보 교환 사실만으로 부당하게 경쟁을 제한하는 행위에 대한 합의가 있다고 단정할 수는 없고, 외형상 일치 여부 등 여러 사정[24]을 고려하여 합의 존부를 판단해야 한다.[25]

---

21) 대법원 2014. 5. 29. 선고 2011두23085 판결.

22) 대법원 2014. 6. 26. 선고 2012두23075 판결.

23) ☑ 단순한 정보 교환만으로 묵시적 합의가 성립한다고 볼 수도 없으므로, 이 사건 2 내지 6 합의에 관한 각 의사연결의 상호성이 증명되어야 이 사건 합의의 성립이 인정될 수 있을 것이다. 합의를 전제로 하지 않고도 충분히 설명이 가능하고, 합의와 양립하기 어려운 사업자의 행동 또는 합의의 존재에 반하는 듯한 사정들도 일부 나타나며, 각 업체별 가격의 평균인상율도 다소간 차이가 있고 개별 상품의 가격인상폭도 다양하여 '외형상 일치'가 인정될 수 있는지도 불분명하다. 정보 교환행위 자체를 곧바로 가격을 결정·유지하는 행위에 관한 합의로 인정할 수는 없다(대법원 2015. 12. 24. 선고 2013두25924 판결).

24) ☑ 참고: 관련 시장의 구조와 특성, 교환된 정보의 성질·내용, 정보 교환의 주체 및 시기와 방법, 정보

▷ **이해를 위한 해설(암기不要):** 단순 가격정보 교환은 가격담합이 아니므로 합법이다. 그런데 가격담합의 수단으로 가격정보 교환이 이용될 수도 있다. 그렇다면 어떤 가격정보 교환이 단순 정보교환인지 아니면 가격담합 수단인지 어떻게 알 수 있는가? 결국 가격담합을 인정할 수 있을려면 '가격결정에 관한 의사연결 상호성'이 증명되어야 한다. 공정위가 그러한 증명을 다 했는지는 개별 사건에서 구체적으로 판단할 수밖에 없다.

4. 경쟁제한성 및 부당성[26)]

- 일반 법리: 경쟁제한성 여부는 상품의 특성 등 여러 사정을 고려하여 '가격·수량·품질 기타 거래조건 등의 결정에 영향을 미치거나 미칠 우려'가 있는지를 살펴 개별적으로 판단한다. (→ 각 호 모두에 해당)
- 가격담합(1호)과 입찰담합(8호)의 경우: 가격담합 또는 입찰담합은 그 범위 내에서 가격경쟁을 감소시킴으로써 가격 결정에 영향을 미치거나 미칠 우려가 있는 상태를 초래하게 되므로(즉 경쟁제한성이 인정되므로) 원칙적으로 부당하다.
- 일반 법리: 공동행위가 법령에 근거한 정부기관의 행정지도에 따라 이루어진 경우 또는 경제전반의 효율성 증대로 인하여 친경쟁적 효과가 매우 큰 경우와 같이 특별한 사정이 있는 경우에는 부당하지 않다. (→ 경쟁제한성이 인정되고, 법 적용제외 사유나 친경쟁적 효과가 없다면, 부당함)

1. 가격을 결정·유지 또는 변경하는 행위

★ 2022 기출 지문

국내 X상품시장에서 사업자 A, B, C, D의 2021년 기준 시장점유율은 각각 40%, 30%, 20%, 10%이다. 이들 사업자는 모두 2019년 말부터 영업적자를 겪고 있다. 이에 2022년 1월 초 A의 대표이사는 B, C, D의 대표이사들에게 영업적자 극복을 위한 회의를 제안하였고, 이에 A, B, C, D의 대표이사들이 회합하였다. 이 회의에서 A의 대표이사는 B, C, D의 대표이사들에게 영업적자가 해소되는 시점까지 X상품 가격을 20% 정도 인상하자고 제안하였다. 이에 응하여 B, C,

---

교환의 목적과 의도, 정보 교환 후의 가격·산출량 등의 사업자 간 외형상 일치 여부 내지 차이의 정도 및 그에 관한 의사결정 과정·내용, 그 밖에 정보 교환이 시장에 미치는 영향 등.

25) 대법원 2015. 12. 24. 선고 2013두25924 판결 등.
26) 대법원 2009. 7. 9. 선고 2007두26117 판결 등.

D의 대표이사들도 상품 가격을 인상하기로 하였다.
- 위 사례에서 A, B, C, D의 행위가 부당한 공동행위에 해당하는지를 설명하시오. (40점)

★ 2014 기출 지문
국내에서 자전거 제조사는 모두 15개이다. 15개 자전거 제조사들은 공동의 이익 증진을 위하여 자전거제조사협회를 설립하여 모두 회원으로 활동하고 있다. A는 국내 자전거 제조시장(관련시장은 국내 자전거 제조시장으로 전제함)에서 시장점유율 1위인 사업자로서 30%의 시장점유율을 가지고 있고, B는 12%, C는 10%의 시장점유율을 차지하고 있다. D를 포함한 나머지 12개 사업자들은 각각 4%의 시장점유율을 가지고 있다.
2012년경 원자재 가격이 급격히 상승함에 따라서 모든 자전거 제조사들은 큰 폭의 적자를 보고 있었다. 이러한 문제를 해소하기 위하여 A, B, C는 2013. 1. 5. 모임을 가지고 자전거 판매가격을 최소 10% 이상 인상하기로 합의하였다. C는 자전거 판매가격을 인상할 의사가 없었지만, 위 모임에 참석하여 가격인상에 동의하였다. 며칠 후 A는 자전거 판매가격을 10% 인상하였고, B는 8% 인상하였다. C는 원래부터 자전거 판매가격을 인상할 의사가 없었기 때문에 가격을 인상하지 않았다.
- A, B의 행위가 부당한 공동행위에 해당하는지를 설명하시오. (30점)
- C의 행위가 부당한 공동행위에 해당하는지를 설명하시오. (10점)

★ 2013 기출 지문
C와 D는 Y 상품의 도매가격을 10,000원 이상으로 유지하기로 합의하였다.
- C와 D 사이의 Y 상품에 대한 도매가격의 합의가 독점규제법 제40조 제1항 각 호에 정한 부당한 공동행위의 유형 중 어느 유형에 해당할 수 있는가? 또한 그 유형에 해당한다고 할 경우 이를 위법하다고 볼 수 있는지를 설명하시오. (20점)

★ 2012 기출 지문
국내에서 소비재 X를 제조·판매하는 사업자는 A, B, C, D뿐이다. (중략) 최근 A가 X를 공급하는 데 필요한 비용이 10% 상승하였고, B, C, D 역시 X의 공급에 필요한 비용이 유사한 비율로 상승하였다. A, B, C, D 모두 눈치만 보고 있던 중 시장점유율이 가장 높은 A의 대표이사가 B와 C의 대표이사와 회합을 하고 자신의 가격인상 계획을 밝히면서 동참해줄 것을 요청하였다. 이에 대하여 B와 C의 대표이사는 잠자코 듣기만 하였다. 그 후 A는 X의 판매가격을 30% 인상하였고, 1주일 후 B와 C 역시 각각 29%, 28% 판매가격을 인상하였다. B와 C가 가격을 인상한 1주일 후 D 역시 X의 판매가격을 20% 인상하였다.
- A, B, C의 행위가 독점규제법상 부당한 공동행위에 해당하는지를 설명하시오. (35점)
- D의 경우에도 부당한 공동행위의 '합의'가 인정되는지를 설명하시오. (10점)

● 가격담합 문제 답안 작성 예시

이하 내용은 실제 문제에 따라 가감·변형될 수 있으며, 8호 입찰담합 문제에도 적용될 수 있다. 목차 자체가 중요한 것은 아니므로 목차는 수험생에 따라 변경 가능하다.

1. 쟁점

- ○○○ 행위가 법 40조 1항 1호의 부당공동행위에 해당하는지가 문제된다.

2. 관련법령 및 판례

(1) 40조 1항 1호 기술
(2) 가격담합 성립 요건 판례
① 합의의 존재
- 2이상 사업자의 의사연결 상호성에 의한 명시적 또는 묵시적 합의가 있어야 한다. 실행 행위가 없어도 합의만으로 부당공동행위가 성립하고, 비진의의사표시도 합의로 인정된다. (※ TIP: 사안에서 합의가 명백한 경우에는 여기까지만 답안 작성)
- 의식적 병행행위는 가격담합이 아니고, 행위의 외형상 일치가 있더라도 가격결정에 관한 의사연결 상호성 증명이 없다면 가격담합이 아니다. (※ TIP: 사안에서 회합, 전화통화, 이메일 교환 등 의사연결 상호성이 없다면 이 부분을 작성해야 하고, 경쟁제한성·부당성을 논할 필요 없이 의사연결 상호성이 없으므로 가격담합이 아니라는 결론을 내리면 됨)

② 경쟁제한성 및 부당성
- 경쟁제한성 여부는 상품 특성 등 여러 사정을 고려하여 관련시장에서 가격 등의 결정에 영향을 미치거나 미칠 우려가 있는지를 살펴 개별적으로 판단한다.
- 가격담합은 그 범위 내에서 경쟁을 감소시킴으로써 가격 결정에 영향을 미치거나 미칠 우려가 있는 상태를 초래하므로 원칙적으로 부당하다.
- 공정거래법 적용 예외 사유가 있거나 경제전반의 효율성 증대로 인한 친경쟁 효과가 매우 큰 경우 등 특별한 사정이 있는 경우에는 부당하지 않다.

3. 사안의 해결

- ① 문제된 사안에서 합의(의사연결 상호성)가 있는지(합의가 인정되지 않으면 부당공동행위가 아님) → ② 가격담합 합의가 인정되면 원칙적으로 부당하고, 문제 사안에 법적용 예외 사유 등 부당성을 부인할 만한 사정이 있는지를 기술하고, 그런 사정이 없다면 부당성이

인정된다고 기술 (※ 사안에서 불명확한 부분이 있으면 반드시 필요한 전제를 제시하고 답안 작성)

- '40조 1항 1호의 부당공동행위에 해당한다 또는 해당하지 않는다'라고 결론 작성

※ TIP: 이하 내용은 꼭 알아두어야 한다. 아래 내용은 부당공동행위 문제는 물론이고 시장지배적지위남용, 불공정거래행위 등 공정거래법 모든 문제에 적용된다.
   ① 조문과 판례만 쓰고 사안의 해결 없이 바로 결론을 내리면, 정답이면 일정 부분만 득점할 수 있음. 즉 사안의 해결 과정이 생략되면, 그만큼 감점.
   ② 사안에서 불분명한 부분이 있으면, 사안의 해결을 위해 필요한 전제를 쓰고 그에 따라 결론을 쓰면 됨. 예를 들어, '이런 경우라면 이러이러하므로 부당공동행위에 해당한다. 저런 경우라면 저러저러하므로 부당공동행위에 해당하지 않다'라는 식으로 2개의 전제를 제시하고, 서로 다른 2개의 결론으로 답안을 작성해도 됨. (본서 제3편의 기출 답안 해설 참조). 단, 애당초 조문·판례를 잘못 제시하였거나 또는 전제 자체가 잘못되었다면 아무리 전제를 제시하면서 2개 결론으로 답안을 작성해도 감점될 수밖에 없음.

2. 상품 또는 용역의 거래조건이나, 그 대금 또는 대가의 지급조건을 정하는 행위
3. 상품의 생산·출고·수송 또는 거래의 제한이나 용역의 거래를 제한하는 행위
4. 거래지역 또는 거래상대방을 제한하는 행위

★ 2016 기출 지문
A사는 자동차 타이어를 제조·판매하는 외국 사업자로서 프랑스에 본사를 두고 국내에는 아무런 자회사나 지사를 두지 않고 있다. A사는 국내 소비자에게는 국내 대리점들을 통하여 자동차 타이어를 판매하고 있다.
최근 A사의 국내 대리점 간 경쟁이 치열하여 일부 대리점들은 원거리까지 광고전단지를 배포하는 등 공격적인 영업을 하고 있어, 상당수 대리점들은 A사에게 대리점별 영업구역을 정하여 줄 것을 요청하고 있다.
- A사와 동사의 모든 국내 대리점들이 2016. 1. 5. 대리점별 영업구역을 정하고 이에 합의하였다면, 이러한 대리점들의 행위가 공정거래법 제40조 제1항 각 호에 정한 부당한 공동행위의 유형 중 어느 유형에 해당할 수 있는가? 또한 그 유형에 해당한다고 할 경우 이를 위법하다고 볼 수 있는지를 설명하시오. (30점)

▷ 판례: 제약업체들 사이의 특허분쟁 화해계약에서 특허분쟁 대상인 약품 생산·판매 중단 합의는 부당하게 거래지역 또는 거래상대방을 제한하는 합의이다.[27] (← 사안이 너무 복잡하므로 출제가능성 낮음)

5. 생산 또는 용역의 거래를 위한 설비의 신설 또는 증설이나 장비의 도입을 방해하거나 제한하는 행위
6. 상품 또는 용역의 생산·거래 시에 그 상품 또는 용역의 종류·규격을 제한하는 행위
7. 영업의 주요 부문을 공동으로 수행·관리하거나 수행·관리하기 위한 회사 등을 설립하는 행위

★ 2020 기출 지문

甲, 乙, 丙 사업자와 다수의 군소 사업자들이 국내에서 소비재인 X 상품을 제조·판매하고 있다. X 상품을 생산하기 위해서는 반드시 중간재인 Y 상품이 필요한데, Y 상품은 전량 C국으로부터 수입되어 왔고, 2018년에 C국의 정치·경제 상황이 불안정해지면서 Y 상품의 원활한 공급이 크게 우려되는 상황을 맞게 되었다.

C국으로부터 자재를 수급하는 것에 대한 불안정성이 커지자 甲은 乙과 丙에 공동으로 회사를 설립하여 Y 상품의 대체재를 연구·개발할 것을 제안하였고, 乙과 丙도 甲의 제안에 공감하여 甲, 乙, 丙은 공동으로 A 회사를 설립하였다.

A 회사는 Y 상품보다 원가가 낮으면서도 성능이 좋은 대체재를 개발하는 데 성공하였으며, 그에 따라 甲, 乙, 丙은 X 상품의 단가를 인하하여 시장에서 경쟁의 우위를 점하게 됨은 물론 소비자들도 가격 인하의 혜택을 누리게 되었다. 국내 X 상품 시장에서 甲, 乙, 丙 시장점유율 합계도 2019년 말 기준으로 종전의 60%에서 70%로 증가하였다.

A 회사를 통해 합작투자의 성과를 경험한 甲, 乙, 丙은 2019년 말 X 상품을 포함하여 취급상품의 유통비용을 절감할 목적으로 유통업무를 전담하는 B 회사를 설립하였다. 그런데, 甲, 乙, 丙의 예상과 달리 유통경로를 통합함에 따른 비용절감 효과는 미미했던 반면, 甲, 乙, 丙의 X 상품 유통을 B 회사가 전담함에 따라 시장에서 X 상품을 유통하는 사업자 수가 감소하였고, X 상품의 추가적인 가격인하는 발생하지 않고 있다.

- 甲, 乙, 丙의 A 회사 설립행위가 부당한 공동행위에 해당하는지를 설명하시오. (30점)
- 甲, 乙, 丙의 B 회사 설립행위가 부당한 공동행위에 해당하는지를 설명하시오. (10점)

---

27) 대법원 2012두24498 및 2012두27794 판결.

A, B, C, D는 국내에서 소비재인 Y 상품을 제조·판매하는 사업자이다. C와 D는 Y 상품의 단위당 생산비용을 절감하기 위한 목적으로 계약기간을 10년으로 하여 Y 상품의 제조에 필요한 부품 Z(이는 Y 상품의 제조에만 사용되는 부품이라고 가정한다)를 공동으로 구매하기로 하는 계약(이하 '공동구매계약'이라 함)을 체결하였다. A는 계열회사로부터 부품 Z를 전량 공급받고 있으나, B, C, D는 10여 개 중소기업으로부터 공급받는 방식으로 이를 조달하여 왔는데, 부품 Z의 해외가격은 국내가격보다 낮아서 수출이 곤란하고, 운송비용이 커서 수입 역시 이루어지지 않고 있다.
- C와 D 사이의 공동구매계약이 독점규제법상 부당한 공동행위에 해당되는지를 설명하시오. (40점)

8. 입찰 또는 경매를 할 때 낙찰자, 경락자, 입찰가격, 낙찰가격 또는 경락가격, 그 밖에 대통령령으로 정하는 사항을 결정하는 행위
   ◑ 시행령 제44조 ① 법 제40조제1항제8호에서 "대통령령으로 정하는 사항"이란 다음 각 호의 사항을 말한다. 1. 낙찰 또는 경락의 비율, 2. 설계 또는 시공의 방법, 3. 그 밖에 입찰 또는 경매의 경쟁 요소가 되는 사항

건설사 甲, 乙, 丙, 丁은 각각 국내 관급항만건설공사 시장의 35%, 30%, 15%, 10%를 차지하고 있다.
정부의 첫 번째 항만건설공사 입찰에서는 甲이 500억 원을, 乙이 550억 원을, 丙이 570억 원을, 건설사 丁이 590억 원을 입찰가로 제출하여 甲이 낙찰을 받았고, 두 번째 입찰에서는 甲이 450억 원을, 乙이 410억 원을, 丙이 480억 원을, 丁이 490억 원을 입찰가로 제출하여 乙이 낙찰을 받았다. 그리고 세 번째 입찰에서는 甲이 330억 원을, 乙이 350억 원을, 丙이 320억 원을, 丁이 370억 원을 입찰가로 제출하여 丙이 낙찰을 받았고, 네 번째 입찰에서는 甲이 270억 원을, 乙이 280억 원을, 丙이 250억 원을, 丁이 230억 원을 입찰가로 제출하여 丁이 낙찰을 받았다.
이후 공정거래위원회는 甲, 乙, 丙, 丁이 순차적으로 낙찰을 받은 점에 의문을 가지고 조사를 한 결과, 甲, 乙, 丙 3사가 회합을 가지고 낙찰예정자와 그에 따른 각 건설사의 입찰가격을 합의하였다는 사실을 알게 되었다.
그런데 丁은 위 합의에 참여하지 않았고, 다만 甲, 乙, 丙 3사의 합의사실과 네 번째 입찰에 관한 정보를 우연히 알게 되어 위와 같이 입찰에 참여하였다고 주장한다.
- 甲, 乙, 丙 3사의 행위가 공정거래법상 부당한 공동행위에 해당하는지에 대해 설명하시오. (40점)
- 丁의 행위가 공정거래법상 부당한 공동행위에 해당할 수 있는지에 대해 설명하시오. (20점)

※ TIP: 입찰담합 문제 답안 작성 방식도 앞서 살펴본 가격담합 방식을 따르면 된다.

9. 그 밖의 행위로서 다른 사업자(그 행위를 한 사업자 포함)의 사업활동 또는 사업내용을 방해·제한하거나 <u>가격, 생산량, 그 밖에 대통령령으로 정하는 정보를 주고받음으로써 일정한 거래 분야에서 경쟁을 실질적으로 제한</u>하는 행위 (← 밑줄 친 부분이 이른바 '정보교환 담합'으로서 2021년 신설 조항)

◗ 시행령 제44조 ② 법 제40조제1항제9호에서 "대통령령으로 정하는 정보"란 상품 또는 용역에 대한 다음 각 호의 정보를 말한다. 1. 원가, 2. 출고량, 재고량 또는 판매량, 3. 거래조건 또는 대금·대가의 지급조건

② 제1항은 부당한 공동행위가 다음 각 호의 어느 하나에 해당하는 목적을 위하여 하는 경우로서 대통령령으로 정하는 요건에 해당하고 공정거래위원회의 인가를 받은 경우에는 적용하지 아니한다.
1. 불황극복을 위한 산업구조조정
2. 연구·기술개발
3. 거래조건의 합리화
4. 중소기업의 경쟁력향상

▷ 해설: 40조 2항의 의미는 1호 내지 4호에 해당하는 공동행위가 가격상승 등 경쟁제한효과를 초래하더라도 미리 공정위 인가를 받으면 공정거래법이 적용되지 않으므로 애당초 부당공동행위가 될 수 없다는 것이다. 공정위로부터 인가를 받지 않더라도 위 1호 내지 4호에 해당하는 공동행위가 경쟁제한효과를 초래하지 않으면 부당공동행위가 아니다.

④ 부당한 공동행위를 할 것을 약정하는 계약 등은 해당 사업자 간에는 그 효력을 무효로 한다.

⑤ 제1항 각 호의 어느 하나에 해당하는 행위를 하는 둘 이상의 사업자가 다음 각 호의 어느 하나에 해당하는 경우에는 그 사업자들 사이에 공동으로 제1항 각 호의 어느 하나에 해당하는 행위를 할 것을 합의한 것으로 추정한다. (※ TIP: 시험 문제에서 5항을 적용하라는 명시적 요구가 없는 한 5항을 적용하여 합의 추정 여부를 답안에 쓸 필요 없음)
1. 해당 거래분야, 상품·용역의 특성, 해당 행위의 경제적 이유 및 파급효과, 사업자 간 접촉의 횟수·양태 등 제반 사정에 비추어 그 행위를 그 사업자들이 공동으로 한 것으로 볼 수 있는 상당한 개연성이 있을 때
2. 제1항 각 호의 행위(제9호의 행위 중 정보를 주고받음으로써 일정한 거래분야에서 경쟁을 실질적으로 제한하는 행위를 제외)에 필요한 정보를 주고받은 때

〈공정위의 행정처분〉

제42조(시정조치) ① 공정거래위원회는 부당한 공동행위가 있을 때에는 그 사업자에게 해당 행위의 중지, 시정명령을 받은 사실의 공표 또는 그 밖에 필요한 시정조치를 명할 수 있다.

② ← 법전 조문 확인

제43조(과징금) 공정거래위원회는 부당한 공동행위가 있을 때에는 그 사업자에게 대통령령으로 정하는 매출액에 100분의 20을 곱한 금액을 초과하지 아니하는 범위에서 과징금을 부과할 수 있다. 다만, 매출액이 없는 경우등에는 40억원을 초과하지 아니하는 범위에서 과징금을 부과할 수 있다.

★ 2022 기출 지문

A, B, C, D의 행위가 부당한 공동행위에 해당한다고 가정할 경우 공정거래위원회가 공정거래법상 A, B, C, D에 대하여 할 수 있는 행정처분에 대하여 설명하시오. (20점)

---

3. 기타

(1) 경성담합이 아닌 공동행위 문제

▪ 경성담합이 아닌 공동행위는 대부분 경쟁제한성이 없고, 현실에서도 경성담합이 아닌 공동행위가 부당공동행위로 인정된 사례는 찾아보기 어렵다. 2020년, 2013년 기출 문제인 7호의 공동행위는 경성담합이 아니므로, 원칙적으로 경쟁제한적이라거나 부당하다고 할 수 없다.

☑ 공동 연구개발처럼 경성담합이 아닌 공동행위를 부당공동행위라고 하기 위해서는 합의만으로 부당공동행위가 성립한다는 법 조문에도 불구하고 현실에서는 실행행위로 인해 관련시장에서 구체적인 경쟁제한효과가 초래되었다는 증명이 있어야 할 것이다. 이해를 돕기 위해 가상의 사례로 설명하면 다음과 같다.

자율주행자동차에 필요한 인공지능 개발에는 엄청난 비용이 소요되는데, 자동차 제조업자 A, B, C는 자율주행 인공지능 개발에 필요한 비용을 개별적으로 조달할 수 없다. 이에 A, B, C는 공동으로 자율주행 인공지능을 연구·개발하기로 합의하였다. (이러한 합의만으로 부당공동행위라고 할 수 있겠는가?) A, B, C는 독자적으로 개발할 수 없었던 자율주행 인공지능을 공동으로 개발하는데 성공하였고, 그 결과 각자 자율주행 자동차를 성공적으로 제조하여 소비자들에게 각자 가격을 설정하여(가격담합 없음) 판매하였다. 소비자들은 A, B, C의 자율주행 자동차를 구매하여 큰 효용을 누렸다. 공정위가 A, B, C의 공동 연구·개발을 부당공동행위라며 과징금을 부과할 수 있겠는가?

- 판례에 따르면 문제된 행위가 부당공동행위라고 주장하며 침익적 행정처분을 부과하는 공정위가 부당성을 증명할 책임을 진다. 위 사안에 합리의 원칙(rule of reason)[28](✪ 암기판례: 어떤 공동행위가 경쟁제한효과 외에 경쟁촉진효과도 함께 가져오는 경우에는 양자를 비교·형량하여 경쟁제한성 여부를 판단한다. 경쟁제한효과는 가담 사업자들 사이의 경쟁제한 정도 등을 고려하고, 경쟁촉진효과는 비용감소 등 효율성 증대 및 소비자 후생 증가 등을 고려하되 합리적 관점에서 그러한 경쟁촉진효과를 발생시키는 데 그 공동행위가 필요한지 여부 등을 종합적으로 고려한다.)을 적용해보면 다음과 같다.

- 공정위는 먼저 A, B, C의 공동 연구·개발이 자동차 관련시장에서 가격상승, 생산량감소, 품질저하와 같은 경쟁제한효과를 초래하였다거나 초래할 우려가 있음을 증명해야 할 것이다. 공정위가 경쟁제한성을 증명하지 못하면, 부당공동행위라고 할 수 없다. A, B, C의 공동 연구·개발로 인해 자율주행 자동차라는 혁신이 가능했으므로 이를 부당공동행위라고 할 수가 없다.

- 공정위가 경쟁제한성을 증명했다고 가정하자. 이 경우에도 사업자는 비용절감 또는 기술혁신이라는 효율성증진 또는 친경쟁효과를 증명할 수 있다. 사업자가 효율성증진을 객관적으로 증명했다면, 경쟁제한효과와 효율성증진 효과를 비교형량해야 한다. 만약 효율성증진 효과가 경쟁제한효과보다 더 크면, 경쟁제한성을 인정할 수 없으므로 부당공동행위라고 할 수 없다.

- 위 사례는 가상이기는 하지만, 실제로 자율주행 인공지능 개발을 위해서 자동차 제조업자들이 서로 협력하고 있으며 이를 부당공동행위로 의율한 나라는 없다.

---

28) ☑ 대법원 2013. 11. 14. 선고 2012두19298 판결 등. 한국 판례에서 명시적으로 '합리의 원칙'이라는 용어가 나타나지 않을 뿐 대법원은 경쟁제한성·부당성 판단에서 합리의 원칙을 적용하고 있다.

(2) 자진신고자 · 조사협조자에 대한 과징금 · 시정조치 감면[29]

☑ 실무에서 매우 중요하고 복잡한 쟁점이 많다. 감면제도의 취지는 경성담합 가담자가 자발적으로 신고하고 조사에 협조하여 입증자료를 제공하면 혜택을 부여함으로써 참여 사업자들 간의 신뢰를 약화시켜 부당공동행위를 중지 · 예방하는 것이다.[30]

제44조(자진신고자 등에 대한 감면 등) ① 다음 각 호의 어느 하나에 해당하는 자(소속 전 · 현직 임직원을 포함한다)에 대해서는 제42조에 따른 시정조치나 제43조에 따른 과징금을 감경 또는 면제할 수 있고, 제129조에 따른 고발을 면제할 수 있다.
  1. 부당한 공동행위의 사실을 자진신고한 자
  2. 증거제공 등의 방법으로 공정거래위원회의 조사 및 심의 · 의결에 협조한 자

  ▷ 구체적 감면 요건은 시행령 51조 1항(← 법전 조문 확인)에 다소 복잡하게 규정되어 있는데, 정리하면 다음과 같다.
    ① 공정위 조사 시작 前 1순위 자진신고자이고 나머지 요건(시행령 51조 1항 1호 각목)을 모두 충족하면 → 과징금 및 시정조치 둘 다 필요적 면제
    ② 공정위 조사 시작 後 1순위 조사협조자이고 나머지 요건(시행령 51조 1항 2호 각목)을 모두 충족하면 → 과징금은 필요적 면제, 시정조치는 필요적 감경 또는 필요적 면제

---

29) ☑ 가격격담합의 경우 합의의 직접증거는 그 자체로서 합의 사실을 명백하게 보여주는 증거로서 추정이 필요 없는 증거(예컨대, 합의 사실을 담은 회의록 · 메모 · 이메일 · 팩스, 가담자들의 자백)이다. 담합 가담자들은 '합의' 사실을 외부에 드러내지 않고 숨기는 경우가 대부분이므로 경쟁당국이 직접증거를 확보하기가 극히 어렵다. 이 때문에 전 세계 대부분의 경쟁당국은 리니언시(leniency), 즉 자진신고자 감면제도를 운영하고 있다. 경쟁당국은 자진신고를 근거로 직접증거를 확보하거나 또는 담합 혐의가 있는 기업의 현장을 불시에 급습(raid)하여 직접증거를 확보한다. 미국의 경우 셔먼법은 연방형사법이므로, 셔먼법 제1조에 위반되는 가격담합을 형사 기소하기 위해서는 합리적 의심의 여지가 없을 정도의 증거가 필요하다. 이 때문에 셔먼법 집행기관인 연방법무부 반독점국은 연방수사국(FBI)과 공조하여 직접증거를 최대한 수집한다. 자진신고가 있더라도 미국 연방수사국은 연방법원으로부터 영장을 발부받아 미행, 전화도청, 이메일 열람, 비밀회의 비디오 촬영 등 합의 내용을 담은 직접증거를 수집한다. 이처럼 직접증거를 수집한 이후 공표되면, 가격담합 사업자들은 부인할 수 없게 된다. 가격담합 손해배상사건의 경우, 증거 개시제(discovery)를 통해 '의사연락'에 관한 직접증거를 확보하여 '합의'의 존재를 추정하는 간접사실로 활용한다. 한국도 자진신고 제도를 통해 담합을 적발하는 경우가 많다. 단 허위 자진신고도 있을 수 있으므로 주의가 필요하다.

30) 대법원 2010. 1. 14. 선고 2009두15043 판결 등.

(★ 2018 기출)

③ 공정위 조사 시작 前 2순위 자진신고자 또는 조사 시작 後 2순위 조사협조자이고 나머지 요건(시행령 51조 1항 3호 각목)을 모두 충족하면 → 과징금은 50% 필요적 감경, 시정조치는 감경 가능

★ 2018 기출 지문

공정거래위원회는 甲, 乙, 丙, 丁이 순차적으로 낙찰을 받은 점에 의문을 가지고 조사를 한 결과, 甲, 乙, 丙 3사가 회합을 가지고 낙찰예정자와 그에 따른 각 건설사의 입찰가격을 합의하였다는 사실을 알게 되었다. 공정거래위원회의 조사과정에서 丙은 조사에 적극 협조하여 위 합의의 입증에 필요한 증거자료를 제출하였다.

- 丙에 대하여 공정거래위원회가 시정조치 또는 과징금을 감경 또는 면제할 수 있는지에 대해 설명하시오. (20점)

---

(3) 부당공동행위 시기/종기/개수

■ 부당공동행위의 시기: 부당공동행위의 개시일은 '합의일' (예: 1월 1일 공동 가격결정 합의하고 2월 1일 실행했다면 → 부당공동행위 시기는 1월 1일)

■ 부당공동행위의 종기: 사안별 판단[31]

---

31) ☑ <판례 정리>(실무에서 중요하지만 출제가능성 낮음)

① 합의에 기한 실행행위가 있었던 경우 부당공동행위가 종료한 날은 그 합의에 기한 실행행위가 종료한 날이고, 자진신고의 경우 자진신고일이 종료일이다.

② 3개 사업자 A, B, C가 가담한 계속적 공동행위에서 2개 사업자 A, B가 순차적으로 탈퇴한 경우 1개 사업자 C만으로 공동행위는 불가능하므로, C의 공동행위 종료 시점은 2번째 사업자 B의 탈퇴시에 자동 종료된다.

③ 가격결정 등의 합의 및 그에 기한 실행행위가 있었던 경우 부당한 공동행위가 종료한 날은 그 합의에 기한 실행행위가 종료한 날을 의미하므로, 부당한 공동행위에 참여한 일부 사업자가 단순히 그 합의를 이행하지 아니하였다는 사정만으로는 부당한 공동행위가 종료되었다고 볼 수 없다.

④ 합의에 참가한 사업자들 중 ❶ 일부가 합의에 기한 실행행위를 종료하였다고 하기 위하여는 (a) 다른 사업자에 대하여 명시적 또는 묵시적으로 합의에서 탈퇴한다는 내용의 의사표시를 하고, (b) 독자적인 판단에 따라 합의가 없었더라면 존재하였을 수준으로 가격을 책정하는 등 합의의 목적에 반하는 행위를 하여야 하고, ❷ 합의에 참가한 사업자들 모두가 합의에 기한 실행행위를 종료하였다고 하기 위하여는 사업자들이 (a) 명시적으로 합의를 파기하고 각자의 독자적인 판단에 따라 합의가 없었더라면 존재하였을 수준으로 가격을 책정하는 등 합의의 목적에 반하는 행위를 하거나, (b) 사업자들 사이의 반복적인

- 부당공동행위의 個數: 사안별 판단[32]

(4) 공정거래법 역외적용

제3조(국외에서의 행위에 대한 적용) 국외에서 이루어진 행위라도 그 행위가 국내 시장에 영향을 미치는 경우에는 이 법을 적용한다.

★ 2016 기출 지문

프랑스 기업 A사와 한국 대리점들 사이의 합의가 프랑스에서 이루어졌음을 전제로, A사에 대하여 공정거래법을 적용할 수 있는지, 적용할 수 있다면 그 근거는 무엇인지를 설명하시오. (20점)

▷ 설명: 외국 사업자가 외국에서 행한 행위라고 할지라도 한국 시장에 경쟁제한효과를 초래하면 그 외국 사업자에 대하여 공정거래법을 역외적용할 수 있다. 외국 사업자들이 외국에서 한국 시장을 겨냥하여 가격담합을 한 경우가 대표적인 예이다.

▷ 판례: 3조의 '국내시장에 영향'이란 국외 사업자가 외국에서 한 행위가 한국 시장에 직접적이고 상당하며 합리적으로 예측 가능한 영향을 의미하며, 여러 사정을 고려하여 판단한다. 국외 사업자들이 외국에서 한국 시장을 대상으로 가격담합을 하였다면, 특별 사정이 없는 한 가격담합은 한국시장에 영향을 미치므로, 한국 공정거래법 40조 1항을 역외적용할 수 있다.[33]

가격 경쟁 등으로 합의가 사실상 파기되었다고 인정할 수 있을 정도의 행위가 일정 기간 계속되는 등 합의가 사실상 파기되었다고 볼 수 있을 만한 사정이 있어야 한다.

⑤ 공동행위 가담자가 해당 영업을 제3자에게 양도하고 그 영업을 영위하지 않은 사건에서 영업양도 시점에 공동행위가 종료된다.

32) ☑ <판례 정리> (실무에서 중요하지만 출제가능성 낮음)
① 가격담합에 관한 기본합의가 있고, 복수의 공동행위가 그 기본합의를 실행하기 위해 계속된 것이라면, 복수의 공동행위는 '하나의 공동행위'로 본다.
② 기본합의가 없더라도, 복수의 공동행위가 '단일 의사에 기한 동일 목적'을 수행하기 위한 것으로서 단절됨 없이 계속 실행된 것이라면, 특별한 사정이 없는 한, '하나의 공동행위'로 본다.

33) 대법원 2014. 5. 16. 선고 2012두13665 판결 등(항공사 유류할증료 담합 사건).

제2절 기업결합규제

1. 학습 가이드

▪ 2015년에 처음 출제되었고 이후에는 출제된 적이 없다. 대법원 판례[34]도 있고 공정위 심결례가 많으나 복잡한 사건들이어서 변호사시험 문제를 만들기가 쉽지 않으므로, 향후 출제되더라도 2015년처럼 단순 조문 적용 문제가 나올 것으로 보인다.

☑ 일정 규모 이상의 기업결합은 공정위의 사전심사 대상이고, 공정위 단계에서 기업결합이 불허되어도 소송으로 다툴 경우 대법원 판단까지 수년이 걸릴 수 있고, 그 때까지 당사자들 사정이 어떻게 변할지 모른다. 이 때문에 공정위 사전심사 단계에서 불허되면, 당사자들이 스스로 포기하는 경우가 많다. 이로 인해 법원에 의한 사법통제 기회도 드물어진다. 공정거래법은 일반적 의미의 사전규제법이 아니지만, 공정거래법상 기업규제는 시장구조주의에 입각하고 있어 사전규제법처럼 운영되고 있다. 이 때문에 규제 오류가 발생하기 쉽지만, 이 문제는 해외 선진국에서도 마찬가지다.

기업결합은 아래와 같이, 수평, 수직, 혼합으로 구별되며, 대부분 수평적 결합이 문제된다.

수평적 결합	경쟁관계에 있는 기업들 사이의 결합 (예: 자동차 제조업자들 사이의 결합)
수직적 결합	경쟁관계는 없으나 수직적 인접시장에 있는 기업들 사이의 결합 (예: 제조업자와 유통업자 사이의 결합)
혼합 결합	수평적 결합도 아니고 수직적 결합도 아닌 결합 (예: 자동차 제조업자와 항공기 제조업자의 결합)

---

34) 대법원 2008. 5. 29. 선고 2006두6659 판결; 대법원 2009. 9. 10. 선고 2008두9744 판결.

2. 조문

제11조(기업결합의 신고)

▷ 설명: 일정 규모 이상의 회사가 아래와 같은 9조의 기업결합을 하는 경우 공정위에 신고해야 함

제9조(기업결합의 제한) ① 누구든지 직접 또는 대통령령으로 정하는 특수한 관계에 있는 자(=특수관계인)를 통하여 다음 각 호의 어느 하나에 해당하는 행위(=기업결합)로서 일정한 거래분에서 경쟁을 실질적으로 제한하는 행위를 하여서는 아니 된다. 다만, 자산총액 또는 매출액의 규모가 대통령령으로 정하는 규모에 해당하는 회사(=대규모회사) 외의 자가 제2호에 해당하는 행위를 하는 경우에는 그러하지 아니하다.

1. 다른 회사 주식의 취득 또는 소유
2. 임원 또는 종업원에 의한 다른 회사의 임원 지위의 겸임(=임원겸임)
3. 다른 회사와의 합병
4. 다른 회사의 영업의 전부 또는 주요 부분의 양수·임차 또는 경영의 수임이나 다른 회사의 영업용 고정자산의 전부 또는 주요 부분의 양수(=영업양수)
5. 새로운 회사설립에의 참여. 다만, 다음 각 목의 어느 하나에 해당하는 경우는 제외한다.

   가. 특수관계인(대통령령으로 정하는 자는 제외) 외의 자는 참여하지 아니하는 경우

   나. 「상법」 제530조의2제1항에 따른 분할에 따른 회사설립에 참여하는 경우

② 다음 각 호의 어느 하나에 해당한다고 공정거래위원회가 인정하는 기업결합에 대해서는 제1항을 적용하지 아니한다. 이 경우 해당 요건을 충족하는지에 대한 입증은 해당 사업자가 하여야 한다.

1. 해당 기업결합 외의 방법으로는 달성하기 어려운 효율성 증대효과가 경쟁제한으로 인한 폐해보다 큰 경우
2. 상당한 기간 동안 대차대조표상의 자본총계가 납입자본금보다 작은 상태에 있는 등 회생이 불가능한 회사와의 기업결합으로서 대통령령으로 정하는 요건에 해당하는 경우

◑ 시행령 제16조(기업결합의 적용제외 기준) 법 제9조제2항제2호에서 "대통령령으로 정하는 요건에 해당하는 경우"란 다음 각 호의 요건을 모두 갖춘 경우를 말한다.

---

1. 기업결합을 하지 않으면 회사의 생산설비 등이 해당 시장에서 계속 활용되기 어려운 경우

　　2. 해당 기업결합보다 경쟁제한성이 적은 다른 기업결합이 이루어지기 어려운 경우

③ 기업결합이 다음 각 호의 어느 하나에 해당하는 경우에는 일정한 거래분야에서 경쟁을 실질적으로 제한하는 것으로 추정한다.

1. 기업결합의 당사회사(제1항제5호의 경우에는 회사설립에 참여하는 모든 회사)의 시장점유율(계열회사의 시장점유율을 합산한 점유율)의 합계가 다음 각 목의 요건을 갖춘 경우

　　가. 시장점유율의 합계가 시장지배적사업자의 추정요건에 해당할 것

　　나. 시장점유율의 합계가 해당 거래분야에서 제1위일 것

　　다. 시장점유율의 합계와 시장점유율이 제2위인 회사(당사회사를 제외한 회사 중 제1위인 회사)의 시장점유율과의 차이가 그 시장점유율의 합계의 100분의 25 이상일 것

★ 2015 기출 지문

A사는 국내에서 컴퓨터를 제조하는 사업자이다. 국내에서 컴퓨터를 제조하는 사업자로는 A사, B사, C사, D사가 있고, 시장점유율은 A사 40%, B사 30%, C사 20%, D사 10%이다.

A사는 오랜 기술개발 끝에 컴퓨터 X를 시중에 출시하면서 자사의 컴퓨터 X를 판매하는 모든 소매업체에 A사와 경쟁관계에 있는 컴퓨터 제조사가 생산하는 유사한 사양의 컴퓨터를 취급하지 말도록 요청하면서, 이를 준수하지 않는 경우 해당 소매업체에 A사가 생산하는 모든 컴퓨터의 공급을 중단할 것이라고 통보하였다. 그에 따라 A사와 거래하는 소매업체들은 컴퓨터 X와 유사한 사양의 D사 컴퓨터 판매를 중단하였다. 그로 인해 D사의 컴퓨터 매출액이 크게 감소하였고, D사는 가뜩이나 좋지 않은 재무상황이 더 나빠져 도산하게 되었다.

- A사가 D사의 발행주식 전부(이하, '이 사건 주식')를 인수하는 경우 이 사건 주식 인수가 공정거래법상 경쟁을 실질적으로 제한하는 기업결합으로 추정되는지를 설명하시오. (10점)

- A사의 이 사건 주식 인수가 경쟁제한적이라고 가정할 때 공정거래법상 예외적으로 허용할 수 있는 기업결합에 해당하는지를 설명하시오. (10점)

〈공정위의 행정처분〉

제14조(시정조치 등), 제16조(이행강제금) ← 법전 조문 확인

3. 연습문제

▷ 이하 기업결합은 11조에 따라 공정위 신고대상이라고 가정하고 기업결합이 인정될 수 있는
   지 여부

[문제 1] 시장점유율 A 30%, B 20%, C 30%, D 20%인데, A가 B를 인수하는 경우
  - A와 B 점유율 합계가 50%로서 1위이고, 법 6조 1호에 따라 시지사업자로 추정되므로,
    가목과 나목을 충족한다.
  - A와 B 점유율 합계 50%에서 C의 점유율 30%를 뺀 20%가 A와 B 점유율 합계 50%의
    100분의 25인 12.5%를 초과하므로, 다목 요건도 충족한다.
  - 가, 나, 다목 요건을 모두 충족하므로 경쟁제한적 기업결합으로 추정된다.
  - 단 A가 법 9조 2항 1호의 요건 또는 2호의 요건을 증명하면 기업결합이 가능하다.

[문제 2] 시장점유율 A 20%, B 20%, C 31%, D 20%, E 9%인데, A가 B를 인수하는 경우
  - A와 B 점유율 합계가 40%로서 1위이고, 'A와 B', C, D의 점유율 합계가 91%이므로,
    법 6조 2호에 따라 시지사업자로 추정되므로, 가목과 나목을 충족한다.
  - A와 B 점유율 합계 40%에서 C의 점유율 31%를 뺀 9%가 A와 B 점유율 합계 40%의
    100분의 25인 10%보다 낮으므로, 다목 요건이 충족되지 않는다.
  - 다목을 충족하지 못하므로, 경쟁제한적 기업결합으로 추정되지 않는다. 따라서 공정위가
    따로 경쟁제한성을 증명하지 못하면, 기업결합이 가능하다.

제3절 사업자단체 금지행위

1. 학습 가이드

- 2014년에 사업자단체의 가격담합 문제가 한 번 출제된 이후 지금까지 출제되지 않았다. 구성 사업자 사업활동방해에 관한 대법원 전원합의체 판결이 있는데, 이 판결은 알아둘 필요가 있다.

2. 조문과 판례

제2조(정의)

2. "사업자단체"란 그 형태가 무엇이든 상관없이 둘 이상의 사업자가 공동의 이익을 증진할 목적으로 조직한 결합체 또는 그 연합체를 말한다

▷ 예: 대한의사협회, 대한변호사협회, 대학약사회, 한국공인중개사협회, 한국철강협회, 한국자동차산업협회, 한국인터넷기업협회, 자동차정비조합, 사진앨범조합 등

제51조(사업자단체의 금지행위) ① 사업자단체는 다음 각 호의 어느 하나에 해당하는 행위를 하여서는 아니 된다.

1. 제40조제1항 각 호의 행위(→ 부당공동행위)로 부당하게 경쟁을 제한하는 행위

★ 2014 기출 지문

A, B, C는 자전거 판매가격을 인상하기로 합의하였다. A는 자전거제조사협회에 대하여 다른 자전거 제조사들도 가격을 인상하도록 협회 차원에서 조치를 취해 달라고 요청하였다. 이에 자전거 제조사협회는 2013. 2. 1. 자전거 판매가격을 10% 인상하기로 결의하였고, 이를 모든 회원사에 통지하였다. A, B, C 이외의 나머지 12개 제조사들 중에서 11개사(이하, '기타 11개 제조사들')는 자전거 판매가격을 8~9% 인상하였으나, D는 가격을 인상하지 않았다.

- 공정거래법상 사업자단체의 금지행위와 관련하여 다음의 질문에 답하시오.

▷ 부당성 인정 판례: ① 부산치과의사회의 치과기공물 가격담합,[35] ② 대한약사회의 집단폐문(아래 3호에도 중복 해당).[36]

2. 일정한 거래분야에서 현재 또는 장래의 사업자 수를 제한하는 행위

▷ 부당성 인정 판례: 공동행위에 가담하지 않았다는 이유로 사진앨범 조합원 제명.[37]

3. 구성사업자(= 사업자단체의 구성원인 사업자)의 사업내용 또는 활동을 부당하게 제한하는 행위

▷ 부당성 인정 판례: ① 대한의사협회의 집단 휴업·휴진(※대법원 전원합의체 판결: 구성사업자들의 공정하고 자유로운 경쟁 저해)[38], ② 대한약사회의 집단폐문.[39]

---

35) ☑ 경쟁이 감소하여 원고의 의사에 따라 어느 정도 자유로이 가격의 결정에 영향을 미치거나 미칠 우려가 있는 상태를 초래하는 행위에 해당하고, 부당하게 경쟁을 제한하여 가격을 인상하는 행위에 해당한다 (대법원 2005. 8. 19. 선고 2003두9251 판결).

36) ☑ 내심으로나마 폐문에 반대하는 구성사업자들에게 결과적으로 자기의 의사에 반하여 집단폐문에 따를 수밖에 없도록 하여 구성사업자들에게 집단폐문기간 중 의약품을 판매할 수 없도록 제한한 이상, 이러한 행위는 법 제19조 제1항 제3호의 '판매를 제한하는 행위'에 해당한다(대법원 1995. 5. 12. 선고 94누 13794 판결).

37) 대법원 1991. 2. 12. 선고 90누6248 판결.

38) 원고가 이 사건 의사대회와 관련하여 특별기구로 설치한 의쟁투 등에 전권을 위임하고, 그들이 수차의 회의를 통해 대회 당일 <u>휴업·휴진할 것</u>과 참석서명 및 불참자에 대한 <u>불참사유서를 징구할 것을 결의하고, 그 결의내용을 문서, 인터넷 홈페이지 및 신문광고 등을 통해 자신의 구성사업자들에게 통보하여</u> 대회 당일 휴업·휴진을 하도록 한 행위는, 이른바 단체적 구속으로서, <u>내심으로나마 휴업·휴진에 반대하는 구성사업자들에게 자기의 의사에 반하여 휴업·휴진하도록 사실상 강요함으로써 구성사업자들의 공정하고 자유로운 경쟁을 저해하는 결과를 가져온다</u>고 할 것이므로, 이는 공정거래법 제26조 제1항 제3호에 규정된 "구성사업자의 사업내용 또는 활동을 부당하게 제한하는 행위"에 해당한다. 원고가 비록 구성사업자인 의사들 모두의 이익을 증진하기 위한 목적에서라고 하더라도 구성사업자들에게 본인의 의사 여하를 불문하고 일제히 휴업하도록 요구하였고 그 요구에 어느 정도 강제성이 있었다고 한다면, 이는 구성사업자인 의사들의 자유의 영역에 속하는 휴업 여부 판단에 사업자단체가 간섭한 것이고, 그 결과 사업자 각자의 판단에 의하지 아니한 사유로 집단휴업 사태를 발생시키고 소비자 입장에 있는 일반

4. 사업자에게 제45조제1항에 따른 불공정거래행위 또는 제46조에 따른 재판매가격유지행위를 하게 하거나 이를 방조하는 행위 (→ 본서 제3장 제2절, 제3절 참조)

〈공정위 행정처분〉 (앞의 ★ 2014 기출 참조)

제52조(시정조치) ① 공정거래위원회는 제51조를 위반하는 행위가 있을 때에는 그 사업자단체(필요한 경우 관련 구성사업자를 포함)에 해당 행위의 중지, 시정명령을 받은 사실의 공표, 그 밖에 필요한 시정조치를 명할 수 있다.

② ← 법전 조문 확인

제53조(과징금) ① 공정거래위원회는 제51조제1항을 위반하는 행위가 있을 때에는 해당 사업자단체에 10억원의 범위에서 과징금을 부과할 수 있다.

② 공정거래위원회는 제51조제1항제1호를 위반하는 행위에 참가한 사업자에게 대통령령으로 정하는 매출액에 100분의 20을 곱한 금액을 초과하지 아니하는 범위에서 과징금을 부과할 수 있다. 다만, 매출액이 없는 경우등에는 40억원을 초과하지 아니하는 범위에서 과징금을 부과할 수 있다.

③ 공정거래위원회는 제51조제1항제2호부터 제4호까지의 규정을 위반하는 행위에 참가한 사업자에게 대통령령으로 정하는 매출액에 100분의 10을 곱한 금액을 초과하지 아니하는 범위에서 과징금을 부과할 수 있다. 다만, 매출액이 없는 경우등에는 20억원을 초과하지 아니하는 범위에서 과징금을 부과할 수 있다.

국민들의 의료기관 이용에 큰 지장을 초래하였으니, 그와 같은 집단휴업 조치는 의사들 사이의 공정하고 자유로운 경쟁을 저해하는 것이라고 보지 않을 수 없고, 따라서 원고의 행위는 위 법 제26조 제1항 제3호 소정의 '부당한 제한행위'에 해당한다(대법원 2003. 2. 20. 선고 2001두5347 전원합의체 판결).

39) ☑ 원고 약사회가 집단폐문 결의내용을 그 구성사업자들에게 통보하여 그들의 자유의사에 불문하고 폐문을 실행하도록 한 행위는 이른바 단체적 구속으로서 개별 구성사업자의 사업내용 또는 활동을 부당하게 제한하는 행위에 해당한다(대법원 1995. 5. 12. 선고 94누13794 판결).

제3장 시장지배적지위남용 등

☑ ① 시장지배적지위남용은 부당공동행위, 기업결합규제와 함께 경쟁법의 3대 영역에 해당한다. 시장지배적지위를 시장지배력으로 약칭하기도 한다. 불공정거래행위 규제는 원래 미국에서 시장지배력남용 규제를 보충하기 위해 만들어졌는데, 이를 일본이 도입하였고, 이를 다시 한국이 도입하였다. 이 때문에 시장지배적지위남용의 세부유형(시행령 9조 1항)과 불공정거래행위의 세부유형(시행령 별표 2)이 중복되는 경우가 많다. 공정위는 시장지배적사업자의 행위에 대해서 시장지배적지위남용 조항과 불공정거래행위 조항을 동시에 적용하기도 한다.

② 재판매가격유지행위 46조는 불공정거래행위 45조와 독립되어 규정되어 있을 뿐 실질적으로는 불공정거래행위에 속한다.

③ 불공정거래행위로서의 부당지원행위(45조 1항 9호)와 부당이익제공(47조 1항)은 조문 내용이 서로 비슷하며 한국 공정거래법에 특유한 조항으로서, 조문 자체가 복잡해서 출제가능성이 높지 않다.

제1절 시장지배적지위남용

1. 학습 가이드

- 부당공동행위와 함께 경쟁법의 양대 축이다. 문제된 사업자가 시장지배적사업자에 해당하는 지, 시장지배적사업자에 해당한다고 가정할 때 문제된 행위가 시행령 9조 1항 각 호의 어떤 시장지배적지위남용에 해당하는지, 법위반시 공정위의 행정처분이 출제되었다. 앞으로도 이런 패턴이 유지될 것으로 보인다.

- 기출 문제 해설을 보면서 문제된 행위가 시행령 9조 1항 각 호의 어떤 행위유형에 해당하는지 조문 찾기 연습을 해야 한다. 행위유형은 '법률 → 시행령 → 공정위의 「시장지배적지위 남용행위 심사기준」(이하 '공정위 심사기준')[40]에 규정되어 있고, 답안에는 시행령까지만 써도 된다. 단 공정위 심사기준에 규정된 '거래거절'과 '불이익제공'은 대법원 판례가 있으므로, '거래거절'과 '불이익제공'은 시행령상 기타 사업활동방해로서 공정위 심사기준에 규정되어 있다는 정도는 알아둘 필요가 있다. (답안지에는 「시장지배적지위 남용행위 심사기준」이라는 정식 명칭 대신에 '공정위 심사기준'이라고만 줄여 써도 된다.)
  - 예: 2019년 기출 문제에서 행위유형은 공정위 심사기준의 '거래거절'에 해당하는데, 이는 법 5조 1항의 사업활동방해, 시행령 9조 3항 4호의 '기타 사업활동방해'의 세부유형이다. 따라서 답안에서 '거래거절'을 사업활동방해에 포섭시켜야 한다.

- 판례가 없는 조문도 조문 내용을 그대로 문제 사안으로 만들 수 있다. 이 경우 해당 조문을 적용하여 문제 사안을 그대로 풀면 되므로 매우 쉽다(이른바 'reverse engineering' 방식). 사안에서 불분명하다고 생각되는 부분이 있으면 필요한 전제를 제시하고 2개 결론을 제시해도 된다.

- 시장지배적지위남용은 강학상 ① 배제남용(경쟁자를 시장에서 부당하게 배제시켜 경쟁을 제한한다는 의미)과 ② 착취남용(거래상대방을 부당하게 착취한다는 의미)으로 구별된다. 배제남용과 착취남용의 부당성 판단기준은 서로 다르다.

---

40) ☑ 공정위 심사기준은 내부 사무처리 준칙일 뿐 법적 구속력이 없다. 단 심사기준에 대법원 판례가 반영된 부분도 있다.

▪ 시장지배적지위남용 관련 시행령 9조의 행위유형 중에는 불공정거래행위 관련 시행령 <별표 2>의 행위유형과 중복되는 것도 있다(예: 단독거래거절, 배타조건부거래). 따라서 시장지배적사업자의 행위에는 시장지배력남용 조항과 불공정거래행위 조항이 동시에 적용될 수 있지만, 부당성 판단기준은 다르다.

2. 조문과 판례

(1) 시장지배적사업자

제2조(정의)

3. "시장지배적사업자"란 일정한 거래분야(→ 관련시장)의 공급자나 수요자로서 단독으로 또는 다른 사업자와 함께 상품이나 용역의 <u>가격, 수량, 품질, 그 밖의 거래조건을 결정·유지 또는 변경</u>할 수 있는 시장지위를 가진 사업자를 말한다. 이 경우 시장지배적사업자를 판단할 때에는 <u>시장점유율, 진입장벽의 존재 및 정도, 경쟁사업자의 상대적 규모</u> 등을 종합적으로 고려한다(→ 정의 조항이 너무 추상적이어서, 실무에서는 주로 6조의 추정 조항을 이용하여 시장지배적사업자 여부를 판단함).

※ TIP: 6조에 따라 시장지배적사업자로 추정된다고 하더라도 문제 지문에 '높은 진입장벽의 존재'를 암시하는 내용이 있으면(예를 들어, 기출 문제 지문에서 '수입대체품이 없음. 대규모 투자와 고도의 기술이 필요함. 오랜기간 동안 신규진입한 사업자가 없음'), 높은 진입장벽도 있으므로 시장지배적사업자에 해당한다고 하면 된다. 만약 문제 지문에 진입장벽에 대한 언급이 전혀 없다면, '관련시장에 높은 진입장벽 있다면 시장지배적사업자에 해당한다'라고 하면 된다. (경쟁자의 상대적 규모가 비슷한 경우에는 이 부분을 언급할 필요는 없다.)

제6조(시장지배적사업자의 추정) 일정한 거래분야에서 시장점유율이 다음 각 호의 어느 하나에 해당하는 사업자(일정한 거래분야에서 연간 매출액 또는 구매액이 40억원 미만인 사업자는 제외)는 시장지배적사업자로 추정한다(← 추정 복별이 가능하지만 실제로 추정 복멸된 사례는 없다).

1. 하나의 사업자의 시장점유율이 100분의 50 이상
2. 셋 이하의 사업자의 시장점유율의 합계가 100분의 75 이상. 이 경우 시장점유율이 100분의 10 미만인 사업자는 제외한다.

甲은 국내에서 오프라인 매장을 개설하여 가전제품을 전문적으로 판매하는 유통전문회사이다. 관련 시장을 '국내 가전양판시장'이라고 가정할 때 甲은 이 시장에서 시장점유율 45%를 차지하고 있고, 경쟁사 중에는 乙의 시장점유율이 30%이며, 나머지 경쟁자들의 시장점유율은 각 5% 미만이다.
- 甲은 공정거래법상 시장지배적 사업자에 해당하는가? (10점)

★ 2019 기출 지문
원자재인 X상품은 국내에서 사업자 甲, 乙, 丙이 생산하고 있는데(관련시장은 '국내 X상품시장'이라고 가정함), 甲, 乙, 丙의 시장점유율은 각각 60%, 35%, 5%이다. 국내 X상품시장에서 甲, 乙, 丙의 연간 매출액 총합계는 약 10조 원이다. X상품 제조를 위해서는 대규모 투자와 고도의 기술이 필요하여 이 시장에는 최근 20년 동안 새로운 진입자가 없었다.
- 甲이 공정거래법상 시장지배적 사업자에 해당되는지를 설명하시오. (10점)

★ 2012 기출 지문
A사는 국내에서 컴퓨터를 제조하는 사업자이다. 국내에서 컴퓨터를 제조하는 사업자로는 A사, B사, C사, D사가 있고, 시장점유율은 A사 40%, B사 30%, C사 20%, D사 10%이다(관련시장은 '국내 컴퓨터 공급시장'으로 가정한다).
- A사의 행위가 시장지배적 지위 남용행위에 해당하는지를 설명하시오. (← 이 문제를 풀기 위해서는 A사가 시장지배적사업자에 해당하는지부터 판단해야 한다)

★ 2012 기출 지문
국내에서 소비재 X를 제조·판매하는 사업자는 A, B, C, D뿐이다(관련 지역시장은 '국내시장', 관련 상품시장은 'X의 제조·판매시장'으로 가정한다). A, B, C, D의 2010년 X의 국내매출액은 각각 5,000억 원, 2,500억 원, 2,000억 원, 500억 원이다. 현재까지 X는 수입이 안 되고 있고, 다른 사업자들의 신규 진입도 용이하지 않다.
- A가 독점규제법상 시장지배적 사업자에 해당하는지를 설명하시오. (15점)

● 연습문제(연간매출액 40억 원 이상으로 가정함)

[문제 1] 시장점유율 A 60%, B 35%, C 5%인 경우
  - A는 60%이므로 6조 1호에 따라 시지사업자로 추정된다. A, B의 점유율 합계가 95%이므로, 6조 2호에 따라 B도 시지사업자로 추정된다. 관련시장에 높은 진입장벽이 있으면, 시지사업자에 해당한다.

- C는 시장점유율이 5%이므로 시지사업자로 추정될 수 없고, 시지사업자로 인정하기 어렵다.

[문제 2] 시장점유율 A 25%, B 25%, C 25%, D 25%인 경우
- A, B, C의 점유율 합계가 75%, B, C, D의 점유율 합계가 75%, A, C, D의 점유율 합계가 75%이므로, 6조 2호에 따라, A, B, C, D 모두 시지사업자로 추정된다. 관련시장에 높은 진입장벽이 있으면, 이들 모두 시지사업자에 해당한다.

[문제 3] 시장점유율 A 50%, B 20%, C 10%, D 10%인 경우
- A, B, C의 점유율 합계 80%, A, B, D의 점유율 합계 80%이므로, 6조 2호에 따라 A, B, C, D 모두 시지사업자로 추정된다. 관련시장에 높은 진입장벽이 있으면, 이들 모두 시지사업자로 인정된다.

[문제 4] 시장점유율이 A 30%, B 30%, 나머지 40개 기업은 각자 1%이고, A와 B는 계열사 관계인 경우

> **시행령 제11조(시장지배적사업자의 추정)** ① 법 제6조에 따른 시장점유율은 제2조에 따른 시장점유율로 한다.
> ③ 법 제6조에 따라 시장지배적사업자를 추정하는 경우에는 해당 사업자와 그 계열회사를 하나의 사업자로 본다.

- 시행령 11조 3항에 따라 A와 B는 하나의 사업자로 간주하므로, A 점유율도 60%로 간주되고, B 점유율도 60%로 간주된다. 6조 1호에 따라서 A, B 둘 다 시지사업자로 추정된다. 관련시장에 높은 진입장벽이 있으면, A, B 모두 시지사업자로 인정된다.

(2) 남용행위 유형

◑ 위법성을 지칭하는 용어로서 5조 1항 각 호는 모두 '부당하게'라고 규정하고 있으나, 시행령 9조 1항 각 호는 '부당하게' 또는 '정당한 이유 없이'로 규정하고 있다.

시행령에 '부당하게'라고 규정된 경우	공정위가 경쟁제한성을 증명해야 하며, 공정위가 경쟁제한성을 증명한 반면에 사업자가 친경쟁성(효율성증대 또는소비자후생증진)을 증명하면, 양자를 비교형량하여 판단한다.
시행령에 '정당한 이유 없이'로 규정된 경우	사업자가 정당한 이유를 증명하지 못하면 부당성이 인정된다. (Cf. 불공정거래행위 시행령 <별표 2>의 경우도 위와 같다)

※ TIP: 아직까지 판례도 없고 출제된 적도 없는 조문이라도 해당 조문의 내용을 약간 변형시켜 문제 지문으로 만들어서 출제될 가능성이 있다. 이 경우 문제 사안에서 분명하지 않은 내용이 있다면 결론에 필요한 전제를 제시하고 답안을 작성하면 된다. (Cf. 불공정거래행위 경우도 마찬가지다.)

제5조(시장지배적지위의 남용금지) ① 시장지배적사업자는 다음 각 호의 어느 하나에 해당하는 행위(=남용행위)를 해서는 아니 된다.

1. 상품의 가격이나 용역의 대가(=가격)를 부당하게 결정·유지 또는 변경하는 행위(← 착취남용)

> ◑ 시행령 제9조 ① <u>정당한 이유 없이</u> 가격을 수급의 변동이나 공급에 필요한 비용(같은 종류 또는 유사한 업종의 통상적인 수준의 것으로 한정)의 변동에 비하여 현저하게 상승시키거나 근소하게 하락시키는 행위
>
> > ★ 2012 기출 지문
> > A가 X를 공급하는 데 필요한 비용이 10% 상승하였고, B, C, D 역시 X의 공급에 필요한 비용이 유사한 비율로 상승하였다. A, B, C, D 모두 눈치만 보고 있던 중 시장점유율이 가장 높은 A의 대표이사가 B와 C의 대표이사와 회합을 하고 자신의 가격인상 계획을 밝히면서 동참해 줄 것을 요청하였다. 이에 대하여 B와 C의 대표이사는 잠자코 듣기만 하였다. 그 후 A는 X의 판매가격을 30% 인상하였고, 1주일 후 B와 C 역시 각각 29%, 28% 판매가격을 인상하였다.
> > - A가 독점규제법상 시장지배적 사업자라고 가정할 경우, A의 가격인상 행위가 동법상 시장지배적 지위의 남용행위에 해당하는지를 설명하시오. (20점)

2. 상품의 판매 또는 용역의 제공을 부당하게 조절하는 행위(←착취남용)

> ◑ 시행령 제9조 ②
> 1. <u>정당한 이유 없이</u> 최근의 추세에 비추어 상품 또는 용역의 공급량을 현저히 감소시키는 행위

> ▷ 판례: 부당성 여부는 경영사정에 비추어 출고조절이 통상적인 수준을 현저하게 벗어
> 나서 가격 인상 또는 가격하락 방지에 중대한 영향을 미치거나 수급차질을 초래할
> 우려가 있는지 여부에 따라 판단하며, 사업상 합리적 이유가 있으면 부당하지 않다.[41]
>
> 2. 정당한 이유 없이 유통단계에서 공급부족이 있음에도 불구하고 상품 또는 용역의 공급
> 량을 감소시키는 행위

3. 다른 사업자의 사업활동을 부당하게 방해하는 행위(←배제남용)

(☑ Cf. 현대자동차 대리점 승인지연 등 사건과 기아자동차 대리점 승인지연 등 사건의 경우 이례적으로 시행령 특정 없이 3호만 원용하여 처리됨[42])

> ◑ 시행령 제9조 ③
>
> 1. 정당한 이유 없이 다른 사업자의 생산활동에 필요한 원재료 구매를 방해하는 행위
> 2. 정상적인 관행에 비추어 과도한 경제상의 이익을 제공하거나 제공할 것을 약속하면서
> 다른 사업자의 사업활동에 필수적인 인력을 채용하는 행위
> 3. 정당한 이유 없이 다른 사업자의 상품 또는 용역의 생산·공급·판매에 필수적인 요소의
> 사용 또는 접근을 거절·중단하거나 제한하는 행위
>
> > ▷ 설명: 필수요소(essential facilities)에 대한 대법원 판례는 없고, 강학상 당해 요소를 사
> > 용하지 않고서는 생산·공급 또는 판매가 사실상 불가능하고, 특정 사업자가 당해요소
> > 를 독점적으로 소유·통제하고 있고, 당해 요소를 사용하거나 이에 접근하려는 자가
> > 당해 요소를 재생산하거나 다른 요소로 대체하는 것이 사실상·법률상 또는 경제적으
> > 로 불가능한 요소를 말한다(예: 코레일이 보유한 전국 철도망).
>
> 4. 그 밖에 제1호부터 제3호까지의 방법 외의 다른 부당한 방법에 따른 행위를 하여 다른

---

41) 대법원 2002. 5. 24. 선고 2000두9991 판결 등.

42) 대법원 2010. 3. 25. 선고 2008두7465 판결(원고 현대자동차의 행위는 국내 승용차 판매시장 및 5톤 이하 화물차(트럭) 판매시장에서 직영판매점과 판매대리점의 자유로운 경쟁을 제한함으로써 인위적으로 시장질서에 영향을 가하려는 의도나 목적을 갖고, 객관적으로도 그러한 경쟁제한의 효과가 생길 만한 우려가 있는 행위로 평가될 수 있으므로, 그 부당성이 인정된다); 대법원 2010. 4. 8 선고 2008두17707 판결(원고 기아자동차의 행위로 인하여 '3개 대리점 지역 시장'에서 상품의 가격 상승, 산출량 감소, 혁신 저해, 유력한 경쟁사업자 수의 감소, 다양성 감소 등과 같은 경쟁제한 효과가 발생하였다고 볼 아무 런 증거가 없고, 원고가 시장에서의 독점을 유지·강화할 의도나 목적을 가지고 위와 같은 방해행위를 하였다고 볼 증거도 없다).

사업자의 사업활동을 어렵게 하는 행위 중 공정거래위원회가 정하여 고시하는 행위(약칭: '기타 사업활동방해' ⬇)

■ 위 4호의 '기타 사업활동방해'로서 ① 거래거절(←대법원 전원합의체 판결이 있고 2019년 기출), ② 불이익제공(판례 다수), ③ 가격차별(판례[43]) 있지만 불분명), ④ 특허침해소송, 특허무효심판, 기타 사법적·행정적 절차를 부당하게 이용한 사업활동방해(판례 없음) 등 여러 유형이 공정위 심사기준에 규정되어 있다.

① 거래거절

★ 2019 기출 지문
원자재인 X상품을 가공하여 소비재인 Y상품을 제조·판매하고 있는 사업자 A는 지난 10년 동안 甲으로부터 X상품을 전량 구매해 왔고, 乙과 丙으로부터는 X상품을 구매하지 않았다. 국내 Y상품시장에서 A의 시장점유율은 50%이다. 甲은 A가 국내 Y상품시장에서 상당한 이익을 얻고 있음을 알고 이 시장에 직접 진출하기 위하여 A에게 X상품의 공급을 전면 중단하겠다고 통지하였다. 이에 A는 乙과 丙에게 X상품의 판매를 요청하였으나, 乙과 丙은 A의 요청을 받아들이지 않았다. 그 결과 A는 Y상품 제조를 할 수 없게 되어 甲에게 X상품 물량을 종전 대비 50% 정도라도 제공해 줄 것을 요청하였으나, 甲은 A의 요청을 들어줄 수 있었음에도 불구하고 결국 X상품 공급을 전면 중단하였다(이하 '甲의 행위'). 이로 인하여 A는 Y상품 제조에 필요한 X상품을 구매하지 못하여 폐업하였고, 국내 Y상품시장에서 소비자가격이 크게 상승하였다. A가 폐업한 뒤 甲은 국내 Y상품시장에서 50%의 점유율을 차지하였다.
- 甲이 시장지배적 사업자라고 가정할 때, 甲의 행위가 공정거래법상 시장지배적 지위 남용행위에 해당되는지를 설명하시오. (40점)

✪ 암기판례
- 시장지배적사업자가 관련시장을 독점할 의도 또는 경쟁제한의도를 갖고 관련시장에서 가격상승, 산출량 감소, 혁신저해, 유력 경쟁자 수 감소, 다양성 감소 등과 같은 경쟁제한효과를 초래할 우려가 있는 거래거절 행위를 하면 부당성이 인정되고, 공정위가 실제로 경쟁제한효과가 초래되었음을 증명하면 경쟁제한의도는 사실상 추정된다. (포스코 법리 ★★)[44]

---

43) 대법원 2019. 1. 31. 선고 2013두14726 판결.
44) 대법원 2007. 11. 22. 선고 2002두8626 전원합의체 판결(공정위의 경쟁제한효과 증명이 없다).

‒ 원재료 상방시장에서 시장지배적지위를 가진 수직통합사업자(즉, 원재료, 중간제품 또는 최종 제품을 함께 생산하는 사업자)의 거래거절은 중간제품 또는 최종제품 하방시장에서 경쟁제한 효과를 초래할 수도 있다. (→ 즉 원재료시장에서 거래거절의 경쟁제한효과가 최종제품시장에서 나타날 수도 있다. 구체적 증명 필요.)

② 불이익제공

▷ 판례: 위의 포스코 법리와 같음(=시장지배적사업자가 관련시장을 독점할 의도 또는 경쟁제한의도 를 갖고 관련시장에서 가격상승, 산출량 감소, 혁신저해, 유력 경쟁자 수 감소, 다양성 감소 등과 같은 경쟁제한효과를 초래할 우려가 있는 불이익제공 행위를 하면 부당성이 인정되고, 공정위가 실제로 경 쟁제한효과가 초래되었음을 증명하면 경쟁제한의도는 사실상 추정된다.)

▷ 부당성 부인 사례: 티브로드강서방송Ⅰ 판결[45], SK텔레콤 판결[46], NHN(네이버) 판결[47] (← 이들 사건 모두 복잡하여 판례 사안이 출제될 가능성은 낮음)

4. 새로운 경쟁사업자의 참가를 부당하게 방해하는 행위(← 배제남용)

◑ 시행령 제9조 ④

1. 정당한 이유 없이 거래하는 <u>유통사업자와 배타적 거래계약</u>을 체결하는 행위

   (▷ 주의: 시행령 9조 5항 2호의 배타조건부거래와 비슷하지만 조문이 다름. 유통사업자와 배타조 건부거래는 4항 1호가 적용됨)

2. 정당한 이유 없이 기존 사업자의 계속적인 사업활동에 필요한 권리 등을 매입하는 행위

3. 정당한 이유 없이 <u>새로운 경쟁사업자</u>의 상품 또는 용역의 생산·공급·판매에 필수적인 요소의 사용 또는 접근을 거절하거나 제한하는 행위

   (▷ 주의: 시행령 9조 3항 3호의 필수요소 사용 거절 등과 비슷하지만 조문이 다름. 새로운 시장진 입자에 대한 필수요소 사용 거절은 4항 3호가 적용됨)

4. 그 밖에 제1호부터 제3호까지의 방법 외의 다른 부당한 방법에 따른 행위를 하여 새로운 경쟁사업자의 신규진입을 어렵게 하는 행위 중 공정거래위원회가 정하여 고시하는 행위

---

45) 대법원 2008. 12. 11 선고 2007두25183 판결(공정위의 관련시장 획정이 잘못되었고, 경쟁제한효과 증명 도 없다).

46) 대법원 2011. 10. 13. 선고 2008두1832 판결(공정위의 경쟁제한효과 증명이 없다).

47) 대법원 2014. 11. 13. 선고 2009두20366 판결(공정위의 관련시장 획정이 잘못되었고, 경쟁제한효과 증 명도 없다).

5. 부당하게 경쟁사업자를 배제하기 위하여 거래하거나(← 배제남용) 소비자의 이익을 현저히 해칠 우려가 있는 행위(← 착취남용)

◗ 시행령 제9조 ⑤ (경쟁자배제)

1. 부당하게 통상거래가격에 비하여 낮은 가격으로 공급하거나 높은 가격으로 구입하여 경쟁사업자를 배제시킬 우려가 있는 행위

   (▷ 주의: 가격행위에 의한 '배제남용'이므로 시행령 9조 1항의 착취남용으로서 가격행위와 다르다.)

   ▷ 판례: ① 수직통합사업자가 도매가격은 높게 설정하고 소매가격은 낮게 설정하여, 소매시장에서 경쟁자가 적정이윤을 얻지 못해 퇴출되도록 하는 이윤압착 행위도 통상거래보다 가격보다 낮은 가격에 해당한다. ② 이윤압착의 경우 도매가격이 소매가격보다 높아 경쟁자에게 음(-) 이윤이 발생하면, 경쟁제한의도가 추정된다. 경쟁제한성은 중장기적으로 가격인상 등 소비자폐해가 나타날 우려가 있는지 여부로 판단한다.[48]

2. 부당하게 거래상대방이 경쟁사업자와 거래하지 않을 것을 조건으로 그 거래상대방과 거래하는 행위(← 배타조건부거래)

★ 2021 기출

甲은 국내에서 오프라인 매장을 개설하여 가전제품을 전문적으로 판매하는 유통전문회사이다. 관련 시장을 '국내 가전양판시장'이라고 가정할 때 甲은 이 시장에서 시장점유율 45%를 차지하고 있고, 경쟁사 중에는 乙의 시장점유율이 30%이며, 나머지 경쟁자들의 시장점유율은 각 5% 미만이다. 甲은 1년 전부터 가전제품 제조사들과의 전속거래를 유도하기 위한 전략을 시행하고 있다.

- 甲이 시장지배적 사업자라고 가정하고 甲의 행위에 공정거래법 제5조 제1항 제5호 전단에 정한 '경쟁사업자를 배제하기 위하여 거래하는 행위' 규정을 적용할 경우, 甲의 행위가 이 행위 유형에 형식적으로 해당한다고 볼 수 있는 근거를 설명하시오. (10점)
- 甲의 행위가 위와 같은 규정에 해당한다고 할 경우 甲의 행위가 부당한지를 판단해 보시오. (20점)

★ 2015 기출

A사는 오랜 기술개발 끝에 컴퓨터 X를 시중에 출시하면서 자사의 컴퓨터 X를 판매하는 모든 소매업체에 A사와 경쟁관계에 있는 컴퓨터 제조사가 생산하는 유사한 사양의 컴퓨터를 취급하지 말도록 요청하면서, 이를 준수하지 않는 경우 해당 소매업체에 A사가 생산하는 모든 컴퓨터의 공급을 중단할 것이라고 통보하였다. 그에 따라 A사와 거래하는 소매업체들은 컴퓨

---

[48] 대법원 2021. 6. 30. 선고 2018두37700 판결(LGU+/KT 기업메시징 서비스 사건).

터 X와 유사한 사양의 D사 컴퓨터 판매를 중단하였다. 그로 인해 D사의 컴퓨터 매출액이 크게 감소하였고, D사는 가뜩이나 좋지 않은 재무상황이 더 나빠져 도산하게 되었다.
- A사의 행위가 시장지배적 지위 남용행위에 해당하는지를 설명하시오(단, 공정거래법 제5조 제1항 제3호 및 동법 시행령 제9조 제3항의 해당 여부는 논하지 말 것). (30점)
(※ TIP: 문제 지문에서 A의 배타조건부거래에 의한 배제 대상인 경쟁자는 새로운 경쟁자가 아니라 기존의 경쟁자이므로 시행령 9조 4항 1호가 아니라 5항 2호가 적용되는 사안임)

✪ 암기판례

① 배타조건부거래 해당 여부: '경쟁사업자와 거래하지 아니할 조건'은 거래상대방과의 합의에 의한 경우도 포함된다. 경쟁자와 거래하지 않을 것을 내용으로 하는 조건 준수에 이익이 제공됨으로써 사실상 구속력이 있게 되는 경우 배타조건부거래에 형식적으로 해당한다. 많이 구매할수록 할인을 사후적으로 많이 해주는 충성리베이트는 배타조건부거래에 해당한다.[49]

② 부당성 판단기준: 시장지배적사업자가 관련시장을 독점할 의도 또는 경쟁제한의도를 갖고 관련시장에서 가격상승, 산출량 감소, 혁신저해, 유력 경쟁자 수 감소, 다양성 감소 등과 같은 경쟁제한효과를 초래할 우려가 있는 배타조건부거래 행위를 하면 부당성이 인정되며(← 여기까지는 포스코 법리와 같음), 경쟁자를 차단하는 <u>봉쇄정도</u> 등 여러 사정을 종합적으로 고려한다. 경쟁제한효과가 실제로 발생하였다면 경쟁제한의도는 사실상 추정되며, 배타조건부거래의 경우 그 행위 자체에 경쟁제한 목적이 있는 경우가 많을 것이다.[50] 봉쇄정도가 큰 경우에는 경쟁제한성을 인정할 수 있고, 100% 완전봉쇄, 즉 모든 경쟁자가 시장진입을 못하거나 퇴출된 경우에는 부당성이 인정된다.[51]

■ 법 5호 후단의 '부당하게 소비자의 이익을 현저히 해칠 우려가 있는 행위'는 시행령에 세부 유형은 없고, 다음과 같은 판례가 있다.

---

49) 대법원 2019. 1. 31. 선고 2013두14726 판결.

50) 대법원 2009. 7. 9 선고 2007두22078 판결.

51) ☑ 농협중앙회 판결: 원고는 경쟁자인 비료 제조회사와 배타조건부거래로 경쟁자의 비료 시중 판매를 원천적으로 봉쇄함으로써 비료 유통시장에서 이들을 배제하는 결과를 초래할 우려가 있다. 농협중앙회는 100%에 가까운 시장점유율을 보이고 있는 반면, 원고의 경쟁사업자인 일반 시판상들의 시장점유율은 전년도보다 오히려 악화된 0%를 보이고 있다. 따라서 부당한 배타조건부거래에 해당한다(대법원 2009. 7. 9 선고 2007두22078 판결).

▷ 판례: 5호 후단의 목적은 시장지배적사업자의 과도한 독점적 이익 실현행위로부터 경쟁시장에서 누릴 수 있는 소비자의 이익을 보호하는 것이며, 여러 사정을 고려하여 소비자이익 저해 효과가 발생하였거나 발생할 우려가 있으면 부당하다. 소비자이익 저해 정도가 현저하다면, 통상 시지사업자가 과도한 독점적 이익을 취하고자 하는 행위로서 부당하다고 볼 경우가 많을 것이다.[52]

▷ 부당성 부인 사례: 종합유선방송사의 아파트 저가형 상품 계약갱신 거부는 합리적 이유가 있으므로 부당하지 않다. 종합유선방송사가 인기채널을 종전 저가형 서비스에서 고가형 서비스로 편입한 행위는 소비자이익 저해의 현저성이 없으므로 부당하지 않다.[53] 소비자가 다소 불편하더라도 소비자이익 저해의 현저성이 없으면 부당하지 않다.[54]

〈공정위 행정처분〉

제7조(시정조치) ① 공정거래위원회는 남용행위가 있을 때에는 그 시장지배적사업자에게 가격의 인하, 해당 행위의 중지, 시정명령을 받은 사실의 공표 또는 그 밖에 필요한 시정조치를 명할 수 있다.

②, ③, ④ ← 법전 조문 확인

제8조(과징금) 공정거래위원회는 시장지배적사업자가 남용행위를 한 경우에는 그 사업자에게 대통령령으로 정하는 매출액(대통령령으로 정하는 사업자의 경우에는 영업수익)에 100분의 6을 곱한 금액을 초과하지 아니하는 범위에서 과징금을 부과할 수 있다. 다만, 매출액이 없거나 매출액의 산정이 곤란한 경우로서 대통령령으로 정하는 경우(=매출액이 없는 경우등)에는 20억원을 초과하지 아니하는 범위에서 과징금을 부과할 수 있다.

> ★ 2019 기출
> 甲의 행위가 시장지배적 지위 남용행위에 해당된다고 가정할 경우 공정거래위원회가 공정거래법상 甲에 대하여 할 수 있는 행정처분에 대하여 설명하시오. (10점)

---

52) 대법원 2010. 5. 27. 선고 2009두1983 판결.

53) 대법원 2010. 2. 11 선고 2008두16407 판결.

54) 대법원 2011. 10. 13 선고 2008두1832 판결.

제2절 불공정거래행위

1. 학습 가이드

- 문제된 행위가 시행령 <별표 2> 각 호의 어떤 불공정거래행위에 해당하는지, 법위반시 공정위 행정처분이 출제되었다. 앞으로도 이런 패턴으로 출제될 것으로 보인다. (45조 1항 9호의 부당지원행위는 출제가능성이 완전히 없다고는 할 수 없지만 높지 않다.)
- 조문 내용이 그대로 문제 지문으로 출제된 경우도 있다. 이 경우에는 해당 조문을 그대로 적용하여 문제를 풀면 되므로 매우 쉽다. 2022년 기출의 '이익제공강요'(거래상지위남용), 2019년 기출의 '경영간섭'(거래상지위남용)은 조문을 그대로 문제 지문으로 만든 것이다.
- 불공정거래행위 관련 시행령 <별표 2>에는 시장지배적지위남용 관련 시행령 9조 1항에 있는 행위유형과 중복되는 행위유형이 있는데(eg, 거래거절, 배타조건부거래), 부당성 판단기준이 다르다.
- 시행령 52조는 "불공정거래행위의 유형 또는 기준은 별표 2와 같다"고 규정하고 있는데, 변호사시험용 법전에는 별표 2가 없다. 이 때문에 불공정거래행위가 출제되는 경우에는 시험문제지에 <별표 2>가 따로 제공된다. 본서에서는 수험생 편의를 위해 시행령 별표 2 전체 내용을 <부록 1 기출조문집>에 포함시켰다.
- 시장지배적지위남용 부분에서 이미 설명했듯이, 판례가 없는 조문도 조문 내용을 그대로 문제 사안으로 만들 수 있고, 이 경우 역으로 대입해서 사안을 해결하면 되므로 쉽다(reverse engineering 방식). 만약 사안에서 불분명하다고 생각되는 부분이 있으면 필요한 전제를 제시하고 2개 결론을 제시해도 된다.

2. 조문과 판례

제45조(불공정거래행위의 금지)[55] ① 사업자는 다음 각 호의 어느 하나에 해당하는 행위로서

---

[55] ☑ 45조는 (9호를 제외하고) 일본의 불공정거래 조항을 참조한 것이고(* 일본은 미국의 클레이튼법과 연방거래위원회법을 참조), 일본 법리가 특히 1980-1990년대 한국에 많은 영향을 미쳤다. 미국의 경우

공정한 거래를 해칠 우려가 있는 행위(= 불공정거래행위)를 하거나, 계열회사 또는 다른 사업자로 하여금 이를 하도록 하여서는 아니 된다.

1. 부당하게 거래를 거절하는 행위

◑ 시행령 〈별표 2〉 1호

가. 공동의 거래거절: "정당한 이유 없이 자기와 경쟁관계에 있는 다른 사업자와 공동으로 특정사업자에게 거래의 개시를 거절하거나 계속적인 거래관계에 있는 특정사업자에게 거래를 중단하거나 거래하는 상품 또는 용역의 수량이나 내용을 현저히 제한하는 행위"

▷ 판례: 공동거래거절은 원칙적으로 부당하고, 예외적으로 정당한 이유가 있으면 면책된다. 카드회사들의 은행 CD공동망 접근 거절은 사업상 합리적 이유 있으므로 부당하지 않다.[56]

나. 그 밖의 거래거절(→ 단독거래거절): "부당하게 특정사업자에게 거래의 개시를 거절하거나 계속적인 거래관계에 있는 특정사업자에게 거래를 중단하거나 거래하는 상품 또는 용역의 수량이나 내용을 현저히 제한하는 행위"

★ 2017 기출 지문

A마트의 가격인하 행사를 알게 된 B 및 C마트는 그 행사로 인해 자신의 라면판매가 부진하게 될 것을 우려하여 라면 4사에 유통질서 확립을 위한 조치를 요청하였다. 이에 甲은 A마트에 대해 '소비자에게 판매하는 자사의 제품 가격을 권장가격 수준으로 유지하고, 만약 이를 준수하지 않을 경우 제품공급을 중단할 수 있음'을 통보하였다. 하지만 A마트는 예정대로 개점 10주년 행사를 진행하였고, 甲은 이를 이유로 A마트에 대한 라면 공급을 중단하였다.

- '甲이 A마트에 대하여 라면 공급을 중단한 행위'가 공정거래법 제45조 제1항의 불공정거래행위 중 어느 유형에 해당할 수 있는지와 그 유형에 해당한다고 할 경우 이를 위법하다고 볼 수 있는지를 설명하시오. (단, 공정거래법 제45조 제1항 제7호 및 제8호의 적용여부는 판단하지 아니함) (15점)

1914년 클레이튼법과 연방거래위원회법은 1890년 셔먼법을 보충할 목적으로 만든 것인데, 연방대법원은 시행착오 끝에 클레이튼법과 연방거래위원회법 사건도 셔먼법 사건과 동일한 경쟁제한성 판단기준이 적용된다고 함으로써 법리적 혼란을 해결하였다. 이처럼 불공정거래 조항의 원조국인 미국에서는 법리적 혼란이 해결되었는데, 정작 미국 입법례를 수입한 일본과 이를 다시 수입한 한국에서는 불공정거래 조항의 부당성(위법성)은 시장지배적지위남용의 부당성과 다르다는 태도가 유지되고 있다. 이 때문에 단독거래거절이나 배타조건부거래와 같은 시장지배적지위남용 행위유형과 동일한 불공정거래 행위유형의 부당성 여부는 경쟁제한성 외에도 기타 요소를 종합적으로 고려하여 판단한다는 판례가 형성되어 명확하고 일관된 기준을 찾기 어렵다.

C는 자신의 유통업체들과 Y 상품에 대한 공급계약을 체결하면서 유통업체들이 Y 상품을 소비자들에게 12,000원 이하로 판매하지 못하도록 하고, 이를 위반할 경우 C가 계약을 해지할 수 있는 권한을 갖도록 하는 약정을 포함하였다(← 재판매가격유지행위에 해당).

- C가 그 유통업체들과 사이의 약정에 근거하여 Y 상품을 12,000원 이하로 판매한 유통업체들과의 계약을 실제로 해지하였다면, 이러한 행위가 독점규제법 제45조 제1항의 불공정거래행위에 해당되는지를 설명하시오. (단, 독점규제법 제45조 제1항 제6호 해당 여부는 논하지 말 것) (20점)

✪ 암기판례: 부당성 여부는 여러 사정을 고려하여 판단한다. ① 경쟁자배제 목적으로 거래거절을 하여 상대방의 거래기회 박탈로 인해 사업활동이 곤란하게 되거나 경쟁에서 배제되거나, 또는 ② 상대방의 사업활동을 곤란하게 할 의도를 갖고 거래지위 남용으로서 거래거절하거나, 또는 ③ 거래강제 등 공정거래법이 금지하는 목적 달성을 위한 수단으로 거래거절을 하면 부당성이 인정된다.[57]

▷ 사례: 독점취급 약품에 대한 거래거절은 부당하다.[58] 필수설비가 아닌 부동산거래정보망에 대한 접근 거절은 부당하지 않다.[59]

2. 부당하게 거래의 상대방을 차별하여 취급하는 행위

◑ 시행령 〈별표 2〉 2호

가. 가격차별: "부당하게 거래지역 또는 거래상대방에 따라 현저하게 유리하거나 불리한 가격으로 거래하는 행위"

▷ 판례: 현저한 가격차이 등 여러 사정을 고려한다. 가격차별이 경쟁을 촉진하면 부당하지 않다.[60]

나. 거래조건차별: "부당하게 특정사업자에게 수량·품질 등의 거래조건이나 거래내용을 현저하게 유리하거나 불리하게 취급하는 행위"

---

56) 대법원 2006. 5. 12. 선고 2003두14253 판결.

57) 대법원 2001. 1. 5. 선고 98두17869 판결.

58) 대법원 1996. 6. 25. 선고 96누2019 판결.

59) 대법원 2007. 3. 30. 선고 2004두8514 판결.

乙은 도매상들에게 공급한 제품의 대금을 90일 만기의 어음으로 받고 있었다. 그런데 도매상 X가 영업부진으로 인하여 현재 대차대조표상 자본총계가 납입자본금보다 작은 상태이고, 乙에 대해서는 지난 1년간의 물품대금을 지급하지 못하고 있다. 이에 乙은 도매상 X에 대해 향후 공급하는 라면제품부터는 그 대금 전액을 즉시 현금으로 결제할 것을 요구하였다.

- '乙이 도매상 X에 대하여 즉시 현금 결제를 요구한 행위'가 공정거래법 제45조 제1항의 불공정거래행위 중 어느 유형에 해당할 수 있는지와 그 유형에 해당한다고 할 경우 이를 위법하다고 볼 수 있는지를 설명하시오. (단, 공정거래법 제45조 제1항 제7호 및 제8호의 적용여부는 판단하지 아니함) (15점)

❂ 암기판례: 합리적 이유가 있는 차별은 부당하지 않다.[61]

다. 계열회사를 위한 차별: "정당한 이유 없이 자기의 계열회사를 유리하게 하기 위해 가격·수량·품질 등의 거래조건이나 거래내용을 현저하게 유리하거나 불리하게 하는 행위"

▷ 판례: 경쟁제한 및 경제력집중을 초래하면 부당하다. (* 40조 1항 9호의 부당지원행위의 부당성 내용과 같음)

라. 집단적 차별: "집단으로 특정사업자를 부당하게 차별적으로 취급하여 그 사업자의 사업활동을 현저하게 유리하거나 불리하게 하는 행위"

3. 부당하게 경쟁자를 배제하는 행위

◐ 시행령 〈별표 2〉 3호

가. 부당염매: "자기의 상품 또는 용역을 공급하는 경우에 정당한 이유 없이 그 공급에 소요되는 비용보다 현저히 낮은 가격으로 계속 공급하거나 그 밖에 부당하게 상품 또는 용역을 낮은 가격으로 공급하여 자기 또는 계열회사의 경쟁사업자를 배제시킬 우려가 있는 행위"

▷ 판례: 현저히 낮은 가격의 부당성 여부는 반복가능성 등 여러 사정을 고려하고, 경쟁자배제 추상적 위험성이 있으면 부당성이 인정된다. 최소한의 인건비조차도 반영하지 못하는 낮은 가격으로 낙찰이라도 1회성에 그치는 저가입찰은 경쟁자배제 위험성이

---

60) 대법원 2006. 12. 7. 선고 2004두4703 판결.

61) 서울고법 2017. 2. 15. 선고 2015누39165 판결(확정).

없으므로 부당하지 않다.[62]

나. 부당고가매입: "부당하게 상품 또는 용역을 통상거래가격에 비해 높은 가격으로 구입하여 자기 또는 계열회사의 경쟁사업자를 배제시킬 우려가 있는 행위"

4. 부당하게 경쟁자의 고객을 자기와 거래하도록 유인하는 행위

◑ 시행령 〈별표 2〉 4호

가. 부당한 이익에 의한 고객유인: "정상적인 거래관행에 비추어 부당하거나 과대한 이익을 제공하거나 제공할 제의를 하여 경쟁사업자의 고객을 자기와 거래하도록 유인하는 행위"

  ▷ 판례: 제약업체가 대학병원에 리베이트를 제공한 행위는 부당이익에 의한 고객유인이다.

나. 위계에 의한 고객유인: "「표시·광고의 공정화에 관한 법률」 제3조에 따른 부당한 표시·광고 외의 방법으로 자기가 공급하는 상품 또는 용역의 내용이나 거래조건 및 그 밖의 거래에 관한 사항을 실제보다 또는 경쟁사업자의 것보다 현저히 우량 또는 유리한 것으로 고객이 잘못 알게 하거나 경쟁사업자의 것이 실제보다 또는 자기의 것보다 현저히 불량 또는 불리한 것으로 고객을 잘못 알게 하여 경쟁사업자의 고객을 자기와 거래하도록 유인하는 행위"

★ 2020 기출 지문
B 회사의 영업사원들은 경쟁사업자가 판매하는 X 상품에 인체에 유해한 성분이 들어있지 않음에도 불구하고 경쟁사업자가 판매하는 X 상품에는 인체에 유해한 성분이 있다고 고객에게 설명하면서 X 상품을 판매하였는데, 이러한 행위가 공정거래법상 불공정거래행위에 해당하는지를 설명하시오(단, 공정거래법 제45조 제1항 제8호 위반 여부는 논하지 말 것). (20점)

✪ 암기판례: 위계 또는 기만적인 유인행위로 인하여 고객이 오인될 우려가 있음으로 충분하고, 반드시 고객에게 오인의 결과가 발생하여야 하는 것은 아니다.[63]

다. 그 밖의 부당한 고객유인: "경쟁사업자와 그 고객의 거래를 계약성립의 저지, 계약불이행의 유인 등의 방법으로 거래를 부당하게 방해하여 경쟁사업자의 고객을 자기와 거래하도록 유인하는 행위"

---

62) 대법원 2001. 6. 12. 선고 99두4686 판결.
63) 대법원 2002. 12. 26. 선고 2001두4306 판결.

5. 부당하게 경쟁자의 고객을 자기와 거래하도록 강제하는 행위

◑ 시행령 〈별표 2〉 5호

가. 끼워팔기: "거래상대방에게 자기의 상품 또는 용역을 공급하면서 정상적인 거래관행에 비추어 부당하게 다른 상품 또는 용역을 자기 또는 자기가 지정하는 사업자로부터 구입하도록 하는 행위"

▷ 판례: 소비자효용을 감소시키거나 거래상대방의 자유선택을 침해하면 부당하다. ① 토지공사가 인기토지에 비인기토지를 끼워 판 행위는 부당하다.[64] ② 오프라인 강의를 수강하는 학생들에게 온라인 강의를 의무적으로 등록하도록 한 행위는 부당하다.[65]

나. 사원판매: "부당하게 자기 또는 계열회사의 임직원에게 자기 또는 계열회사의 상품이나 용역을 구입 또는 판매하도록 강제하는 행위"

▷ 판례: 회사가 그 임직원에 대하여 가지는 고용관계상의 지위를 이용하여 상품과 용역의 구입 또는 판매를 강제함으로써 공정한 거래질서를 침해하는 것을 방지하고자 하는 것으로서, 임직원의 선택의 자유를 제한함으로써 공정 거래질서를 침해할 우려가 있다고 인정되면 부당하다.[66]

다. 그 밖의 거래강제(→ 기타 거래강제): "정상적인 거래관행에 비추어 부당한 조건 등 불이익을 거래상대방에게 제시하여 자기 또는 자기가 지정하는 사업자와 거래하도록 강제하는 행위"

★ 2021 기출 지문

乙은 丙을 계열회사로 두고 있는데, 丙은 제조업체로부터 제품 배송을 위탁받아 유통전문회사의 오프라인 매장에 배송하는 물류배송업체이다. 현재 乙은 甲에 비해 중소 가전업체의 가전제품을 많이 취급하고 있다. 중소 가전업체는 판로 확대를 위하여 가전제품 유통전문회사의 오프라인 매장에서 가전제품을 판매할 것을 희망하고 있는데, 乙은 중소 가전업체에 대하여 乙의 오프라인 매장에서 가전제품을 판매하게 될 경우 제품 배송 용역은 丙으로부터 구입하도록 하고 있다. 따라서 중소 가전업체는 乙의 오프라인 매장에서 가전제품을 판매하기 위해서는 丙의 제품 배송 용역을 구입할 수밖에 없는 형편이다.

- 乙이 중소 가전업체에 대하여 한 행위가 공정거래법상 불공정거래행위에 해당하는지를 설명하시오(단, 공정거래법 제45조 제1항 제6호, 제7호, 제8호의 적용 여부는 판단하지 아니함). (25점)

---

64) 대법원 2010. 11. 25. 선고 2008두23177 판결.

> ✪ 암기판례: 기타 거래강제가 성립하기 위해서는 ① 원고가 거래상 지위가 있는 등 불이익을 줄 수 있는 지위에 있어야 하며, ② 정상적인 거래관행에 비추어 부당한 조건 등 불이익을 상대방에게 제시하여, ③ 자기 또는 자기가 지정하는 사업자와 거래하도록 강제함으로써, ④ 공정한 거래를 저해할 우려가 있는 경우에 해당하여야 한다.[67]

6. 자기의 거래상의 지위를 부당하게 이용하여 상대방과 거래하는 행위

  > ✪ 암기판례: 우월적지위 여부는 <u>계속적 거래관계, 전체적 사업능력 격차, 의존도</u> 등을 고려한다.[68] 다른 거래처를 쉽게 선택할 수 있으면 우월적 지위가 없다.[69] 부당성은 **거래내용의 불공정**(* 주의: 경쟁제한성이 아님)을 의미한다.

  > ▷ 우월적 지위 인정된 사례: 대규모 사업발주자와 시공업체, 대규모 물류회사와 유통업체, 대규모 통신사업자와 대리점, 종합유선방송사업자와 협력업체, 신문사와 소규모 판매업체, 대규모 제조업자와 전속대리점, 가맹본부와 가맹지점, 백화점과 납품업체, 대규모 극장 사업자와 영화배급사, 은행과 고객

◑ 시행령 〈별표 2〉 6호

가. 구입강제: "거래상대방이 구입할 의사가 없는 상품 또는 용역을 구입하도록 강제하는 행위"

> **★ 2016년 기출 지문**
> A사가 타이어 재고량이 적정수준을 초과하였음을 이유로 2015. 7.부터 국내 대리점들에게 전월 주문량 대비 5%의 물량을 10% 인하된 가격에 추가로 구입하도록 하였다면, A사의 이러한 행위가 공정거래법상 불공정거래행위의 유형 중 어느 유형에 해당할 수 있는가? 또한 그 유형에 해당한다고 할 경우 이를 위법하다고 볼 수 있는지를 설명하시오. (30점)

✪ 암기판례: 상대방이 구입할 수밖에 상황을 만들어내는 것도 구입강제에 해당한다.[70]

나. 이익제공강요: "거래상대방에게 자기를 위해 금전·물품·용역 및 그 밖의 경제상 이익을 제공하도록 강요하는 행위"

---

65) 서울고법 2009. 11. 12. 선고 2009누5635 판결(확정).

66) 대법원 2001. 2. 9. 선고 2000두6206 판결.

67) 서울고법 2016. 11. 30. 선고 2016누44744 판결(확정).

68) 대법원 2000. 6. 9. 선고 97누19427 판결.

69) 서울고법 2016누34563 판결(확정).

70) 대법원 2002. 1. 25. 선고 2000두9359 판결.

다. 판매목표강제: "자기가 공급하는 상품 또는 용역과 관련하여 거래상대방의 거래에 관한 목표를 제시하고 이를 달성하도록 강제하는 행위"

  ▷ 판례: 자기의 거래상의 지위를 부당하게 이용하여 자기가 공급하는 상품과 관련하여 거래상대방의 거래에 관한 목표를 제시하고 이를 달성하도록 강제한 것으로 인정되고 그로써 공정한 거래를 저해할 우려가 있으면 판매목표강제에 해당한다. 정상적 거래 관행을 벗어나 공정거래 저해 우려가 있으면 부당한 판매목표강제이다.[71]

라. 불이익제공: "가목부터 다목까지의 규정에 해당하는 행위 외의 방법으로 거래상대방에게 불이익이 되도록 거래조건을 설정 또는 변경하거나 그 이행과정에서 불이익을 주는 행위"

  ▷ 판례: 납품업체에게 책임이 없는 파손품을 반품한 행위는 불이익제공이다.[72]

마. 경영간섭: "거래상대방의 임직원을 선임·해임하는 경우에 자기의 지시 또는 승인을 얻게 하거나 거래상대방의 생산품목·시설규모·생산량·거래내용을 제한하여 경영활동을 간섭하는 행위"

  ▷ 판례: 롯데쇼핑이 납품업체들로부터 신세계 백화점의 시스템에 접속할 수 있는 권한을 제공받아 주기적으로 매출정보를 취득하고, 납품업체들이 매출대비율을 일정하게 유지하도록 한 행위는 경영간섭이다.[73]

7. 거래의 상대방의 사업활동을 부당하게 구속하는 조건으로 거래하는 행위(← 구속조건부거래)

> ◐ 시행령 〈별표 2〉 7호
>
> 가. 배타조건부거래: "부당하게 거래상대방이 자기 또는 계열회사의 경쟁사업자와 거래하지 않는 조건으로 그 거래상대방과 거래하는 행위"
>
> > ★ 2015 기출 지문
> >
> > A사는 오랜 기술개발 끝에 컴퓨터 X를 시중에 출시하면서 자사의 컴퓨터 X를 판매하는 모든 소매업체에 A사와 경쟁관계에 있는 컴퓨터 제조사가 생산하는 유사한 사양의 컴퓨터를 취급하지 말도록 요청하면서, 이를 준수하지 않는 경우 해당 소매업체에 A사가 생산하는 모든 컴퓨터의 공급을 중단할 것이라고 통보하였다. 그에 따라 A사와 거래하는 소매업체들은 컴퓨터 X와 유사한 사양의 D사 컴퓨터 판매를 중단하였다. 그로 인해 D사의 컴퓨터 매출액이 크게 감소하였고, D사는 가뜩이나 좋지 않은 재무상황이 더 나빠져 도산하게 되었다.
> > - A사의 행위가 불공정거래행위 중 구속조건부 거래행위에 해당하는지를 설명하시오. (20점)
>
> > ✪ 암기판례: 부당성 유무는 <u>경쟁제한성을 중심으로 평가하되, 거래상대방의 거래처 선택의 자유 제한 또는 자유로운 의사결정 저해 우려 여부</u> 등도 고려할 수 있다. 봉쇄정도[74] 등 여러 사정[75]을 고려하여 판단한다. <u>경쟁자 봉쇄효과가 발생하면 경쟁제한성이 인정</u>된다. 시장지배적지위남용으로서 배타조건부거래에 해당하면 불공정거래행위로서 배타조건부거래에도 해당한다.[76]
> >
> > ▷ 부당성 인정 사례: S-Oil의 주유소 전속거래,[77] 현대모비스의 대리점 전속거래.[78]

---

71) 대법원 2011. 6. 9. 선고 2008두13811 판결.

72) 서울고법 2002누18878 판결(확정).

73) 대법원 2011. 10. 13. 선고 2010두8522 판결.

74) ☑ "당해 배타조건부 거래행위로 인하여 대체적 물품구입처 또는 유통경로가 차단되는 정도."

75) ☑ "경쟁사업자가 경쟁할 수 있는 수단을 침해받는지 여부, 행위자의 시장점유율 및 업계순위, 배타조건부 거래행위의 대상이 되는 상대방의 수와 시장점유율, 배타조건부 거래행위의 실시기간 및 대상이 되는 상품 또는 용역의 특성, 배타조건부 거래행위의 의도 및 목적과 아울러 배타조건부 거래계약을 체결한 거래당사자의 지위, 계약내용, 계약체결 당시의 상황 등."

76) 대법원 2014. 4. 10. 선고 2012두6308 판결.

77) ☑ [사안] 원고는 석유제품 시장점유율은 경질유제품을 기준으로 13% 내지 15%이고, 휘발유 기준으로 12% 내지 13%이고, 4개 정유사업자 중 업계 4위이다. 원고는 경질유제품의 특성으로 인하여 가장 중요한 경쟁수단이 되는 주유소에 대한 공급량을 최대한 많이 확보함으로써 시장점유율을 확대하는 한편, 자영주유소들과 전량공급조건 계약을 체결하였다. 국내 전체 자영주유소 중 전량공급계약을 체결하고 있는 주유소의 비율은 약 86%에 이르러 수입사 등 잠재적 경쟁자들은 국내 경질유제품 공급시장에서

나. 거래지역 또는 거래상대방의 제한: "상품 또는 용역을 거래하는 경우에 그 거래상대방의 거래지역 또는 거래상대방을 부당하게 구속하는 조건으로 거래하는 행위"

❂ 암기판례

① 거래지역 제한: <u>상표 내 경쟁</u>(→ 브랜드內 경쟁, 즉 특정 사업자의 브랜드 상품을 판매하는 대리점들 사이의 경쟁, 예: BMW 딜러들 사이의 경쟁)을 완전히 제한하고, <u>상표 간 경쟁</u>(→ 브랜드間 경쟁, 즉 브랜드가 다른 경쟁자들 사이의 경쟁. 예: 벤츠와 BMW 사이의 경쟁) 촉진이 없으면 부당하다.[79]

② 거래상대방 제한: 재판매가격유지행위, 가격경쟁제한 등 공정거래법에 위반되는 목적을 달성하기 위한 수단으로 거래상대방을 제한하면 부당하다.[80] (*재판가격유지행위의 경우 무임승차 방지를 위한 정당한 이유가 있으면 부당하지 않다)

8. 부당하게 다른 사업자의 사업활동을 방해하는 행위

→ 아래 시행령 가, 나, 다목의 내용을 그대로 문제 지문으로 만들어서 불공정거래행위 여부를 물어볼 수도 있다. 이 경우는 조문을 찾아서 그대로 쓰면 될 것이다.

가장 중요한 유통수단인 주유소를 통한 진입이 거의 차단되었고, 원고의 전량공급조건 거래로 인해 봉쇄된 자영주유소를 통한 유통경로 이외의 대체적인 유통경로를 확보하는 것이 실질적으로 곤란하다. [판단] 원고의 전량공급조건 거래로 인하여 경질유제품 시장에서 경쟁사업자에 대한 봉쇄효과가 발생하는 점이 인정되므로 원고의 배타조건부 거래행위에는 경쟁제한성이 있다. 또한 국내 석유제품공급시장은 공급초과상태로서 주유소들은 정유사별 가격비교를 통해 보다 저렴한 상품을 구매할 수 있음에도 원고의 전량공급조건 거래에 동의한 것은 국내 모든 정유사가 그러한 거래를 하고 있기 때문에 주유소들로서는 그러한 거래방식을 수용할 수밖에 없었다. 2008. 9. 1.부터 주유소의 복수상표표시가 허용되었으므로 원고와 거래하는 자영주유소들은 독립된 사업자로서 거래처를 하나 또는 그 이상으로 자유롭게 선택하여 서로 다른 상표를 동시에 표시할 수 있는 길이 열렸는데도 이 사건 전량공급조건 계약에 의하여 복수상표의 제품을 취급하지 못하고 있는 점 등에 비추어 보면, 원고의 전량공급조건 거래가 거래상대방인 주유소의 의사에 반할 수 있다(대법원 2013. 4. 25 선고 2010두25909 판결).

78) 대법원 2014. 4. 10. 선고 2012두6308 판결.

79) ☑ 원고 샘표간장이 대리점들의 영업구역을 제한함으로써 제3자의 무임승차 경향을 방지한다고 하더라도, 그로 인하여 기존의 대리점들이 얻는 편익이 판촉서비스 증대 등을 통한 브랜드 간의 경쟁촉진으로 이어질 것으로 보기 어렵다. 원고의 간장 시장점유율 52%이 2, 3위 업체보다 월등하게 높고(대상은 20.2%, 몽고는 12.5%), 경쟁사업자의 수 자체가 많지 않으므로 원고의 행위로 인한 브랜드 내 경쟁제한의 효과는 더욱 클 것으로 판단된다. 대리점들사이의 가격경쟁 자체를 원천적으로 차단하였으므로 경쟁제한효과가 인정된다[서울고법 2016. 8. 26. 선고 2015누45931 판결(확정)].

80) 대법원 2011. 3. 10. 선고 2010두9976 판결; 대법원 2017. 6. 19. 선고 2013두17435 판결.

❶ 시행령 〈별표 2〉 8호

가. 기술의 부당이용: "다른 사업자의 기술을 부당하게 이용하여 다른 사업자의 사업활동을 상당히 곤란하게 할 정도로 방해하는 행위"

▷ 예시: A가 자신에게 납품하는 중소기업 B의 기술을 **빼앗아** 이용하여 B의 매출액이 급감하였다.

나. 인력의 부당유인·채용: "다른 사업자의 인력을 부당하게 유인·채용하여 다른 사업자의 사업활동을 상당히 곤란하게 할 정도로 방해하는 행위"

▷ 예시: A가 경쟁사업자 B의 핵심인력을 유인·채용하여 B의 매출액이 급감하였다.

다. 거래처 이전 방해: "다른 사업자의 거래처 이전을 부당하게 방해하여 다른 사업자의 사업활동을 심히 곤란하게 할 정도로 방해하는 행위"

▷ 예시: A가 중소기업 B의 거래처 이전을 방해하여 B의 매출액이 급감하였다.

라. 그 밖의 사업활동방해: "가목부터 다목까지에서 규정한 방법 외의 부당한 방법으로 다른 사업자의 사업활동을 심히 곤란하게 할 정도로 방해하는 행위"(← 판례[81]는 있으나 복잡하고 모호하여 출제가능성 낮음)

9. (* 부당지원행위) 부당하게 다음 각 목의 어느 하나에 해당하는 행위를 통하여 특수관계인 또는 다른 회사를 지원하는 행위(▷ 주의: 공정위는 실무에서 계열회사에 대한 지원행위만 문제 삼는데, 조문상 지원대상인 "다른 회사"는 계열회사에 국한되지 않는다)

가. 특수관계인 또는 다른 회사에 가지급금·대여금·인력·부동산·유가증권·상품·용역·무체재산권 등을 제공하거나 <u>상당히</u> 유리한 조건으로 거래하는 행위

나. 다른 사업자와 직접 상품·용역을 거래하면 <u>상당히</u> 유리함에도 불구하고 거래상 실질적인 역할이 없는 특수관계인이나 다른 회사를 매개로 거래하는 행위

(☑ 지원행위 요건이 구법에서는 '현저성'이었는데 법개정으로 '상당성'으로 완화)

❶ 시행령 〈별표 2〉 9호

가. 부당한 자금지원: "특수관계인 또는 다른 회사에 가지급금·대여금 등 자금을 상당히 낮거나 높은 대가로 제공 또는 거래하거나 <u>상당한</u> 규모로 제공 또는 거래하는 행위"

---

81) 대법원 2018. 7. 11. 선고 2014두40227 판결.

나. 부당한 자산·상품 등 지원: "특수관계인 또는 다른 회사에 부동산·유가증권·무체재산 권 등 자산 또는 상품·용역을 상당히 낮거나 높은 대가로 제공 또는 거래하거나 <u>상당한</u> 규모로 제공 또는 거래하는 행위"

다. 부당한 인력지원: "특수관계인 또는 다른 회사에 인력을 상당히 낮거나 높은 대가로 제공 또는 거래하거나 <u>상당한</u> 규모로 제공 또는 거래하는 행위"

라. 부당한 거래단계 추가 등

1) 다른 사업자와 직접 상품·용역을 거래하면 <u>상당히</u> 유리함에도 불구하고 거래상 역할 이 없거나 미미(微微)한 특수관계인이나 다른 회사를 거래단계에 추가하거나 거쳐서 거래하는 행위

2) 다른 사업자와 직접 상품·용역을 거래하면 <u>상당히</u> 유리함에도 불구하고 특수관계인 이나 다른 회사를 거래단계에 추가하거나 거쳐서 거래하면서 그 특수관계인이나 다른 회사에 거래상 역할에 비해 과도한 대가를 지급하는 행위

▷ **9호 지원행위의 부당성 판단기준 판례:** 여러 사정을 고려하여 지원을 받은 회사가 속한 관련시장에서 경쟁저해 또는 경제력집중이 야기될 우려가 있어 공정거래 저해 우려가 있으면 부당성이 인정된다.[82]

　　▷ 상당성과 부당성 판단기준이 너무 모호하여 지금까지 출제된 적이 없으나, 아래와 같이 조문 내용을 그대로 문제 지문으로 만들 수는 있을 것이다. 이 경우는 결론에 필요한 전제가 필요하면 그러한 전제를 제시하고 답안을 작성하면 될 것이다.

　　〈예시1〉 문제: "A 회사가 B 회사에게 대여금을 상당히 낮은 대가로 제공하였다."→ 정답: B가 속한 관련시장에서 경쟁저해 또는 경제력집중이 초래될 우려가 인정되 면, 시행령 <별표 2> 9호 가목의 불공정거래행위에 해당한다.

　　〈예시 2〉 문제: "A 회사가 B 회사에게 인력을 상당히 낮은 대가로 제공하였다"→ 정답: B가 속한 관련시장의 경쟁을 제한하거나 또는 경제력집중이 초래될 우려가 인정되면, 시행령 <별표 2> 9호 다목의 불공정거래행위에 해당한다.

　　〈예시 3〉 문제: "A 회사는 C 회사와 직접 거래하면 상당히 유리함에도 불구하고 B 회사를 거래단계에 추가하여 B 회사에게 거래상 역할에 비해 과도한 대가를 지급

---

82) ☑ 지원성 여부 판단하기 위한 정상가격 산정 기준을 제시한 대법원 2015. 1. 29. 선고 2014두36112 판결.

하였다."→ 정답: B가 속한 관련시장에서 경쟁저해 또는 경제력집중이 초래될 우려가 인정되면, 시행령 <별표 2> 9호 라목의 불공정거래행위에 해당한다.

10. 그 밖의 행위로서 공정한 거래를 해칠 우려가 있는 행위(← 출제가능성 없음[83])

② 특수관계인 또는 회사는 다른 사업자로부터 제1항제9호에 해당할 우려가 있음에도 불구하고 해당 지원을 받는 행위를 하여서는 아니 된다. (→ 부당지원을 받은 회사도 공정위 행정처분 대상)

③ 불공정거래행위의 유형 또는 기준은 대통령령으로 정한다. (→ 시행령 52조 → <별표 2>)

④ 공정거래위원회는 제1항을 위반하는 행위를 예방하기 위하여 필요한 경우 사업자가 준수하여야 할 지침을 제정·고시할 수 있다.

⑤ 사업자 또는 사업자단체는 부당한 고객유인을 방지하기 위하여 자율적으로 규약(=공정경쟁규약)을 정할 수 있다.

⑥ 사업자 또는 사업자단체는 공정거래위원회에 공정경쟁규약이 제1항제4호를 위반하는지에 대한 심사를 요청할 수 있다.

〈공정위 행정처분〉

제49조(시정조치) ① 공정거래위원회는 제45조제1항·제2항, 제46조(→재판매가격유지행위), 제47조(→부당이익제공) 또는 제48조를 위반하는 행위가 있을 때에는 해당 사업자(제45조제2항 및 제47조의 경우에는 해당 특수관계인 또는 회사를 말한다)에게 해당 불공정거래행위, 재판매가격유지행위 또는 특수관계인에 대한 부당한 이익제공행위의 중지 및 재발방지를 위한 조치, 해당 보복조치의 금지, 계약조항의 삭제, 시정명령을 받은 사실의 공표, 그 밖에 필요한 시정조치를 명할 수 있다.

제50조(과징금) ① 공정거래위원회는 제45조제1항(제9호는 제외), 제46조(→재판매가격유지행위) 또는 제48조를 위반하는 행위가 있을 때에는 해당 사업자에게 대통령령으로 정하는 매출액에 100분의 4를 곱한 금액을 초과하지 아니하는 범위에서 과징금을 부과할 수 있다. 다만, 매출액이 없는 경우등에는 10억원을 초과하지 아니하는 범위에서 과징금을 부과할 수 있다.

② 공정거래위원회는 제45조제1항제9호 또는 같은 조 제2항, 제47조제1항(→부당이익제공)

---

83) ☑ 시행령에 구체적 행위 유형 또는 정해져 있지 않으므로 해당 조항으로 제재 不可(대법원 2008. 2. 14. 선고 2005두1879 판결).

또는 제3항을 위반하는 행위가 있을 때에는 해당 특수관계인 또는 회사에 대통령령으로 정하는 매출액에 100분의 10을 곱한 금액을 초과하지 아니하는 범위에서 과징금을 부과할 수 있다. 다만, 매출액이 없는 경우등에는 40억원을 초과하지 아니하는 범위에서 과징금을 부과할 수 있다.

> ★ 2015 기출
> A사의 행위가 불공정거래행위 중 구속조건부 거래행위에 해당한다면, 공정거래위원회가 A사에 대하여 어떤 행정처분을 할 수 있는지를 설명하시오. (10점)

제3절 재판매가격유지행위

1. 학습 가이드

- 2017년, 2013년(재판매가격유지행위를 위한 단독 거래거절 사안)에 출제되었다. 구법 판례가 2020년 개정된 46조 1호에 반영된 것이므로, 부당성 판단에서 구법 판례에서 제시된 '상표 내 경쟁제한'과 '상표 간 경쟁촉진'을 비교형량하는 방식이 현행 46조 1호에서도 그대로 적용된다.

2. 조문

제2조(정의)

20. "재판매가격유지행위"란 사업자가 상품 또는 용역을 거래할 때 거래상대방인 사업자 또는 그 다음 거래단계별 사업자에 대하여 거래가격을 정하여 그 가격대로 판매 또는 제공할 것을 강제하거나 그 가격대로 판매 또는 제공하도록 그 밖의 구속조건을 붙여 거래하는 행위를 말한다.

  ▷ 설명: 제조업자 A가 제품 X를 유통업자 B에게 판매(sale)했다고 하자. B는 자기가 구매한 X에 대한 소유권이 있으므로 이를 다시 판매, 즉 재판매(resale)할 때 가격을 마음대로 정할 수 있다. 그런데 A가 B에게 재판매가격을 최저가격 10,000원 미만으로는 정하지 말 것, 즉 최저가격을 10,000원 이상으로 유지할 것을 요청하였고, 이를 어길시에는 B에게 더 이상 X를 공급하지 않겠다고 하였다. 어쩔 수 없이 B가 재판매가격을 최저가격 10,000원 이상으로 유지하는데 동의하였다고 하자. 이 때 A가 B로 하여금 최저재판매가격을 유지하도록 했다는 의미에서 A의 최저재판매가격 유지행위(minimum resale price maintenance)라고 한다.

제46조(재판매가격유지행위의 금지) 사업자는 재판매가격유지행위를 하여서는 아니 된다(← 원칙적 금지).[84] 다만, 다음 각 호의 어느 하나에 해당하는 경우에는 그러하지 아니하다.

1. 효율성 증대로 인한 소비자후생 증대효과가 경쟁제한으로 인한 폐해보다 큰 경우 등 재판매가격유지행위에 정당한 이유가 있는 경우

★ 2017 기출 지문

A, B, C 3개의 대형마트는 라면 4사로부터 라면을 공급받아 소비자에게 판매하고 있는데, 대형마트를 통하여 판매되는 라면 4사의 라면 중 50% 이상은 A마트를 통하여 판매되고 있다. A마트는 개점 10주년 행사 명목으로 10일간 라면 가격을 10년 전 가격으로 인하하여 판매하기로 기획하였는데, 이는 B 및 C마트가 판매하는 가격에 비해 20% 이상 낮은 가격이었다. 광고를 통하여 A마트의 가격인하 행사를 알게 된 B 및 C마트는 그 행사로 인해 자신의 라면판매가 부진하게 될 것을 우려하여 라면 4사에 유통질서 확립을 위한 조치를 요청하였다. 이에 甲은 A마트에 대해 '소비자에게 판매하는 자사의 제품 가격을 권장가격 수준으로 유지하고, 만약 이를 준수하지 않을 경우 제품공급을 중단할 수 있음'을 통보하였다. 하지만 A마트는 예정대로 개점 10주년 행사를 진행하였고, 甲은 이를 이유로 A마트에 대한 라면 공급을 중단하였다.
- 甲이 A마트에 대하여 '소비자에 대한 판매 가격을 권장가격 수준으로 유지할 것'을 요구한 행위가 공정거래법상 부당한 재판매가격유지행위에 해당하는지를 설명하시오. (25점)

★ 2013 기출 지문

C는 자신의 유통업체들과 Y 상품에 대한 공급계약을 체결하면서 유통업체들이 Y 상품을 소비자들에게 12,000원 이하로 판매하지 못하도록 하고, 이를 위반할 경우 C가 계약을 해지할 수 있는 권한을 갖도록 하는 약정을 포함하였다.
- C가 그 유통업체들과 사이의 약정에 근거하여 Y 상품을 12,000원 이하로 판매한 유통업체들과의 계약을 실제로 해지하였다면, 이러한 행위가 독점규제법 제45조 제1항의 불공정거래행위에 해당되는지를 설명하시오. (단, 독점규제법 제45조 제1항 제6호 해당 여부는 논하지 말 것) (20점)

---

84) ☑ 강학상 재판매가격 유지는 제조업자와 유통업자의 자발적 합의에 의한 것일 수도 있다(=공동행위). 그러나 공정거래법 2조 20호 및 46조의 재판매가격유지행위는 제조업자가 유통업자에게 강제하거나 구속 조건(예컨대, A가 요구한 재판매가격을 유지하지 않으면 공급을 중단한다는 계약 조항)을 부과하여 어쩔 수 없이 유통업자가 받아들인 경우이다. 이 때문에 46조의 재판매가격유지행위는 45조와 같은 불공정거래행위에 해당된다.
재판매가격유지행위는 원래 미국에서 공동행위 사건으로 다루어졌는데, 연방대법원은 처음에는 당연위법으로 처리하다가 합리의 원칙을 적용하는 것으로 법리를 변경하였다. 일본은 재판매가격유지행위를 불공정거래행위로 다루었고, 한국은 법조문에서 독자적으로 규정하였는데 필연적 이유는 없다.
오늘날 미국에서 재판매가격유지행위는 대부분 효율성증진을 위한 합법으로 인정되고 있는데 비하여, 한국 공정거래법에는 옛날 미국 법리처럼 여전히 불법으로 규정되어 있다. 원래 조문에는 최저재판매가격유지(일정한 최저가격보다 높게 가격유지)와 최고재판매가격유지(일정한 최고가격보다 낮게 가격유지)로 규정되었으나, 2020년 법개정으로 재판매가격유지 하나로만 규정되었다.

〈공정위 행정처분〉
제49조(시정조치), 제50조(과징금)

3. 해설

▪ 재판매가격유지행위 문제가 출제되면 바로 46조 1호를 적용하면 된다. 단 46조 1호는 구법 판례를 반영한 것이므로, 아래와 같은 법리가 여전히 적용된다.

▷ 구법 판례(한미약품)[85]

① 사안: 원고가 도매상들과 체결한 도매거래약정서에 도매상이 원고로부터 공급받은 보험의 약품을 보험약가(보험상한액)로 출하하도록 하고, 도매상이 이를 어길 경우 원고가 일방적으로 거래를 중단하고 손해배상을 청구할 수 있는 재판매가격유지 조항을 정하였고, 실제 그 재판매가격을 지키지 아니한 도매상들에 대하여 원고가 거래 정리, 각서 수취, 재발방지 약속 등의 제재를 가하였다.

② 법리: 재판매가격유지행위를 금지하는 취지는 사업자가 상품 또는 용역에 관한 거래가격을 미리 정하여 거래함으로써 유통단계에서의 가격경쟁을 제한하여 소비자후생을 저해함을 방지하기 위한 것 등에 있다. 최저재판매가격유지행위가 당해 **상표 내 경쟁**(→ 브랜드內 경쟁, 즉 특정 브랜드 사업자의 상품을 판매하는 대리점들 사이의 경쟁, 예: BMW 딜러들 사이의 경쟁)을 제한하는 것으로 보이는 경우라 할지라도, 시장의 구체적 상황에 따라 그 행위가 관련 상품 시장에서의 **상표 간 경쟁**(→ 브랜드間 경쟁, 즉 브랜드가 다른 경쟁자들 사이의 경쟁. 예: 벤츠와 BMW 사이의 경쟁)을 촉진하여 결과적으로 **소비자후생을 증대하는 등 정당한 이유**가 있는 경우에는 이를 예외적으로 허용하여야 할 필요가 있다. 정당한 이유가 있는지 여부는 관련 시장에서 상표 간 경쟁 활성화 여부 등 여러 사정을 고려하여야 할 것이며, 이에 관한 증명 책임은 사업자에게 있다. (→ 현행 46조 1호에 반영됨)

③ 판단: 이 사건 재판매가격유지행위는 경쟁을 통한 보험약가의 인하를 막는 결과로 이어지며, 그로 인한 부담은 결국 최종 소비자에게 전가되는 점 등을 알 수 있고, 이러한 사정 및 앞서 본 법리에 비추어 보면, 원고 주장과 같이 보험약가 범위 안에서 요양기관이 실제 구입한 가격으로 약제비를 상환하는 실거래가상환제도가 적용된다 하더라도 그러한 사정만

---

85) 대법원 2010. 12. 9. 선고 2009두3507 판결.

으로 원고의 재판매가격유지행위를 허용할 정당한 이유가 없다.

▷ 구법 판례(필립스코리아)[86]
① 사안: 원고는 대리점들에 대하여 인터넷 오픈마켓에서 원고의 소형가전 제품을 권장소비자 가격의 50% 이상 가격으로 판매하여야 한다는 가격정책을 수립하고, 이를 위반한 대리점들에 대하여 출고정지, 공급가격 인상 등의 제재를 함으로써 위 가격정책을 강제하였다.
② 판단: 이 사건 재판매가격유지행위가 특별할인 제품이 원래 목적에 맞지 않게 인터넷 오픈마켓에서 판매됨을 방지하기 위한 것이라거나, 그 밖에 <u>상표 간 경쟁 등을 촉진하여 결과적으로 소비자 후생을 증대하여 정당한 이유가 있다</u>고 인정하기 어려우므로, 이 사건 행위는 최저재판매가격유지행위에 해당한다.

▷ 위법하지 않은 재판매가격유지행위 예시
[문제] 유통업자 B는 X가 제조한 냉장고를 온라인으로 판매한다. 한편 소비자들은 유통업자 A의 오프라인 매장에 방문하여 X 냉장고를 직접 보기도 하고 A의 직원들로부터 제품 설명도 듣고 나서 실제로 구매할 때에는 A의 오프라인 매장보다 저렴한 B로부터 온라인으로 구매한다. B는 온라인 홈페이지와 물류 창고만 가지고 있는데, A의 오프라인 매장의 판매 촉진에 무임승차하여, A보다 훨씬 더 싸게 팔고 있다. 이에 A의 영업이 어려워지자, A는 X에게 'B에게 A 매장 판매가격보다 더 낮은 가격으로 판매하지 말 것'을 요구해달라고 하면서 요구를 거절하면 더 이상 X의 냉장고를 취급하지 않겠다고 하였다. X가 다른 냉장고 제조업체 Y와 경쟁을 위해서는, 소비자가 직접 제품을 보고 설명을 들을 수 있어야 하므로 A의 오프라인 매장이 상표 간 경쟁을 위해 반드시 필요하다. 이에 X는 A의 요구를 받아들여 B에게 A보다 낮은 가격으로 판매하면 냉장고 공급을 중단하겠다고 하였고, 결국 B는 어쩔 수 없이 A 매장보다 낮은 가격으로 판매하지 않았다. X의 재판매가격유지행위로 인해 상표 내 경쟁은 제한되었지만 상표 간 경쟁이 촉진되었다고 하자. X가 B에 요구한 행위는 위법한가?
[해설] X의 행위는 2조 20호의 재판매가격유지행위에 해당하므로, 원칙적으로 위법하다. 그러나 46조 1호에 따르면, X가 자신의 재판가격유지행위로 인한 상표 간 경쟁촉진 효과 등 정당성을 증명하면 위법하지 않다. 위 사안에서 X가 상표 간 경쟁촉진이 상표 내 경쟁제한보다 더 크다는 점을 증명하면, X의 재판매가격유지행위는 위법하지 않다.

---

86) 대법원 2017. 6. 19. 선고 2013두17435 판결.

제4절 부당이익제공

1. 학습 가이드

- 실무에서는 중요하지만 변호사시험 사례형 문제를 만들기가 어려워 지금까지 출제된 적이 없다. 2022년 5월 대법원 판례가 처음으로 나왔지만, 그럼에도 불구하고 조문이 너무 복잡하여 <u>출제가능성은 여전히 매우 낮다</u>.
- <u>변호사시험일이 다가올수록 부당이익제공 부분은 스킵하는 것이 낫다</u>. 공정거래법에 이런 조항이 있다는 정도만 알아두면 된다.
- 시행령 54조는 "① 법 제47조제1항 각 호에 따른 행위의 유형 또는 기준은 별표 3과 같다. ② 법 제47조제2항에서 "대통령령으로 정하는 거래"란 별표 4에 따른 거래를 말한다."라고 규정하고 있는데, 변호사시험용 법전에는 <별표 3>도 없고 <별표 4>도 없으므로, 만약 <별표 3> 또는 <별표 4>가 필요한 문제가 출제된다면 문제지에 <별표 3> 또는 <별표 4>가 제공될 것이다. 만약 <별표 3> 또는 <별표 4>가 문제지가 제공되지 않는다면, 법 47조만 써도 충분하다.
- 47조와 <별표 3>은 그 내용이 부당지원행위 45조 1항 9호와 <별표 2>와 비슷한데 좀 더 복잡하다. 이하에서는 47조 1항 1호 관련 <별표 3> 1호와 2호만 제시하였다.

2. 조문과 판례

제47조(특수관계인에 대한 부당한 이익제공 등 금지) ① 공시대상기업집단(동일인이 자연인인 기업집단으로 한정)에 속하는 국내 회사는 특수관계인(동일인 및 그 친족으로 한정), 동일인이 단독으로 또는 다른 특수관계인과 합하여 발행주식총수의 100분의 20 이상의 주식을 소유한 국내 계열회사 또는 그 계열회사가 단독으로 발행주식총수의 100분의 50을 초과하는 주식을 소유한 국내 계열회사와 다음 각 호의 어느 하나에 해당하는 행위를 통하여 특수관계인에게 부당한 이익을 귀속시키는 행위를 하여서는 아니 된다. 이 경우 다음 각 호에 해당하는 행위의 유형 및 기준은 대통령령으로 정한다.

1. 정상적인 거래에서 적용되거나 적용될 것으로 판단되는 조건보다 상당히 유리한 조건으로 거래하는 행위

> **◑ 시행령 〈별표 3〉**
>
> 1. 다음 각 목의 행위로 한다. 다만, 시기, 종류, 규모, 기간, 신용상태 등이 유사한 상황에서 법 제9조제1항에 따른 특수관계인이 아닌 자와의 정상적인 거래에서 적용되거나 적용될 것으로 판단되는 조건과의 차이가 100분의 7 미만이고, 거래당사자간 해당 연도 거래총액이 50억원(상품·용역의 경우에는 200억원) 미만인 경우에는 상당히 유리한 조건에 해당하지 않는 것으로 본다.
>
>   가. 상당히 유리한 조건의 자금 거래
>
>   가지급금·대여금 등 자금을 정상적인 거래에서 적용되는 대가보다 <u>상당히</u> 낮거나 높은 대가로 제공하거나 거래하는 행위
>
>   나. 상당히 유리한 조건의 자산·상품·용역 거래
>
>   부동산·유가증권·무체재산권 등 자산 또는 상품·용역을 정상적인 거래에서 적용되는 대가보다 <u>상당히</u> 낮거나 높은 대가로 제공하거나 거래하는 행위
>
>   다. 상당히 유리한 조건의 인력 거래
>
>   인력을 정상적인 거래에서 적용되는 대가보다 <u>상당히</u> 낮거나 높은 대가로 제공하거나 거래하는 행위

2. 회사가 직접 또는 자신이 지배하고 있는 회사를 통하여 수행할 경우 회사에 상당한 이익이 될 사업기회를 제공하는 행위

> **◑ 시행령 〈별표 3〉**
>
> 2. "회사가 직접 또는 자신이 지배하고 있는 회사를 통해 수행할 경우 회사에 상당한 이익이 될 사업기회로서 회사가 수행하고 있거나 수행할 사업과 밀접한 관계가 있는 사업기회를 제공하는 행위." 다만, 다음 각 목의 어느 하나에 해당하는 경우는 제외한다.
>
>   가. 회사가 해당 사업기회를 수행할 능력이 없는 경우
>
>   나. 회사가 사업기회 제공에 대한 정당한 대가를 지급받은 경우
>
>   다. 그 밖에 회사가 합리적인 사유로 사업기회를 거부한 경우

3. 특수관계인과 현금이나 그 밖의 금융상품을 상당히 유리한 조건으로 거래하는 행위

4. 사업능력, 재무상태, 신용도, 기술력, 품질, 가격 또는 거래조건 등에 대한 합리적인 고려나 다른 사업자와의 비교 없이 상당한 규모로 거래하는 행위

② 기업의 효율성 증대, 보안성, 긴급성 등 거래의 목적을 달성하기 위하여 불가피한 경우로서 대통령령으로 정하는 거래에는 제1항제4호를 적용하지 아니한다.

③ 제1항에 따른 거래 또는 사업기회 제공의 상대방은 제1항 각 호의 어느 하나에 해당할 우려가 있음에도 불구하고 해당 거래를 하거나 사업기회를 제공받는 행위를 하여서는 아니 된다.

④ 특수관계인은 누구에게든지 제1항 또는 제3항에 해당하는 행위를 하도록 지시하거나 해당 행위에 관여해서는 아니 된다.

▷ 47조 이익제공의 부당성 판단기준 판례: 부당성은 여러 사정을 고려하여, 변칙적 부의 이전 등을 통하여 특수관계인을 중심으로 경제력집중이 유지·심화될 우려가 있는지 여부에 따라 판단한다. 부당성은 공정위가 증명해야 한다.[87]

→ 만약 출제된다면 문제 지문에 아래와 같은 전제가 미리 제시되어야 답안을 쓸 수 있을 것인데, 그래도 답안 작성에는 여러 전제가 필요할 것이다.

이하 지원행위는 시행령 <별표 3> 1호 가목과 관련하여 '시기, 종류, 규모, 기간, 신용상태 등이 유사한 상황에서 법 제9조제1항에 따른 특수관계인이 아닌 자와의 정상적인 거래에서 적용되거나 적용될 것으로 판단되는 조건과의 차이가 100분의 7 이상이고, 거래당사자간 해당 연도 거래총액이 50억원(상품·용역의 경우에는 200억원) 이상'이라고 가정한다.

〈예시 1〉 문제: "공정거래법상 공시대상기업집단에 속하는 A 회사가 공정거래법상 특수관계인이 주식 51%를 보유한 계열회사 B에게 대여금을 정상적인 거래에서 적용되는 대가보다 상당히 낮은 대가로 제공함으로써 특수관계인에게 이익을 귀속시켰다."

→ 정답: 특수관계인을 중심으로 경제력집중이 유지·심화될 우려가 인정되고, 47조 2항의 적용 제외 사유가 없다면, 시행령 <별표 3> 1호 가목의 부당이익제공에 해당한다.

〈예시 2〉 문제: "공정거래법상 공시대상기업집단에 속하는 A 회사가 공정거래법상 특수관계인이 주식 51%를 보유한 계열회사 B에게 인력을 정상적인 거래에서 적용되는

---

87) 대법원 2022. 5. 12. 선고 2017두63993 판결.

대가보다 상당히 낮은 대가로 제공함으로써 제공함으로서 특수관계인에게 이익을 귀속시켰다"→ 정답: 특수관계인을 중심으로 경제력집중이 유지·심화될 우려가 인정되고, 47조 2항의 적용 제외 사유가 없다면, 시행령 <별표 3> 1호 다목의 부당이익제공에 해당한다.

〈공정위 행정처분〉
제49조(시정조치), 제50조(과징금)

경/제/법

제2편

소비자 5개 법률

제2편 소비자 5개 법률

[출제경향 및 기본 가이드]

※ 먼저 소비자 5개 법률 중 본서에서 4개 법률의 약칭은 다음과 같다.

정식 명칭	약칭	
전자상거래 등에서의 소비자보호에 관한 법률	전자상거래(통신판매)법	
할부거래에 관한 법률	할부거래법	'거래3법'
방문판매 등에 관한 법률	방문(특수)판매법	
약관의 규제에 관한 법률	약관규제법	

출제경향

제2문 (80점)	거래3법			약관규제법	소비자기본법
	전자상거래(통신판매)법	할부거래법	방문(특수)판매법		
2012		●		●	
2013			●	●	
2014	●			●	●
2015		●	●	●	
2016	●			●	●
2017		●		●	
2018	●			●	
2019	●	●		●	
2020			●	●	
2021	●			●	●
2022		●		●	

- 제2문은 2개 또는 3개 법률을 엮어서 하나의 지문으로 만드는데, 문제를 만들기 쉬운 약관규제법이 매년 출제되고, 나머지 법률로는 주로 전자상거래(통신판매)법, 할부거래법이 출제된다. 방문(특수)판매법과 소비자기본법은 출제 빈도가 상대적으로 낮다. 소비자기본법은 과거 사법시험처럼 단순 객관식이라면 몰라도 변호사시험용 사례형 문제를 만들기가 부적합하지만, 어쨌든 시험 범위에 속하기 때문에 조문을 찾아서 그 내용을 옮겨 쓰는 수준으로 출제되었다.
- 소비자 5개 법률에서 약관규제법 3조 3항의 설명의무에 관한 판례가 출제되었는데, 이외에 다른 판례는 출제되지 않았다. (거래3법의 경우 대법원 판례는 극히 드물고 하급심 확정 판례가 약간 있기는 하지만 문제 적합성이 떨어져 출제가능성이 낮다. 가끔 로스쿨 협의회 모의고사 문제로 출제될 수는 있으나 그래도 실제 변호사시험에서 출제될 가능성은 낮다.)

거래3법	· 각 법률 2조 정의 조항에 규정된 **계약(거래)유형**, 소비자의 **(단순변심 등에 의한) 청약철회 조건(예외, 예외의 예외)**, 계약 해제·해지·무효가 주로 출제되었다. · 일상생활에서 할부거래와 통신판매가 보편적이어서, 이에 관한 기출 지문이 방문판매에 비해 상대적으로 더 많다.
약관규제법	· 문제 지문에서 거래 3법상 사업자가 고객에게 제시한 약관이 약관규제법 7조 내지 14조 중에서 어디에 위반되어 무효인지가 자주 출제되었다. 특히 7조(면책 조항 금지) 위반이어서 무효라는 기출 문제가 많다.
소비자기본법	· 조문을 찾아서 그 내용을 그대로 쓰는 정도로 출제되었다.

기본 가이드

- 제2편에서 기출 조문과 관련 기출 지문을 확인해보고, 바로 제3편에서 <제2문> 기출 답안 해설을 공부하는 것이 가장 효율적이다. 시험일이 다가올수록 법전에서 직접 조문을 찾아 읽어보는 연습이 필요하다.
- 소비자 5개 법률의 사례형 시험 대비를 위해 조문만 많이 읽는 것은 그리 효과적이지 않고, 다양한 문제 지문을 접해보고 어떤 조문이 적용되는지를 확인하는 것이 훨씬 효과적이다. 특히 거래 3법과 약관규제법 부분은 로스쿨협의회 모의고사 문제를 활용하는 것도 좋다. 단 협의회 모의고사 문제는 (모의고사라는 성격상) 실제 기출보다 좀 더 어려울 수 있으니 실제 기출보다 더 어렵게 느껴지더라도 당황할 필요가 없다.

제1장 거래3법

제1절 전자상거래 등에서의 소비자보호에 관한 법률

제2절 할부거래에 관한 법률

제3절 방문판매 등에 관한 법률

제1절 전자상거래 등에서의 소비자보호에 관한 법률

1. 학습 가이드

- 전자상거래/통신판매 정의, 청약철회 조건(예외, 예외의 예외), 편면적 강행규정(소비자에게 불리하면 무효)은 반드시 숙지하고, 기타 조문도 법전에서 확인한다.
- 일반적 약칭은 전자상거래법이지만 주로 '통신판매'(온라인 전자상거래 판매가 통신판매에 해당함)에 관한 것이다. 기출문제에서 청약철회는 모두 통신판매 사안이다.

> ★ 기출 지문 - 통신판매
> 2021: 인터넷 쇼핑몰에서 액세서리 구매
> 2019: TV 광고를 보고 전화 걸어서 상조 상품 구매
> 2018: 인터넷 쇼핑몰에서 마스크 팩 구매
> 2016: 인터넷 쇼핑몰에서 건강기능식품 구매
> 2014: 인터넷 쇼핑몰에서 유모차 구매

- 예시: 오프라인 매장에서도 판매하고 사이버몰에서도 판매하면 통신판매업자에 해당하고, 전화로 주문받아서 판매하면서 전자문서가 전혀 이용되지 않으면 통신판매에만 해당한다. 네이버 홈쇼핑을 이용해서 판매하는 통신판매업자는 통신판매중개의뢰자이고, 네이버가 통신판매중개자이다.

2. 조문

제2조(정의)

1. "전자상거래"란 전자거래(=「전자문서 및 전자거래 기본법」 제2조제5호에 따른 전자거래. → "재화나 용역을 거래할 때 그 전부 또는 일부가 전자문서에 의하여 처리되는 거래")의 방법으로 상행위(商行爲)를 하는 것을 말한다. (★ 2018 기출)
2. "통신판매"란 우편·전기통신, 그 밖에 총리령으로 정하는 방법으로 재화 또는 용역(일정한

시설을 이용하거나 용역을 제공받을 수 있는 권리를 포함)의 <u>판매에 관한 정보를 제공하고 소비</u><u>자의 청약을 받아 재화 또는 용역(=재화등)을 판매하는 것을 말한다.</u> (★ 2018 기출). 다만, 「방문판매 등에 관한 법률」 제2조제3호에 따른 전화권유판매는 통신판매의 범위에서 제외한다.

▷ 설명: 전기통신에 인터넷 전자상거래 방식이 포함된다.

3. "통신판매업자"란 통신판매를 업(業)으로 하는 자 또는 그와의 약정에 따라 통신판매업무를 수행하는 자를 말한다.

4. "통신판매중개"란 사이버몰(컴퓨터 등과 정보통신설비를 이용하여 재화등을 거래할 수 있도록 설정된 가상의 영업장)의 이용을 허락하거나 그 밖에 총리령으로 정하는 방법으로 거래 당사자 간의 통신판매를 알선하는 행위를 말한다.

5. "소비자"란 다음 각 목의 어느 하나에 해당하는 자를 말한다.

가. 사업자가 제공하는 재화등을 소비생활을 위하여 사용(이용을 포함)하는 자

나. 가목 외의 자로서 사실상 가목의 자와 같은 지위 및 거래조건으로 거래하는 자 등 대통령령으로 정하는 자

---

❶ 시행령 제2조(소비자의 범위) "대통령령으로 정하는 자"란 사업자가 제공하는 재화 또는 용역(이하 "재화등"이라 한다)을 소비생활 외의 목적에 사용하거나 이용하는 자로서 다음 각 호의 어느 하나에 해당하는 자를 말한다.

1. 재화등을 최종적으로 사용하거나 이용하는 자. 다만, 재화등을 원재료(중간재 포함) 및 자본재로 사용하는 자는 제외한다.

2. 법 제3조제1항 단서에 해당하는 사업자로서 재화등을 구매하는 자(해당 재화등을 판매한 자에 대한 관계로 한정한다)

3. 재화등을 농업(축산업 포함) 또는 어업 활동을 위하여 구입한 자

제4조(다른 법률과의 관계) 전자상거래 또는 통신판매에서의 소비자보호에 관하여 이 법과 다른 법률이 경합하는 경우에는 이 법을 우선 적용한다. 다만, 다른 법률을 적용하는 것이 소비자에게 유리한 경우에는 그 법을 적용한다.

제9조의2(전자게시판서비스 제공자의 책임) ← 법전 조문 확인

제9조(배송사업자 등의 협력) ← 법전 조문 확인

제10조(사이버몰의 운영) ← 법전 조문 확인

제17조(청약철회등) (★ 2021, 2019, 2018, 2016, 2014 기출)

① 통신판매업자와 재화등의 구매에 관한 계약을 체결한 소비자는 다음 각 호의 기간(거래당사자가 다음 각 호의 기간보다 긴 기간으로 약정한 경우에는 그 기간) 이내에 해당 계약에 관한 청약철회등을 할 수 있다.

1. 제13조제2항(← 법전 조문 확인)에 따른 계약내용에 관한 서면을 받은 날부터 7일. 다만, 그 서면을 받은 때보다 재화등의 공급이 늦게 이루어진 경우에는 재화등을 공급받거나 재화등의 공급이 시작된 날부터 7일

2. 제13조제2항에 따른 계약내용에 관한 서면을 받지 아니한 경우, 통신판매업자의 주소 등이 적혀 있지 아니한 서면을 받은 경우 또는 통신판매업자의 주소 변경 등의 사유로 제1호의 기간에 청약철회등을 할 수 없는 경우에는 통신판매업자의 주소를 안 날 또는 알 수 있었던 날부터 7일

3. 제21조제1항제1호 또는 제2호의 청약철회등에 대한 방해 행위가 있는 경우에는 그 방해 행위가 종료한 날부터 7일

② 소비자는 다음 각 호의 어느 하나에 해당하는 경우에는 통신판매업자의 의사에 반하여 제1항에 따른 청약철회등을 할 수 없다. 다만, 통신판매업자가 제6항에 따른 조치를 하지 아니하는 경우에는 제2호부터 제5호까지의 규정에 해당하는 경우에도 청약철회등을 할 수 있다. (→ 6항 조치가 없더라도 아래 1호에 해당하면 청약철회 불가)

1. 소비자에게 책임이 있는 사유로 재화등이 멸실되거나 훼손된 경우. 다만, 재화등의 내용을 확인하기 위하여 포장 등을 훼손한 경우는 제외한다.

2. 소비자의 사용 또는 일부 소비로 재화등의 가치가 현저히 감소한 경우

3. 시간이 지나 다시 판매하기 곤란할 정도로 재화등의 가치가 현저히 감소한 경우

4. 복제가 가능한 재화등의 포장을 훼손한 경우

5. 용역 또는 「문화산업진흥 기본법」 제2조제5호의 디지털콘텐츠의 제공이 개시된 경우. 다만, 가분적 용역 또는 가분적 디지털콘텐츠로 구성된 계약의 경우에는 제공이 개시되지 아니한 부분에 대하여는 그러하지 아니하다.

6. 그 밖에 거래의 안전을 위하여 대통령령으로 정하는 경우

◑ 시행령 제21조(청약철회등의 제한) 법 제17조제2항제6호에서 "대통령령으로 정하는 경우"란 소비자의 주문에 따라 개별적으로 생산되는 재화등 또는 이와 유사한 재화등에 대하여 법 제13조제2항제5호에 따른 청약철회등(=청약철회등)을 인정하는 경우 통신판매

업자에게 회복할 수 없는 중대한 피해가 예상되는 경우로서 사전에 해당 거래에 대하여 별도로 그 사실을 고지하고 소비자의 서면(전자문서 포함)에 의한 동의를 받은 경우를 말한다.

③ 소비자는 제1항 및 제2항에도 불구하고 재화등의 내용이 표시·광고의 내용과 다르거나 계약내용과 다르게 이행된 경우에는 그 재화등을 공급받은 날부터 3개월 이내, 그 사실을 안 날 또는 알 수 있었던 날부터 30일 이내에 청약철회등을 할 수 있다.

④ 제1항 또는 제3항에 따른 청약철회등을 서면으로 하는 경우에는 그 의사표시가 적힌 서면을 발송한 날에 그 효력이 발생한다. (→ 전화 구두에 의한 청약 철회도 가능)

⑤ 제1항부터 제3항까지의 규정을 적용할 때 재화등의 훼손에 대하여 소비자의 책임이 있는지 여부, 재화등의 구매에 관한 계약이 체결된 사실 및 그 시기, 재화등의 공급사실 및 그 시기 등에 관하여 다툼이 있는 경우에는 통신판매업자가 이를 증명하여야 한다.

⑥ 통신판매업자는 제2항제2호부터 제5호까지의 규정에 따라 청약철회등이 불가능한 재화등의 경우에는 그 사실을 재화등의 포장이나 그 밖에 소비자가 쉽게 알 수 있는 곳에 명확하게 표시하거나 시험 사용 상품을 제공하는 등의 방법으로 청약철회등의 권리 행사가 방해받지 아니하도록 조치하여야 한다. 다만, 제2항제5호 중 디지털콘텐츠에 대하여 소비자가 청약철회등을 할 수 없는 경우에는 청약철회등이 불가능하다는 사실의 표시와 함께 대통령령으로 정하는 바에 따라 시험 사용 상품을 제공하는 등의 방법으로 청약철회등의 권리 행사가 방해받지 아니하도록 하여야 한다.

> ◗ 시행령 제21조의2(시험 사용 상품 등의 제공 방법) 통신판매업자는 법 제17조제6항 단서에 따라 다음 각 호의 구분에 따른 방법 중 하나 이상의 방법으로 소비자에게 시험 사용 상품 등을 제공하여야 한다.
> 1. 일부 이용의 허용: 디지털콘텐츠의 일부를 미리보기, 미리듣기 등으로 제공
> 2. 한시적 이용의 허용: 일정 사용기간을 설정하여 디지털콘텐츠 제공
> 3. 체험용 디지털콘텐츠 제공: 일부 제한된 기능만을 사용할 수 있는 디지털콘텐츠 제공
> 4. 제1호부터 제3호까지의 방법으로 시험 사용 상품 등을 제공하기 곤란한 경우: 디지털콘텐츠에 관한 정보 제공

제18조(청약철회등의 효과) ① 소비자는 제17조제1항 또는 제3항에 따라 청약철회등을 한 경우

에는 이미 공급받은 재화등을 반환하여야 한다. 다만, 이미 공급받은 재화등이 용역 또는 디지털콘텐츠인 경우에는 그러하지 아니하다.

② 통신판매업자(소비자로부터 재화등의 대금을 받은 자 또는 소비자와 통신판매에 관한 계약을 체결한 자를 포함한다. 이하 제2항부터 제10항까지의 규정에서 같다)는 다음 각 호의 어느 하나에 해당하는 날부터 3영업일 이내에 이미 지급받은 재화등의 대금을 환급하여야 한다. 이 경우 통신판매업자가 소비자에게 재화등의 대금 환급을 지연한 때에는 그 지연기간에 대하여 연 100분의 40 이내의 범위에서 「은행법」에 따른 은행이 적용하는 연체금리 등 경제사정을 고려하여 대통령령으로 정하는 이율을 곱하여 산정한 지연이자(=지연배상금)를 지급하여야 한다. (☑ 인터넷 항공권 구매 청약철회 관련 지연배상금에 관한 하급심 확정 판결이 있으나 출제가능성 낮음.[88])

1. 통신판매업자가 재화를 공급한 경우에는 제1항 본문에 따라 재화를 반환받은 날

2. 통신판매업자가 용역 또는 디지털콘텐츠를 공급한 경우에는 제17조제1항 또는 제3항에 따라 청약철회등을 한 날

3. 통신판매업자가 재화등을 공급하지 아니한 경우에는 제17조제1항 또는 제3항에 따라 청약철회등을 한 날

⑨ 제17조제1항에 따른 청약철회등의 경우 공급받은 재화등의 반환에 필요한 비용은 소비자가 부담하며, 통신판매업자는 소비자에게 청약철회등을 이유로 위약금이나 손해배상을 청구할 수 없다.

⑩ 제17조제3항에 따른 청약철회등의 경우 재화등의 반환에 필요한 비용은 통신판매업자가 부담한다.

제19조(손해배상청구금액의 제한 등) ① 소비자에게 책임이 있는 사유로 재화등의 판매에 관한 계약이 해제된 경우 통신판매업자가 소비자에게 청구하는 손해배상액은 다음 각 호의 구분에 따라 정한 금액에 대금미납에 따른 지연배상금을 더한 금액을 초과할 수 없다.

1. 공급한 재화등이 반환된 경우: 다음 각 목의 금액 중 큰 금액

    가. 반환된 재화등의 통상 사용료 또는 그 사용으로 통상 얻을 수 있는 이익에 해당하는 금액

    나. 반환된 재화등의 판매가액(販賣價額)에서 그 재화등이 반환된 당시의 가액을 뺀 금액

2. 공급한 재화등이 반환되지 아니한 경우: 그 재화등의 판매가액에 해당하는 금액

---

88) 서울중앙지법 2018. 10. 24. 선고 2018나29442 판결(확정).

제20조(통신판매중개자의 의무와 책임) ① 통신판매중개를 하는 자(= 통신판매중개자)는 자신이 통신판매의 당사자가 아니라는 사실을 소비자가 쉽게 알 수 있도록 총리령으로 정하는 방법으로 미리 고지하여야 한다. (★ 2016 기출)

제20조의2(통신판매중개자 및 통신판매중개의뢰자의 책임) ① 통신판매중개자는 제20조제1항의 고지를 하지 아니한 경우 통신판매중개의뢰자의 고의 또는 과실로 소비자에게 발생한 재산상 손해에 대하여 통신판매중개의뢰자와 연대하여 배상할 책임을 진다. (★ 2016 기출)

★ 2016년 기출 지문

A는 B사의 X 쇼핑몰 사이트에서 C사가 판매하는 '파워 정' 구매하고 복용하였다. 그런데 설명서에 나와 있는 다이어트, 피부 미용의 효과가 발생하기는 커녕 점점 피부에 붉은 반점이 생기고 두통과 불면증까지 겪게 되었다. 이에 A는 복용을 중단하고 환불을 받고자 C사에 전화를 하였으나, 그 날 이후 계속 연락이 되지 않고 있다. 이 경우 전자상거래법상 A가 C사 이외에 B사에 대해서도 손해배상 책임을 물을 수 있는지를 설명하시오. (20점)

제21조(금지행위) ① 전자상거래를 하는 사업자 또는 통신판매업자는 다음 각 호의 어느 하나에 해당하는 행위를 하여서는 아니 된다.

1. 거짓 또는 과장된 사실을 알리거나 기만적 방법을 사용하여 소비자를 유인 또는 소비자와 거래하거나 청약철회등 또는 계약의 해지를 방해하는 행위 (★ 2021 기출)

제32조(시정조치 등) ① 공정거래위원회는 사업자가 다음 각 호의 어느 하나에 해당하는 행위를 하거나 이 법에 따른 의무를 이행하지 아니하는 경우에는 해당 사업자에게 그 시정조치를 명할 수 있다.

2. 제21조제1항 각 호의 금지행위 중 어느 하나에 해당하는 행위 (★ 2021 기출)

② 제1항에 따른 시정조치는 다음 각 호의 어느 하나에 해당하는 조치를 말한다.

1. 해당 위반행위의 중지

2. 이 법에 규정된 의무의 이행

3. 시정조치를 받은 사실의 공표

4. 소비자피해 예방 및 구제에 필요한 조치

5. 그 밖에 위반행위의 시정을 위하여 필요한 조치

제35조(소비자에게 불리한 계약의 금지) 제17조부터 제19조까지의 규정을 위반한 약정으로서 소비자에게 불리한 것은 효력이 없다 (★ 2016 기출)

▷ Cf. 전자상거래(통신판매)법상 소비자 권리를 제한하는 약관은 약관규제법 11호 1호에도 위반되어 무효

제33조(소비자피해 분쟁조정의 요청) ← 법전 조문 확인

제2절 할부거래에 관한 법률

1. 학습 가이드

▪ 직접할부계약/간접할부계약/선불식할부계약 정의, 청약철회 조건(예외, 예외의 예외), 편면적 강행규정(소비자에게 불리하면 무효)은 반드시 숙지하고, 기타 조문도 법전에서 확인한다.

★ 기출 지문

2022: 신용카드사 카드를 이용하여 자동차 12개월 할부 구매 → 간접할부계약

2019: 상조서비스업자로부터 60개월 할부 구매 → 선불식할부계약

2017: 전기난방기 판매업자로부터 10개월 할부 구매 → 직접할부계약

2015: 화장품 판매업자로부터 6개월 할부 구매 → 직접할부계약

2012: 자동차판매업자로부터 20개월 할부 구매 → 직접할부계약

---

2. 조문

제2조(정의)

1. "할부계약"이란 계약의 명칭·형식이 어떠하든 재화나 용역(=재화등)에 관한 다음 각 목의 계약(제2호에 따른 선불식 할부계약에 해당하는 경우는 제외)을 말한다.

　가. 소비자가 사업자에게 재화의 대금(代金)이나 용역의 대가(=재화등의 대금)를 2개월 이상의 기간에 걸쳐 3회 이상 나누어 지급하고, 재화등의 대금을 완납하기 전에 재화의 공급이나 용역의 제공(=재화등의 공급)을 받기로 하는 계약(=직접할부계약)[89] (★ 2017, 2012 기출)

　나. 소비자가 신용제공자(예: 신용카드사)에게 재화등의 대금을 2개월 이상의 기간에 걸쳐 3회 이상 나누어 지급하고, 재화등의 대금을 완납하기 전에 사업자로부터 재화등의 공

---

89) ☑ 신용카드업이 없던 과거에는 직접할부계약이 많았으나 오늘날에는 찾아보기 어렵다.

급을 받기로 하는 계약(=간접할부계약) (★ 2022 기출)

(예: 신용카드사가 발급한 신용카드로 3개월 3회 결제하면 간접할부계약)

2. "선불식 할부계약"이란 계약의 명칭·형식이 어떠하든 소비자가 사업자로부터 다음 각 목의 어느 하나에 해당하는 재화등의 대금을 2개월 이상의 기간에 걸쳐 2회 이상 나누어 지급하고 재화등의 공급은 대금의 전부 또는 일부를 지급한 후에 받기로 하는 계약을 말한다. (★ 2019 기출)

가. 장례 또는 혼례를 위한 용역(제공시기가 확정된 경우는 제외) 및 이에 부수한 재화

3. "할부거래"란 할부계약에 의한 거래를 말하며, "할부거래업자"란 할부계약에 의한 재화등의 공급을 업으로 하는 자를 말한다.

4. "선불식 할부거래"란 선불식 할부계약에 의한 거래를 말하며, "선불식 할부거래업자"란 선불식 할부계약에 의한 재화등의 공급을 업으로 하는 자를 말한다.

5. "소비자"란 다음 각 목의 어느 하나에 해당하는 자를 말한다.

가. 할부계약 또는 선불식 할부계약에 의하여 제공되는 재화등을 소비생활을 위하여 사용하거나 이용하는 자

나. 가목 외의 자로서 사실상 가목의 자와 동일한 지위 및 거래조건으로 거래하는 자 등 대통령령으로 정하는 자

◗ 시행령 제2조(소비자의 범위) 「할부거래에 관한 법률」 제2조제5호나목에서 "사실상 가목의 자와 동일한 지위 및 거래조건으로 거래하는 자 등 대통령령으로 정하는 자"란 다음 각 호의 어느 하나에 해당하는 자를 말한다.

1. 재화등을 최종적으로 사용하거나 이용하는 자. 다만, 재화등을 원재료[중간재(中間財)를 포함한다] 및 자본재로 사용하는 자는 제외한다.

2. 법 제3조제1호 단서에 해당하는 사업자로서 재화등을 구매하는 자(해당 재화등에 대한 거래관계에 한정한다)

3. 재화등을 농업(축산업 포함) 및 어업활동을 위하여 구입한 자로서 「원양산업발전법」 제6조제1항에 따라 해양수산부장관의 허가를 받은 원양어업자 외의 자 (★ 2017 기출)

---

6. "신용제공자"란 소비자·할부거래업자와의 약정에 따라 재화등의 대금에 충당하기 위하여 신용을 제공하는 자를 말한다.

제4조(다른 법률과의 관계) 할부거래 및 선불식 할부거래에서의 소비자보호와 관련하여 이 법과 다른 법률이 경합하여 적용되는 경우에는 이 법을 우선하여 적용한다. 다만, 다른 법률을 적용하는 것이 소비자에게 유리한 경우에는 그 법률을 적용한다.

제8조(청약의 철회) (★ 2022, 2017, 2012 기출)

① 소비자는 다음 각 호의 기간(거래당사자가 그 보다 긴 기간을 약정한 경우에는 그 기간을 말한다) 이내에 할부계약에 관한 청약을 철회할 수 있다.

1. 제6조제1항(← 법전 조문 확인)에 따른 계약서를 받은 날부터 7일. 다만, 그 계약서를 받은 날보다 재화등의 공급이 늦게 이루어진 경우에는 재화등을 공급받은 날부터 7일

2. 다음 각 목의 어느 하나에 해당하는 경우에는 그 주소를 안 날 또는 알 수 있었던 날 등 청약을 철회할 수 있는 날부터 7일

    가. 제6조제1항에 따른 계약서를 받지 아니한 경우

    나. 할부거래업자의 주소 등이 적혀 있지 아니한 계약서를 받은 경우

    다. 할부거래업자의 주소 변경 등의 사유로 제1호의 기간 이내에 청약을 철회할 수 없는 경우

3. 제6조제1항에 따른 계약서에 청약의 철회에 관한 사항이 적혀 있지 아니한 경우에는 청약을 철회할 수 있음을 안 날 또는 알 수 있었던 날부터 7일

4. 할부거래업자가 청약의 철회를 방해한 경우에는 그 방해 행위가 종료한 날부터 7일

② 소비자는 다음 각 호의 어느 하나에 해당하는 경우에는 제1항에 따른 청약의 철회를 할 수 없다. 다만, 할부거래업자가 청약의 철회를 승낙하거나 제6항에 따른 조치를 하지 아니한 경우에는 제2호부터 제4호까지에 해당하는 경우에도 청약을 철회할 수 있다. (→ 6항 조치가 없더라도 아래 1호에 해당하면 청약철회 불가)

1. 소비자에게 책임있는 사유로 재화등이 멸실되거나 훼손된 경우. 다만, 재화등의 내용을 확인하기 위하여 포장 등을 훼손한 경우는 제외한다.

2. 사용 또는 소비에 의하여 그 가치가 현저히 낮아질 우려가 있는 것으로서 대통령령으로 정하는 재화등을 사용 또는 소비한 경우

3. 시간이 지남으로써 다시 판매하기 어려울 정도로 재화등의 가치가 현저히 낮아진 경우

4. 복제할 수 있는 재화등의 포장을 훼손한 경우

5. 그 밖에 거래의 안전을 위하여 대통령령으로 정하는 경우

◐ 시행령 제6조(소비자가 청약의 철회를 할 수 없는 경우) ① 법 제8조제2항제2호에서 "대통령령으로 정하는 재화등"이란 다음 각 호의 어느 하나에 해당하는 재화등을 말한다.

1. 「선박법」에 따른 선박
2. 「항공안전법」에 따른 항공기
3. 「철도사업법」 및 「도시철도법」에 따른 궤도를 운행하는 차량
4. 「건설기계관리법」에 따른 건설기계
5. 「자동차관리법」에 따른 자동차 (★ 2022, 2012 기출)
6. 설치에 전문인력 및 부속자재 등이 요구되는 것으로서 다음 각 목에 해당하는 재화를 설치한 경우
   가. 「고압가스 안전관리법」 제3조제4호에 따른 냉동기
   나. 전기 냉방기(난방 겸용인 것을 포함한다) (★ 2017 기출)
   다. 보일러

② 법 제8조제2항제5호에서 "대통령령으로 정하는 경우"란 다음 각 호의 어느 하나에 해당하는 경우를 말한다.

1. 할부가격이 10만원 미만인 할부계약. 다만, 「여신전문금융업법」에 따른 신용카드를 사용하여 할부거래를 하는 경우에는 할부가격이 20만원 미만인 할부계약을 말한다.
2. 소비자의 주문에 따라 개별적으로 제조되는 재화등의 공급을 목적으로 하는 할부계약

③ 소비자가 제1항에 따라 청약을 철회할 경우 제1항에 따른 기간 이내에 할부거래업자에게 청약을 철회하는 의사표시가 적힌 서면을 발송하여야 한다. (→ 전화 구두에 의한 청약철회 불가)

④ 제1항에 따른 청약의 철회는 제3항에 따라 서면을 발송한 날에 그 효력이 발생한다.

⑥ 할부거래업자는 <u>제2항제2호부터 제4호까지의 규정에 따라 청약을 철회할 수 없는 재화등에 대하여는 그 사실을 재화등의 포장이나 그 밖에 소비자가 쉽게 알 수 있는 곳에 분명하게 표시하거나 시용(試用) 상품을 제공하는 등의 방법으로 소비자가 청약을 철회하는 것이 방해받지 아니하도록 조치</u>하여야 한다.

제10조(청약의 철회 효과) ① 소비자는 제8조에 따라 청약을 철회한 경우 이미 공급받은 재화등을 반환하여야 한다.

② 소비자가 제8조에 따라 청약을 철회한 경우 할부거래업자(소비자로부터 재화등의 계약금 또는 할부금을 지급받은 자 또는 소비자와 할부계약을 체결한 자를 포함)는 다음 각 호의 어느 하나에

해당하는 영업일 이내에 이미 지급받은 계약금 및 할부금을 환급하여야 한다. 이 경우 할부거래업자가 소비자에게 재화등의 계약금 및 할부금의 환급을 지연한 때에는 그 지연기간에 따라 「이자제한법」에서 정한 이자의 최고한도의 범위에서 대통령령으로 정하는 이율을 곱하여 산정한 지연이자(=지연배상금)를 함께 환급하여야 한다.

1. 재화를 공급한 경우에는 제1항에 따라 재화를 반환받은 날부터 3영업일

2. 용역을 제공한 경우에는 제8조제3항에 따른 청약을 철회하는 서면을 수령한 날부터 3영업일

⑧ 할부거래업자 또는 신용제공자는 소비자가 청약을 철회함에 따라 소비자와 분쟁이 발생한 경우 분쟁이 해결될 때까지 할부금 지급거절을 이유로 해당 소비자를 약정한 기일 이내에 채무를 변제하지 아니한 자로 처리하는 등 소비자에게 불이익을 주는 행위를 하여서는 아니 된다.

⑨ 할부거래업자는 소비자가 제8조에 따라 청약을 철회한 경우 이미 재화등이 사용되었거나 일부 소비된 경우에는 그 재화등을 사용하거나 일부 소비하여 소비자가 얻은 이익 또는 그 재화등의 공급에 든 비용에 상당하는 금액으로서 대통령령으로 정하는 범위의 금액을 초과하여 소비자에게 청구할 수 없다.

⑩ 할부거래업자는 소비자가 제8조에 따라 청약을 철회한 경우 공급받은 재화등의 반환에 필요한 비용을 부담하며, 소비자에게 청약의 철회를 이유로 위약금 또는 손해배상을 청구할 수 없다.

제11조(할부거래업자의 할부계약 해제) ① 할부거래업자는 소비자가 할부금 지급의무를 이행하지 아니하면 할부계약을 해제할 수 있다. 이 경우 할부거래업자는 그 계약을 해제하기 전에 14일 이상의 기간을 정하여 소비자에게 이행할 것을 서면으로 최고(催告)하여야 한다. (★ 2017 기출)

② 할부거래업자 또는 소비자는 제1항에 따라 할부계약이 해제된 경우에는 상대방에게 원상회복(原狀回復)하여 줄 의무를 진다. 이 경우 상대방이 원상회복할 때까지 자기의 의무이행을 거절할 수 있다.

③ 할부거래업자는 재화등의 소유권이 할부거래업자에게 유보된 경우 그 할부계약을 해제하지 아니하고는 그 반환을 청구할 수 없다. (→ 소유권이 할부거래업자에게 유보된 경우에는 할부계약 해제해야만 반환 청구 가능)

제13조(소비자의 기한의 이익 상실) ① 소비자는 다음 각 호의 어느 하나에 해당하는 경우에는

할부금의 지급에 대한 기한의 이익을 주장하지 못한다.

1. 할부금을 다음 지급기일까지 연속하여 2회 이상 지급하지 아니하고 그 지급하지 아니한 금액이 할부가격의 100분의 10을 초과하는 경우

제14조(소비자의 기한 전 지급) ① 소비자는 기한이 되기 전이라도 나머지 할부금을 한꺼번에 지급할 수 있다.

제16조(소비자의 항변권) ① 소비자는 다음 각 호의 어느 하나에 해당하는 사유가 있는 경우에는 할부거래업자에게 그 할부금의 지급을 거절할 수 있다.

1. 할부계약이 불성립·무효인 경우
2. 할부계약이 취소·해제 또는 해지된 경우
3. 재화등의 전부 또는 일부가 제6조제1항제2호에 따른 재화등의 공급 시기까지 소비자에게 공급되지 아니한 경우
4. 할부거래업자가 하자담보책임을 이행하지 아니한 경우
5. 그 밖에 할부거래업자의 채무불이행으로 인하여 할부계약의 목적을 달성할 수 없는 경우
6. 다른 법률에 따라 정당하게 청약을 철회한 경우

② 소비자는 간접할부계약인 경우 제1항 각 호의 어느 하나에 해당하는 사유가 있으면 할부가격이 대통령령으로 정한 금액 이상인 경우에만 신용제공자에게 할부금의 지급을 거절하는 의사를 통지한 후 할부금의 지급을 거절할 수 있다.

◑ **시행령 제11조(소비자의 항변권 제한)** 법 제16조제2항에서 "대통령령으로 정한 금액"이란 10만원을 말한다. 다만, 「여신전문금융업법」에 따른 신용카드를 사용하여 할부거래를 하는 경우에는 20만원을 말한다.

제24조(소비자의 청약의 철회) ① 소비자는 다음 각 호의 기간(거래당사자가 다음 각 호의 기간보다 긴 기간으로 약정한 경우에는 그 기간을 말한다) 이내에 선불식 할부계약에 관한 청약을 철회할 수 있다. (★ 2019 기출)

1. 제23조제3항에 따른 계약서를 받은 날부터 14일
2. 다음 각 목의 어느 하나에 해당하는 경우에는 그 주소를 안 날 또는 알 수 있었던 날 등 청약을 철회할 수 있는 날부터 14일
   가. 선불식 할부거래업자의 주소 등이 적혀 있지 아니한 계약서를 받은 경우

나. 선불식 할부거래업자의 주소 변경 등의 사유로 제1호의 기간 이내에 청약을 철회할
   수 없는 경우

3. 제23조제3항에 따른 계약서에 청약의 철회에 관한 사항이 적혀 있지 아니한 경우에는 청
   약을 철회할 수 있음을 안 날 또는 알 수 있었던 날부터 14일

4. 선불식 할부거래업자가 청약의 철회를 방해한 경우에는 그 방해행위가 종료한 날부터 14일

5. 제23조제3항에 따른 계약서를 받지 아니한 경우에는 계약일부터 3개월

② 소비자가 제1항에 따라 청약을 철회할 경우 제1항에 따른 기간 이내에 선불식 할부거래업
자에게 청약을 철회하는 의사표시가 적힌 서면을 발송하여야 한다. (→ 전화 구두에 의한 청약
철회할 수 없음)

③ 제1항에 따른 청약의 철회는 제2항에 따라 서면을 발송한 날에 그 효력이 발생한다.

제43조(소비자에게 불리한 계약의 금지) 제6조부터 제13조까지, 제15조, 제16조, 제22조의2, 제
   23조부터 제26조까지의 규정을 위반한 약정으로서 소비자에게 불리한 것은 효력이 없다.

★ 2017 기출 지문

제10조(계약의 해제) "甲(매도인)"은 "乙(매수인)"이 할부금 지급 의무를 이행하지 않은 경우
즉시 계약을 해제할 수 있다.

★ 2015 기출 지문

제10조(할부금의 연체)
① 고객이 할부금을 연체하는 경우, 회사는 고객에게 나머지 할부금 전체에 대한 일시 납부를
요구할 수 있습니다.
② 고객이 할부금의 일시 납부를 거부하는 경우, 회사는 본 계약을 해제할 수 있습니다.

▷ Cf. 할부거래법상 소비자 권리를 제한하는 약관은 약관규제법 11호 1호에도 위반되어 무효

제3절 방문판매 등에 관한 법률

1. 학습 가이드

- 방문판매/전화권유판매/계속거래/사업권유거래/다단계판매/후원방문판매 정의, 청약철회 조건(예외, 예외의 예외), 편면적 강행규정(소비자에게 불리하면 무효)은 반드시 숙지하고, 기타 조문도 법전에서 확인한다.

★ 기출 지문

2020: 甲 피트니스센터는 과거에 회원으로 등록되어 있던 고객들을 상대로 휴대전화 문자메시지를 발송하여 프로그램 정보를 제공하는 한편, 문자메시지 하단에 甲의 전화번호를 남겨서 상담을 유도하였다. → 전화권유판매

2015: A사의 영업사원이 화장품의 판매촉진을 위하여 B사의 주차장에 일일 판매부스를 마련하여, B사 여직원들을 상대로 화장품을 소개하고 구입을 권유하였다. → 방문판매

2013: (문제 설문에서 계속거래에 해당한다고 가정함)

---

2. 조문

제2조(정의)

1. "방문판매"란 재화 또는 용역의 판매를 업(業)으로 하는 자(=판매업자)가 방문을 하는 방법으로 그의 영업소, 대리점, 그 밖에 총리령으로 정하는 영업 장소(=사업장) 외의 장소에서 소비자에게 권유하여 계약의 청약을 받거나 계약을 체결(사업장 외의 장소에서 권유 등 총리령으로 정하는 방법으로 소비자를 유인하여 사업장에서 계약의 청약을 받거나 계약을 체결하는 경우를 포함)하여 재화 또는 용역(=재화등)을 판매하는 것을 말한다. (★ 2015 기출)

3. "전화권유판매"란 전화를 이용하여 소비자에게 권유를 하거나 전화회신을 유도하는 방법으로 재화등을 판매하는 것을 말한다. (★ 2020 기출)

5. "다단계판매"란 다음 각 목의 요건을 모두 충족하는 판매조직(이하 "다단계판매조직"이라

한다)을 통하여 재화등을 판매하는 것을 말한다.

　가. 판매업자에 속한 판매원이 특정인을 해당 판매원의 하위 판매원으로 가입하도록 권유하는 모집방식이 있을 것

　나. 가목에 따른 판매원의 가입이 3단계(다른 판매원의 권유를 통하지 아니하고 가입한 판매원을 1단계 판매원으로 한다. 이하 같다) 이상 단계적으로 이루어질 것. 다만, 판매원의 단계가 2단계 이하라고 하더라도 사실상 3단계 이상으로 관리·운영되는 경우로서 대통령령으로 정하는 경우를 포함한다.

　다. 판매업자가 판매원에게 제9호나목 또는 다목에 해당하는 후원수당을 지급하는 방식을 가지고 있을 것

7. "후원방문판매"란 제1호 및 제5호의 요건에 해당하되, 대통령령으로 정하는 바에 따라 특정 판매원의 구매·판매 등의 실적이 그 직근 상위판매원 1인의 후원수당에만 영향을 미치는 후원수당 지급방식을 가진 경우를 말한다. 이 경우 제1호의 방문판매 및 제5호의 다단계판매에는 해당하지 아니하는 것으로 한다.

10. "계속거래"란 1개월 이상에 걸쳐 계속적으로 또는 부정기적으로 재화등을 공급하는 계약으로서 중도에 해지할 경우 대금 환급의 제한 또는 위약금에 관한 약정이 있는 거래를 말한다. (★ 2020 기출)

제4조(다른 법률과의 관계) ① 방문판매, 전화권유판매, 다단계판매, 후원방문판매, 계속거래 및 사업권유거래(=특수판매)에서의 소비자보호와 관련하여 이 법과 다른 법률이 경합하여 적용되는 경우에는 이 법을 우선 적용한다. 다만, 다른 법률을 적용하는 것이 소비자에게 유리한 경우에는 그 법률을 적용한다.

② 다른 법률에 이 법과는 다른 방법에 따른 계약서 발급의무 등이 규정되어 있는 거래에 대하여는 제7조·제16조 및 제30조에 따른 계약서 발급 의무에 관한 규정을 적용하지 아니한다.

③ 계속거래에 관하여 이 법에서 규정하고 있는 사항을 다른 법률에서 따로 정하고 있는 경우에는 그 법률을 적용한다.

④ 「할부거래에 관한 법률」 제2조제4호에 따른 선불식 할부거래 및 선불식 할부거래업자에 대하여는 제8조, 제9조, 제17조, 제18조 및 제37조를 적용하지 아니한다.

제8조(청약철회등) ① 방문판매 또는 전화권유판매(=방문판매등)의 방법으로 재화등의 구매에

관한 계약을 체결한 소비자는 다음 각 호의 기간(거래 당사자 사이에 다음 각 호의 기간보다 긴 기간으로 약정한 경우에는 그 기간) 이내에 그 계약에 관한 청약철회등을 할 수 있다. (★ 2020 기출, 2015 기출)

1. 제7조제2항(← 법전 조문 확인)에 따른 계약서를 받은 날부터 14일. 다만, 그 계약서를 받은 날보다 재화등이 늦게 공급된 경우에는 재화등을 공급받거나 공급이 시작된 날부터 14일
2. 다음 각 목의 어느 하나의 경우에는 방문판매자등의 주소를 안 날 또는 알 수 있었던 날부터 14일
   가. 제7조제2항에 따른 계약서를 받지 아니한 경우
   나. 방문판매자등의 주소 등이 적혀 있지 아니한 계약서를 받은 경우
   다. 방문판매자등의 주소 변경 등의 사유로 제1호에 따른 기간 이내에 청약철회등을 할 수 없는 경우
3. 제7조제2항에 따른 계약서에 청약철회등에 관한 사항이 적혀 있지 아니한 경우에는 청약철회등을 할 수 있음을 안 날 또는 알 수 있었던 날부터 14일
4. 방문판매업자등이 청약철회등을 방해한 경우에는 그 방해 행위가 종료한 날부터 14일

② 소비자는 다음 각 호의 어느 하나에 해당하는 경우에는 방문판매자등의 의사와 다르게 제1항에 따른 청약철회등을 할 수 없다. 다만, 방문판매자등이 제5항에 따른 조치를 하지 아니한 경우에는 제2호부터 제4호까지의 규정에 해당하더라도 청약철회 등을 할 수 있다.

(→ 5항 조치가 없더라도 아래 1호에 해당하면 청약철회 불가)

1. 소비자에게 책임이 있는 사유로 재화등이 멸실되거나 훼손된 경우. 다만, 재화등의 내용을 확인하기 위하여 포장 등을 훼손한 경우는 제외한다.
2. 소비자가 재화등을 사용하거나 일부 소비하여 그 가치가 현저히 낮아진 경우
3. 시간이 지남으로써 다시 판매하기 어려울 정도로 재화등의 가치가 현저히 낮아진 경우
4. 복제할 수 있는 재화등의 포장을 훼손한 경우
5. 그 밖에 거래의 안전을 위하여 대통령령으로 정하는 경우

◗ 시행령 제12조(청약철회등의 제한) 법 제8조제2항제5호에서 "대통령령으로 정하는 경우"란 소비자의 주문에 의하여 개별적으로 생산되는 재화등에 대한 것으로서 청약의 철회 및 계약의 해제(=청약철회등)를 인정하면 방문판매자 또는 전화권유판매자(=방문판매자등)에게 회복할 수 없는 중대한 피해가 예상되는 경우로서 사전에 해당 거래에 대하여 별도로 그 사실을 고지하고 소비자의 서면(전자문서 포함) 동의를 받은 경우를 말한다.

---

③ 소비자는 제1항 또는 제2항에도 불구하고 재화등의 내용이 <u>표시·광고의 내용과 다르거나 계약 내용과 다르게</u> 이행된 경우에는 그 재화등을 공급받은 날부터 3개월 이내에, 그 사실을 안 날 또는 알 수 있었던 날부터 30일 이내에 청약철회등을 할 수 있다.

④ 제1항 또는 제3항에 따른 청약철회등을 서면으로 하는 경우에는 청약철회등의 의사를 표시한 서면을 발송한 날에 그 효력이 발생한다. (→ 전화로 청약철회 가능)

⑤ 방문판매자등은 <u>제2항제2호부터 제4호까지의 규정에 따라 청약철회등을 할 수 없는 재화등의 경우에는 그 사실을 재화등의 포장이나 그 밖에 소비자가 쉽게 알 수 있는 곳에 분명하게 표시하거나 시용(試用) 상품을 제공하는 등의 방법으로 청약철회등의 권리행사가 방해받지 아니하도록 조치하여야</u> 한다.

제9조(청약철회등의 효과) ① 소비자는 제8조제1항 또는 제3항에 따라 청약철회등을 한 경우에는 이미 공급받은 재화등을 반환하여야 한다.

② 방문판매자등(소비자로부터 재화등의 대금을 지급받은 자 및 소비자와 방문판매등에 관한 계약을 체결한 자를 포함)은 재화등을 반환받은 날부터 3영업일 이내에 이미 지급받은 재화등의 대금을 환급하여야 한다. 이 경우 방문판매자등이 소비자에게 재화등의 대금의 환급을 지연하면 그 지연기간에 따라 연 100분의 40 이내의 범위에서 「은행법」에 따른 은행이 적용하는 연체금리 등 경제 사정을 고려하여 대통령령으로 정하는 이율을 곱하여 산정한 지연이자(=지연배상금)를 지급하여야 한다.

⑧ 제1항의 경우 방문판매자등은 이미 재화등이 사용되거나 일부 소비된 경우에는 그 재화등을 사용하거나 일부 소비하여 소비자가 얻은 이익 또는 그 재화등의 공급에 든 비용에 상당하는 금액으로서 대통령령으로 정하는 범위의 금액을 지급할 것을 소비자에게 청구할 수 있다.

⑨ 제8조제1항 및 제3항에 따른 청약철회등의 경우 공급받은 재화등의 반환에 필요한 비용은 방문판매자등이 부담하며, 방문판매자등은 소비자에게 청약철회등을 이유로 위약금 또는 손해배상을 청구할 수 없다.

⑩ 방문판매자등, 재화등의 대금을 지급받은 자 또는 소비자와 방문판매등에 관한 계약을 체결한 자가 동일인이 아닌 경우 각자는 제8조제1항 및 제3항에서의 청약철회등에 따른 제1항부터 제9항까지의 규정에 따른 재화등의 대금 환급과 관련한 의무의 이행에 있어 연대하여 책임을 진다.

제17조(청약철회등) ① <u>다단계판매</u>의 방법으로 재화등의 구매에 관한 계약을 체결한 소비자가

청약철회등을 하는 경우에는 제8조를 준용하며, 이 경우 "방문판매자등"은 "다단계판매자"로 본다. (이하 내용은 법전에서 확인)

제18조(청약철회등의 효과) (← 조문이 복잡하여 출제가능성 낮음)

제31조(계약의 해지) 계속거래업자등과 계속거래등의 계약을 체결한 소비자는 계약기간 중 언제든지 계약을 해지할 수 있다. 다만, 다른 법률에 별도의 규정이 있거나 거래의 안전 등을 위하여 대통령령으로 정하는 경우에는 그러하지 아니하다. (★ 2013 기출)

> ◑ 시행령 제40조(계속거래 또는 사업권유거래의 계약 해지 제한 사유) 법 제31조 단서에서 "대통령령으로 정하는 경우"란 소비자(사업권유거래의 상대방을 포함)의 주문에 의하여 개별적으로 생산되는 재화등에 대한 것으로서 계약 해지를 인정하면 계속거래업자 또는 사업권유거래업자(=계속거래업자등)에게 회복할 수 없는 중대한 피해가 예상되는 경우로서 사전에 해당 거래에 대하여 별도로 그 사실을 고지하고 소비자의 서면(전자문서 포함) 동의를 받은 경우를 말한다.

제52조(소비자 등에게 불리한 계약의 금지) 제7조, 제7조의2, 제8조부터 제10조까지, 제16조부터 제19조까지, 제30조부터 제32조까지의 규정 중 어느 하나를 위반한 계약으로서 소비자에게 불리한 것은 효력이 없다.

▷ Cf. 방문(특수)판매법상 소비자 권리를 제한하는 약관은 약관규제법 11조 1호에도 위반되어 무효

제2장 약관의 규제에 관한 법률

1. 학습 가이드

- 기출 문제를 통해 사업자의 명시의무/설명의무 위반 여부, 7조 내지 14조 중에서 어떤 조항에 위반되는 불공정 약관으로서 무효인지 여부를 반드시 숙지한다. (6조의 일반적 무효 사유는 너무 추상적이므로 출제된 적 없고 앞으로도 출제가능성 없음)
- 7조 내지 14조의 민법 용어에 익숙하지 않으면 먼저 민법 책에서 관련 부분을 찾아본다.

2. 조문과 판례

제2조(정의)

　1. "약관"이란 그 명칭이나 형태 또는 범위에 상관없이 계약의 한쪽 당사자가 여러 명의 상대방과 계약을 체결하기 위하여 일정한 형식으로 미리 마련한 계약의 내용을 말한다.

　　▷ 해설: 약관은 사업자가 일방적으로 미리 준비해 둔 것이므로 그 자체가 바로 계약이 되는 것이 아니고, 고객이 해당 약관에 합의해야 비로소 계약 내용이 된다.

★ 2013 기출 지문

[인터넷 클릭 연결 화면] * 무료 회원으로 가입한 후 1년이 지났음에도 가입자가 달리 해지통보를 하지 않으면 자동으로 유료로 전환됩니다.

★ 2012 기출 지문

B의 계약체결 담당자 C는 약관규제법의 적용을 회피하기 위하여 회사의 지침에 따라 고객과 계약을 체결할 때 예외 없이 고객이 보는 앞에서 계약서 제7조의 [　　　] 부분에 'B의 본점 소재지 관할법원'이라고 수기(手記)하였고, 위 계약을 체결하면서도 동일한 방법으로 수기하였다.

제3조(약관의 작성 및 설명의무 등)

② 사업자는 계약을 체결할 때에는 고객에게 약관의 내용을 계약의 종류에 따라 <u>일반적으로 예상되는 방법으로 분명하게 밝히고(← 명시의무)</u>, 고객이 요구할 경우 그 약관의 사본을 고객에게 내주어 고객이 약관의 내용을 알 수 있게 하여야 한다. 다만, 다음 각 호의 어느 하나에 해당하는 업종의 약관에 대하여는 그러하지 아니하다. 1. 여객운송업, 2. 전기·가스 및 수도사업, 3. 우편업, 4. 공중전화 서비스 제공 통신업

③ 사업자는 약관에 정하여져 있는 <u>중요한 내용을 고객이 이해할 수 있도록 설명하여야 한다 (← 설명의무). 다만, 계약의 성질상 설명하는 것이 현저하게 곤란한 경우에는 그러하지 아니하다.</u>

★ 2019 기출 지문

乙은 족욕기가 품절되어 비슷한 가격의 가습기로 교체한 것이라면서 그 근거로 계약서 제30조 제2항을 제시하였다. 甲은 계약체결 이전에 乙로부터 제30조 제2항에 관하여 아무런 설명을 듣지 못했었다.

★ 2014 기출 지문

X쇼핑몰에서 Y유모차를 구입한 B는 「전자상거래 등에서의 소비자보호에 관한 법률」상 청약을 철회할 수 있는 기간이 도과한 직후에 동 제품의 이음새 하자로 바퀴가 파손되어 X쇼핑몰에 교환을 요청하였으나, X쇼핑몰은 팝업창에 기재된 내용 "해당 제품은 재고처분을 위하여 특가에 제공되는 것으로서, 배송 후에는 당사는 교환이나 환불 등 어떠한 책임도 지지 않습니다."을 근거로 교환을 거절하였다.

★ 2013 기출 지문

가입 당시 미처 확인하지 못했던 '이용규정'에 아래와 같은 조항이 포함되어 있었다.

> * 무료 회원으로 가입한 후 1년이 지났음에도 가입자가 달리 해지통보를 하지 않으면 자동으로 유료로 전환됩니다.

★ 2012 기출 지문

B가 A와 계약을 체결할 때 계약서 제8조의 내용을 설명하지 않은 경우, 약관규제법상 B가 계약서 제8조를 계약의 내용이라고 주장할 수 있는지를 설명하시오.

❂ 암기판례: ① 설명의무 대상인 "중요한 내용"은 사회통념에 비추어 고객이 계약 체결의 여부나 대가를 결정하는 데 직접적인 영향을 미칠 수 있는 사항을 말하고, 구체적 사건에서 개별적 사정을 고려하여 판단한다.[90] ② 거래상 일반적이고 공통된 것이어서 고객이 별도의 설명 없이도 충분히 예상할 수 있었던 사항이거나, 이미 법령에 의하여 정해진 것을 되풀이하거나 부연하는 정도에 불과한 사항이라면, 사업자에게 명시·설명의무가 없다.[91]

※ TIP: 문제 지문에서 중요한 내용인지 여부가 분명하지 않으면, 전제를 제시하고 답안을 작성한다(~이면 ~이다). <예시> "사회 통념에 비추어 고객의 계약 체결 여부에 영향 미친 중요한 내용으로 인정되면, 중요한 내용 설명 의무 위반이므로, 사업자는 계약 내용으로 주장할 수 없다."

④ 사업자가 제2항 및 제3항을 위반하여 계약을 체결한 경우에는 해당 약관을 계약의 내용으로 주장할 수 없다.

▷ 설명: 사업자가 2항 또는 3항을 위반하면, 사업자는 해당 내용을 계약 내용으로 주장할 수 없지만, 소비자는 자기에게 유리하다고 생각되면 계약 내용으로 주장할 수 있다. 즉 2항 또는 3항에 위반된 내용이라고 소비자가 유효하다고 주장하면 계약 내용이 될 수 있다.

제4조(개별 약정의 우선) 약관에서 정하고 있는 사항에 관하여 사업자와 고객이 약관의 내용과 다르게 합의한 사항이 있을 때에는 그 합의 사항은 약관보다 우선한다.

제5조(약관의 해석)

② 약관의 뜻이 명백하지 아니한 경우에는 고객에게 유리하게 해석되어야 한다.

제7조(면책조항의 금지) 계약 당사자의 책임에 관하여 정하고 있는 약관의 내용 중 다음 각 호의 어느 하나에 해당하는 내용을 정하고 있는 조항은 무효로 한다.

1. 사업자, 이행 보조자 또는 피고용자의 고의 또는 중대한 과실로 인한 법률상의 책임을 배제하는 조항

---

90) 대법원 2008. 12. 16.자 2007마1328 결정.
91) 대법원 2012. 6. 28. 선고 2010다57466 판결.

제17조(손해배상책임) 乙에게 발생한 손해가 甲 또는 그 이행보조자의 고의에 의하여 발생한 것이 아니라면 甲은 乙에 대하여 손해배상책임을 부담하지 아니한다.

2. 상당한 이유 없이 사업자의 손해배상 범위를 제한하거나 사업자가 부담하여야 할 위험을 고객에게 떠넘기는 조항

제10조(손해배상액의 제한) 고객이 상품을 수령한 후에는 상품 하자로 인한 손해가 발생하더라도 B는 손해액의 50%만 배상합니다.

제11조
피트니스센터를 이용하는 과정에서 고객에게 발생한 부상에 대하여 甲은 고객의 입원비와 수술비에 한하여 배상의 책임을 집니다.

주문 당시 X쇼핑몰의 화면에는 "해당 제품은 재고처분을 위하여 특가에 제공되는 것으로서, 배송 후에는 당사는 교환이나 환불 등 어떠한 책임도 지지 않습니다."라는 내용의 팝업창이 나타났다. A는 팝업창의 「동의」란에 클릭하고, 온라인으로 대금을 송금하였다.

3. 상당한 이유 없이 사업자의 담보책임을 배제 또는 제한하거나 그 담보책임에 따르는 고객의 권리행사의 요건을 가중하는 조항

제13조(교환조건)
③ 구매확정이 되었다면 당사에서 구입한 상품에 하자가 있더라도 교환요구를 할 수 없습니다.

4. 상당한 이유 없이 계약목적물에 관하여 견본이 제시되거나 품질·성능 등에 관한 표시가 있는 경우 그 보장된 내용에 대한 책임을 배제 또는 제한하는 조항

제8조(손해배상액의 예정) 고객에게 부당하게 과중한 지연 손해금 등의 손해배상 의무를 부담시키는 약관 조항은 무효로 한다.

제9조(계약의 해제·해지) 계약의 해제·해지에 관하여 정하고 있는 약관의 내용 중 다음 각 호의 어느 하나에 해당되는 내용을 정하고 있는 조항은 무효로 한다.
  1. 법률에 따른 고객의 해제권 또는 해지권을 배제하거나 그 행사를 제한하는 조항

  2. 사업자에게 법률에서 규정하고 있지 아니하는 해제권 또는 해지권을 부여하여 고객에게 부당하게 불이익을 줄 우려가 있는 조항
  3. 법률에 따른 사업자의 해제권 또는 해지권의 행사 요건을 완화하여 고객에게 부당하게 불이익을 줄 우려가 있는 조항

  4. 계약의 해제 또는 해지로 인한 원상회복의무를 상당한 이유 없이 고객에게 과중하게 부담시키거나 고객의 원상회복 청구권을 부당하게 포기하도록 하는 조항
  5. 계약의 해제 또는 해지로 인한 사업자의 원상회복의무나 손해배상의무를 부당하게 경감하는 조항
  6. 계속적인 채권관계의 발생을 목적으로 하는 계약에서 그 존속기간을 부당하게 단기 또는

장기로 하거나 묵시적인 기간의 연장 또는 갱신이 가능하도록 정하여 고객에게 부당하게 불이익을 줄 우려가 있는 조항

제10조(채무의 이행) 채무의 이행에 관하여 정하고 있는 약관의 내용 중 다음 각 호의 어느 하나에 해당하는 내용을 정하고 있는 조항은 무효로 한다.

1. 상당한 이유 없이 급부(給付)의 내용을 사업자가 일방적으로 결정하거나 변경할 수 있도록 권한을 부여하는 조항

★ 2019 기출 지문

제30조(사은품 제공)
② 회사가 고객에게 제공하는 사은품은 해당 품목의 수급사정 등에 따라 임의로 동일 가격대의 다른 품목으로 변경될 수 있습니다.

★ 2013 기출 지문

[인터넷 클릭 연결 화면] * 무료 회원으로 가입한 후 1년이 지났음에도 가입자가 달리 해지통보를 하지 않으면 자동으로 유료로 전환됩니다.

★ 2012 기출 지문

제8조(할부수수료율의 변경) 경제사정의 변동이 있는 경우 B는 할부수수료율을 최초에 약정한 할부수수료율의 50% 범위 이내에서 변경할 수 있다.

---

2. 상당한 이유 없이 사업자가 이행하여야 할 급부를 일방적으로 중지할 수 있게 하거나 제3자에게 대행할 수 있게 하는 조항

제11조(고객의 권익 보호) 고객의 권익에 관하여 정하고 있는 약관의 내용 중 다음 각 호의 어느 하나에 해당하는 내용을 정하고 있는 조항은 무효로 한다.

1. 법률에 따른 고객의 항변권(抗辯權), 상계권(相計權) 등의 권리를 상당한 이유 없이 배제하거나 제한하는 조항

2. 고객에게 주어진 기한의 이익을 상당한 이유 없이 박탈하는 조항

3. 고객이 제3자와 계약을 체결하는 것을 부당하게 제한하는 조항

4. 사업자가 업무상 알게 된 고객의 비밀을 정당한 이유 없이 누설하는 것을 허용하는 조항

제12조(의사표시의 의제) 의사표시에 관하여 정하고 있는 약관의 내용 중 다음 각 호의 어느 하나에 해당하는 내용을 정하고 있는 조항은 무효로 한다.

1. 일정한 작위(作爲) 또는 부작위(不作爲)가 있을 경우 고객의 의사표시가 표명되거나 표명되지 아니한 것으로 보는 조항. 다만, 고객에게 상당한 기한 내에 의사표시를 하지 아니하면 의사표시가 표명되거나 표명되지 아니한 것으로 본다는 뜻을 명확하게 따로 고지한 경우이거나 부득이한 사유로 그러한 고지를 할 수 없는 경우에는 그러하지 아니하다.

2. 고객의 의사표시의 형식이나 요건에 대하여 부당하게 엄격한 제한을 두는 조항

3. 고객의 이익에 중대한 영향을 미치는 사업자의 의사표시가 상당한 이유 없이 고객에게

도달된 것으로 보는 조항

   4. 고객의 이익에 중대한 영향을 미치는 사업자의 의사표시 기한을 부당하게 길게 정하거나 불확정하게 정하는 조항

제13조(대리인의 책임 가중) 고객의 대리인에 의하여 계약이 체결된 경우 고객이 그 의무를 이행하지 아니하는 경우에는 대리인에게 그 의무의 전부 또는 일부를 이행할 책임을 지우는 내용의 약관 조항은 무효로 한다.

제14조(소송 제기의 금지 등) 소송 제기 등과 관련된 약관의 내용 중 다음 각 호의 어느 하나에 해당하는 조항은 무효로 한다.

   1. 고객에게 부당하게 불리한 소송 제기 금지 조항 또는 재판관할의 합의 조항

★ 2015 기출 지문

> 제11조(분쟁해결방법) 상품 하자로 인한 손해배상 분쟁은 중재로 해결해야 하며 법원에 소를 제기할 수 없습니다.

★ 2015 기출 지문

> 제10조(할부금의 연체)
> ③ 회사가 위 제2항에 따라 본 계약을 해제하는 경우, 고객은 회사를 상대로 소를 제기할 수 없습니다.

---

   2. 상당한 이유 없이 고객에게 입증책임을 부담시키는 약관 조항

제16조(일부 무효의 특칙) 약관의 전부 또는 일부의 조항이 제3조제4항에 따라 계약의 내용이 되지 못하는 경우나 제6조부터 제14조까지의 규정에 따라 무효인 경우 계약은 나머지 부분만으로 유효하게 존속한다. 다만, 유효한 부분만으로는 계약의 목적 달성이 불가능하거나 그 유효한 부분이 한쪽 당사자에게 부당하게 불리한 경우에는 그 계약은 무효로 한다.

제19조의3(표준약관) ④ 공정거래위원회는 사업자 및 사업자단체가 제3항의 권고를 받은 날부터 4개월 이내에 필요한 조치를 하지 아니하면 관련 분야의 거래당사자 및 소비자단체등의

의견을 듣고 관계 부처의 협의를 거쳐 표준이 될 약관을 제정 또는 개정할 수 있다.

★ 2020 기출 지문
피트니스센터 이용 약관을 둘러싸고 소비자 피해가 다수 야기되어 그로 인한 피해를 방지하기 위하여 표준약관이 필요한 경우에 공정거래위원회가 직접 표준약관을 제정하게 되는 요건에 관하여 설명하시오. (10점)

제3장 소비자기본법

1. 조문

(1) 사업자와 정부의 책무 등

제19조(사업자의 책무) ① 사업자는 물품등으로 인하여 소비자에게 생명·신체 또는 재산에 대한 위해가 발생하지 아니하도록 필요한 조치를 강구하여야 한다.

⑤ 사업자는 물품등의 하자로 인한 소비자의 불만이나 피해를 해결하거나 보상하여야 하며, 채무불이행 등으로 인한 소비자의 손해를 배상하여야 한다.

제49조(수거·파기 등의 권고 등) ① 중앙행정기관의 장은 사업자가 제공한 물품등의 결함으로 인하여 소비자의 생명·신체 또는 재산에 위해를 끼치거나 끼칠 우려가 있다고 인정되는 경우에는 그 사업자에 대하여 당해 물품등의 수거·파기·수리·교환·환급 또는 제조·수입·판매·제공의 금지 그 밖의 필요한 조치를 권고할 수 있다.

제50조(수거·파기 등의 명령 등) ① 중앙행정기관의 장은 사업자가 제공한 물품등의 결함으로 인하여 소비자의 생명·신체 또는 재산에 위해를 끼치거나 끼칠 우려가 있다고 인정되는 경우에는 대통령령이 정하는 절차에 따라 그 물품등의 수거·파기·수리·교환·환급을 명하거나 제조·수입·판매 또는 제공의 금지를 명할 수 있고, 그 물품등과 관련된 시설의 개수(改修) 그 밖의 필요한 조치를 명할 수 있다.

> ★ 2016 기출 지문
> C사의 '파워 정' 제품을 구매하여 복용한 다른 소비자들에게도 A의 경우와 유사한 부작용이 발생하자 한국소비자원에서 해당 제품에 대한 시험·검사를 실시하였다. 그 결과 '파워정' 제품에는 인체에 치명적으로 유해한 성분이 포함되어 있는 것으로 판명되었다. 이 경우 「소비자기본법」상 C사가 취해야 할 조치와 중앙행정기관의 장이 취할 수 있는 조치는 무엇인지를 설명하시오.
> (20점)

(2) 분쟁해결제도

제68조(분쟁조정의 특례) ① 제65조제1항의 규정에 불구하고, 국가·지방자치단체·한국소비자

원·소비자단체·소비자 또는 사업자는 소비자의 피해가 다수의 소비자에게 같거나 비슷한 유형으로 발생하는 경우로서 대통령령이 정하는 사건에 대하여는 조정위원회(='한국소비자원의 소비자분쟁조정위원회)에 일괄적인 분쟁조정(=집단분쟁조정)을 의뢰 또는 신청할 수 있다.

> ◑ **시행령 제56조(집단분쟁조정의 신청대상)** 법 제68조제1항에서 "대통령령이 정하는 사건"이란 다음 각 호의 요건을 모두 갖춘 사건을 말한다.
>   1. 물품등으로 인한 피해가 같거나 비슷한 유형으로 발생한 소비자 중 다음 각 목의 자를 제외한 소비자의 수가 50명 이상일 것 (★ 2021, 2014 기출)
>   가. 법 제31조제1항 본문에 따른 자율적 분쟁조정, 법 제57조에 따른 한국소비자원 원장의 권고, 그 밖의 방법으로 사업자와 분쟁해결이나 피해보상에 관한 합의가 이루어진 소비자
>   나. 제25조 각 호의 분쟁조정기구에서 분쟁조정이 진행 중인 소비자
>   다. 해당 물품등으로 인한 피해에 관하여 법원에 소(訴)를 제기한 소비자
>   2. 사건의 중요한 쟁점이 사실상 또는 법률상 공통될 것 (★ 2021 기출)

제70조(단체소송의 대상등) 다음 각 호의 어느 하나에 해당하는 단체는 사업자가 제20조의 규정을 위반하여 소비자의 생명·신체 또는 재산에 대한 권익을 직접적으로 침해하고 그 침해가 계속되는 경우 법원에 소비자권익침해행위의 금지·중지를 구하는 소송(= 단체소송)을 제기할 수 있다.

1. 제29조의 규정에 따라 공정거래위원회에 등록한 소비자단체로서 다음 각 목의 요건을 모두 갖춘 단체
  가. 정관에 따라 상시적으로 소비자의 권익증진을 주된 목적으로 하는 단체일 것
  나. 단체의 정회원수가 1천명 이상일 것
  다. 제29조의 규정에 따른 등록 후 3년이 경과하였을 것
2. 제33조에 따라 설립된 한국소비자원
3. 「상공회의소법」에 따른 대한상공회의소, 「중소기업협동조합법」에 따른 중소기업협동조합중앙회 및 전국 단위의 경제단체로서 대통령령이 정하는 단체
4. 「비영리민간단체 지원법」 제2조의 규정에 따른 비영리민간단체로서 다음 각 목의 요건을 모두 갖춘 단체
  가. 법률상 또는 사실상 동일한 침해를 입은 50인 이상의 소비자로부터 단체소송의 제기를

요청받을 것 (★ 2021, 2014 기출)

　　나. 정관에 소비자의 권익증진을 단체의 목적으로 명시한 후 최근 3년 이상 이를 위한 활동 실적이 있을 것

　　다. 단체의 상시 구성원수가 5천명 이상일 것

　　라. 중앙행정기관에 등록되어 있을 것

★ 2021 기출 지문

A가 甲회사의 인터넷 쇼핑몰 게시판을 살펴보니 자신과 같이 액세서리의 환불요청을 하였으나 환불 받지 못한 소비자가 80여 명이 있다는 사실을 알게 되었다. 이들이 「소비자기본법」상 집단으로 분쟁을 해결할 수 있는 방안을 설명하시오. (10점)

★ 2014 기출 지문

X쇼핑몰에서 구매한 Y유모차의 이음새 하자로 바퀴가 떨어져 나간 사례가 다수 발생한 경우, Y유모차의 구매자들이 「소비자기본법」상 집단적으로 피해구제를 받을 수 있는 수단을 설명하시오. (20점)

---

2. 법전 찾기 연습

- 국가·지방자치단체 책무(6조)
- 소비자안전조치 관련 결함정보 보고(47조, 시행령 34조), 자진수거(48조, 시행령 36조)
- 소비자분쟁해결(16조, 시행령 8조), 소비자단체 합의 권고(28조 1항 5호), 소비자단체협의체 자율 분쟁조정(31조, 시행령 24조), 한국소비자원 소비자분쟁조정위원회 분쟁조정(65조 1항)
- 집단분쟁조정(68조, 시행령 56조), 소비자단체소송(70조 내지 75조, 시행령 63조)

경/제/법

제3편

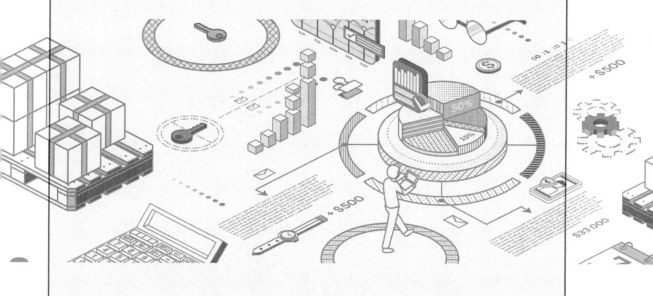

기출 답안 가이드 해설

• 제1문: 공정거래법 해설 • 제2문: 소비자 5개 법률 해설

제3편 기출 답안 가이드 해설

☑ 경제법 시험의 가장 효율적인 대비는 기출 답안 해설에 나오는 판례는 모두 암기하고 법전에서 조문을 직접 찾아보면서 기출 문제를 완벽하게 습득하는 것이다.

☑ 답안 가이드는 수험생 입장을 고려하여 득점 포인트를 추려서 서술형으로 간명하게 작성하였고, '수험생 입장에서 문제 사안을 읽고 불분명하다고 생각할 수 있는 부분'은 필요한 전제를 제시하고 결론을 도출하였다.

☑ 수험생의 실제 답안 표현 방식과 구성이 답안 가이드와 달라도, 핵심 내용이 서술되어 있으면 득점에 아무 문제가 없다.

제1문: 공정거래법 해설

[2012년] 시지남용, 부당공동

국내에서 소비재 X를 제조·판매하는 사업자는 A, B, C, D뿐이다(관련 지역시장은 '국내시장', 관련 상품시장은 'X의 제조·판매시장'으로 가정한다). A, B, C, D의 2010년 X의 국내매출액은 각각 5,000 억 원, 2,500억 원, 2,000억 원, 500억 원이다. 현재까지 X는 수입이 안 되고 있고, 다른 사업자 들의 신규 진입도 용이하지 않다. 최근 A가 X를 공급하는 데 필요한 비용이 10% 상승하였고, B, C, D 역시 X의 공급에 필요한 비용이 유사한 비율로 상승하였다. A, B, C, D 모두 눈치만 보고 있던 중 시장점유율이 가장 높은 A의 대표이사가 B와 C의 대표이사와 회합을 하고 자신의 가격인상 계획을 밝히면서 동참해줄 것을 요청하였다. 이에 대하여 B와 C의 대표이사는 잠자코 듣기만 하였다. 그 후 A는 X의 판매가격을 30% 인상하였고, 1주일 후 B와 C 역시 각각 29%, 28% 판매가격을 인상하였다. B와 C가 가격을 인상한 1주일 후 D 역시 X의 판매가격을 20% 인상하였다. 그로부터 한 달이 지난 2011. 6. 1. 소비자단체 Z가 공정거래위원회에 위 행위를 신고하였다.

1. 시장지배적 지위의 남용금지와 관련하여 아래의 질문에 답하시오.

   (1) A가 독점규제 및 공정거래에 관한 법률(이하, '독점규제법')상 시장지배적 사업자에 해당하 는지를 설명하시오. (15점)

   > - 2조 3호의 시장지배적사업자 정의, 6조 1호의 추정 기준을 기술.
   > - A의 시장점유율이 50%이고 연간매출액이 2500억 원이므로, 법 6조 1호에 따라 시장지배적사 업자로 추정된다. X 수입이 안 되고 있고 다른 사업자들의 신규 진입도 용이하지 않으므로, 높은 진입장벽이 존재한다.
   > - 따라서 A는 시장지배적사업자에 해당한다.

   (2) A가 독점규제법상 시장지배적 사업자라고 가정할 경우, A의 가격인상 행위가 동법상 시장지배적 지위의 남용행위에 해당하는지를 설명하시오. (20점)

1. 쟁점
- 법 5조 1항 1호의 부당한 가격결정, 시행령 9조 1호의 '정당한 이유없이 가격을 공급에 필요한 비용의 변동에 비하여 현저하게 상승시키는 경우'에 해당되는지 여부가 문제된다.

2. 사안의 해결
(※ TIP: 사안에서 불분명하다고 생각되는 부분은 필요한 전제를 제시하고 답안 작성)
- X 공급비용은 10% 상승되었는데, 판매가격은 30% 인상되었으므로, 시행령 9조 1호의 현저성 요건을 충족한다고 볼 수 있다.
- X 공급비용 증가 외에도 기타 전반적인 비용증가로 인해 30%의 가격인상을 정당화 할 수 있는 사정이 인정되면, 시장지배적지위남용에 해당하지 않을 것이다.
- 만약 위 사안에서 A의 가격인상이 법 40조 1항 1호가 금지하는 가격담합을 실행하기 위한 것이라면, 정당한 이유가 없으므로 시장지배적지위남용에 해당된다고 볼 수 있다.

2. 부당한 공동행위의 금지와 관련하여 아래 질문에 답하시오.
 (1) A, B, C의 행위가 독점규제법상 부당한 공동행위에 해당하는지를 설명하시오. (35점)

1. 쟁점
- A, B, C의 행위가 40조 1항 1호의 부당공동행위에 해당하는지가 문제된다.

2. 관련 법령 및 판례
(1) 40조 1항 1호에 따르면, 사업자는 다른 사업자와 공동으로 부당하게 경쟁을 제한하는 "가격을 결정·유지 또는 변경하는 행위"를 할 것을 합의하여서는 아니 된다.

(2) 부당한 가격담합 성립 요건 판례
① 합의의 존재
- 2이상 사업자의 의사연결 상호성에 의한 명시적 또는 묵시적 합의가 있어야 한다. 암묵적 요해에 의한 합의도 성립한다.
② 경쟁제한성 및 부당성
- 경쟁제한성 여부는 상품의 특성 등 여러 사정을 고려하여 관련시장에서 가격 등의 결정에 영향을 미치거나 미칠 우려가 있는지를 살펴 개별적으로 판단한다.
- 가격담합은 그 범위 내에서 가격경쟁을 감소시킴으로써 가격 결정에 영향을 미치거나 미칠 우려가 있는 상태를 초래하므로 원칙적으로 부당하다.
- 단, 법적용 예외 사유가 있거나 경제전반의 효율성 증대로 인한 친경쟁 효과가 매우 큰 경우 등 특별사정이 있는 경우에는 부당하지 않다.

3. 사안의 해결

(※ TIP: 사안에서 불분명한 부분은 필요한 전제를 제시하고 답안을 작성)

① 합의

- 가격인상 폭이 30%, 29%, 28%이므로 행위의 외형상 일치는 인정될 수 있지만, B, C는 침묵하였으므로 명시적 합의는 없다.

- 그런데 B, C의 가격인상율이 비용 인상률 10%에 비해 현저히 높기 때문에, B, C의 침묵이 '암묵적 요해'로 인정되면 묵시적 합의를 인정할 수 있다.

② 경쟁제한성 및 부당성

- A, B, C의 행위가 묵시적 합의에 의한 가격담합으로 인정되면, 경쟁제한성이 인정되며, 사안에서 법 적용 예외 사유가 없고 경제전반의 효율성 증대 효과도 없으므로, 부당성도 인정된다.

③ 결론

- A의 제안에 대한 B, C의 암묵적 요해가 인정되면, 40조 1항 1호의 부당공동행위가 성립한다.

- 그러나 B, C의 가격인상이 비용상승분을 반영한 독자적 가격인상이라면, 의사연결 상호성이 없으므로 40조 1항 1호의 부당공동행위가 성립하지 않는다.

(2) D의 경우에도 부당한 공동행위의 '합의'가 인정되는지를 설명하시오. (10점)

- D는 비용상승으로 인해 독자적으로 가격을 인상할 합리적 이유가 있고, D와 A, B, C 사이에 회합 등 어떠한 의사연락 증거도 없으므로 암묵적 요해나 묵시적 합의를 인정할 수 없다.

- D의 경우 부당공동행위의 '합의'가 인정되지 않는다.

[2013년] 부당공동, 불공정거래, 재판매가격유지

A, B, C, D는 국내에서 소비재인 Y 상품을 제조·판매하는 사업자(관련 시장은 국내 Y 제조·판매 시장으로 전제하고, 이에 대하여 논하지 말 것)로 시장점유율이 각각 A 40%, B 30%, C 20%, D 10%이다. C와 D는 Y 상품의 단위당 생산비용을 절감하기 위한 목적으로 계약기간을 10년으로 하여 Y 상품의 제조에 필요한 부품 Z(이는 Y 상품의 제조에만 사용되는 부품이라고 가정한다)를 공동으로 구매하기로 하는 계약(이하 '공동구매계약'이라 함)을 체결하였다. A는 계열회사로부터 부품 Z를 전량 공급받고 있으나, B, C, D는 10여 개 중소기업으로부터 공급받는 방식으로 이를 조달하여 왔는데, 부품 Z의 해외가격은 국내가격보다 낮아서 수출이 곤란하고, 운송비용이 커서 수입역시 이루어지지 않고 있다. 또한 C와 D는 Y 상품의 도매가격을 10,000원 이상으로 유지하기로 합의하였다. 한편, C는 자신의 유통업체들과 Y 상품에 대한 공급계약을 체결하면서 유통업체들이 Y 상품을 소비자들에게 12,000원 이하로 판매하지 못하도록 하고, 이를 위반할 경우 C가 계약을 해지할 수 있는 권한을 갖도록 하는 약정을 포함하였다.

1. C와 D 사이의 공동구매계약이 독점규제 및 공정거래에 관한 법률(이하 '독점규제법'이라 함)상 부당한 공동행위에 해당되는지를 설명하시오. (40점)

> **1. 쟁점**
> - 40조 1항 7호의 부당공동행위에 해당하는지 여부가 문제된다.
>
> **2. 관련법령 및 판례**
> (1) 40조 1항 7호 기술.
> (2) 판례에 의하면, 40조 1항의 부당공동행위가 성립하기 위해서는 합의, 경쟁제한성, 부당성이 인정되어야 한다. 어떤 공동행위가 경쟁제한효과 외에 비용감소 및 소비자후생 증가 등 경쟁촉진효과도 함께 가져오는 경우에는 양자를 비교·형량하여 경쟁제한성 여부를 판단한다.
>
> **3. 사안의 해결**
> - C와 D 사이의 '계약'이므로 명시적 합의가 성립한다.
> - C와 D의 공동구매계약은 Y 상품의 단위당 생산비용을 절감하기 위한 목적, 즉 효율성 증진을 위한 것이고, 사안에서 가격인상 우려 등 경쟁제한성이 없다.
> - 따라서 부당공동행위에 해당하지 않는다.

2. C와 D 사이의 Y 상품에 대한 도매가격의 합의가 독점규제법 제40조 제1항 각 호에 정한 부당한 공동행위의 유형 중 어느 유형에 해당할 수 있는가? 또한 그 유형에 해당한다고 할 경우 이를 위법하다고 볼 수 있는지를 설명하시오. (20점)

> ### 1. 행위 유형
> - 40조 1항 1호에 따르면, 사업자는 다른 사업자와 공동으로 부당하게 경쟁을 제한하는 "가격을 결정·유지 또는 변경하는 행위"를 할 것을 합의하여서는 아니 된다. 따라서 C와 D 사이의 도매가격 합의는 40조 1항 1호의 가격담합 유형에 해당한다.
>
> ### 2. 부당한 가격담합 성립 요건 판례 및 사안의 해결
> - 판례에 의하면, C와 D의 도매가격 합의는 가격담합이므로 그 범위에서 경쟁제한성이 인정되고 원칙적으로 부당하다. 사안에서 법 적용제외 사유가 없고 경제전반의 효율성 증대 등 특별한 사정이 없다.
> - 따라서 C와 D의 도매가격 합의는 40조 1항 1호의 부당공동행위이므로 위법하다.

3. C가 그 유통업체들과 사이의 약정에 근거하여 Y 상품을 12,000원 이하로 판매한 유통업체들과의 계약을 실제로 해지하였다면, 이러한 행위가 독점규제법 제45조 제1항의 불공정거래행위에 해당되는지를 설명하시오. (단, 독점규제법 제45조 제1항 제6호 해당 여부는 논하지 말 것) (20점)

> ### 1. 쟁점
> - 법 45조 1항 1호의 부당한 거래거절, 시행령 <별표 2> 1호 나목의 단독 거래거절에 해당하는지 여부가 문제된다.
>
> ### 2. 부당성 판단기준 판례
> - 법이 금지하는 목적 달성을 위해 실효성을 확보하기 위한 수단으로 행해진 거래거절은 부당하다.
>
> ### 3. 사안의 해결
> - 46조에 의하면 재판매가격유지는 원칙적으로 위법하며, C의 계약 해지는 위법한 재판매가격유지를 위한 계약해지로서 계속적 거래관계 중단에 해당한다.
> - 12,000원 이하 판매금지라는 재판매가격유지에 46조 1호의 정당한 이유가 없다면, C의 계약해지는 부당한 거래거절에 해당한다.

[2014년] 부당공동, 사업자단체

국내에서 자전거를 제조하는 회사(이하,'자전거 제조사')는 모두 15개이다. 15개 자전거 제조사들은 공동의 이익 증진을 위하여 자전거제조사협회를 설립하여 모두 회원으로 활동하고 있다. A는 국내 자전거 제조시장(관련시장은 국내 자전거 제조시장으로 전제함)에서 시장점유율 1위인 사업자로서 30%의 시장점유율을 가지고 있고, B는 12%, C는 10%의 시장점유율을 차지하고 있다. D를 포함한 나머지 12개 사업자들은 각각 4%의 시장점유율을 가지고 있다.

2012년경 원자재 가격이 급격히 상승함에 따라서 모든 자전거 제조사들은 큰 폭의 적자를 보고 있었다. 이러한 문제를 해소하기 위하여 A, B, C는 2013. 1. 5. 모임을 가지고 자전거 판매가격을 최소 10% 이상 인상하기로 합의하였다. C는 자전거 판매가격을 인상할 의사가 없었지만, 위 모임에 참석하여 가격인상에 동의하였다. 며칠 후 A는 자전거 판매가격을 10% 인상하였고, B는 8% 인상하였다. C는 원래부터 자전거 판매가격을 인상할 의사가 없었기 때문에 가격을 인상하지 않았다.

한편, A는 자전거제조사협회에 대하여 다른 자전거 제조사들도 가격을 인상하도록 협회 차원에서 조치를 취해 달라고 요청하였다. 이에 자전거제조사협회는 2013. 2. 1. 자전거 판매가격을 10% 인상하기로 결의하였고, 이를 모든 회원사에 통지하였다. A, B, C 이외의 나머지 12개 제조사들 중에서 11개사(이하, '기타 11개 제조사들')는 자전거 판매가격을 8~9% 인상하였으나, D는 가격을 인상하지 않았다.

1. 「독점규제 및 공정거래에 관한 법률」(이하 '공정거래법')상 부당한 공동행위와 관련하여 다음의 질문에 답하시오.

   (1) A, B의 행위가 부당한 공동행위에 해당하는지를 설명하시오. (30점)

   ---
   1. 쟁점
   - A, B의 행위가 40조 1항 1호의 부당공동행위에 해당하는지가 문제된다.

   2. 관련법령 및 판례
   (1) 40조 1항 1호에 따르면, 사업자는 다른 사업자와 공동으로 부당하게 경쟁을 제한하는 "가격을 결정·유지 또는 변경하는 행위"를 할 것을 합의하여서는 아니 된다.
   ---

(2) 부당한 가격담합 성립 요건 판례

① 합의의 존재

- 2이상 사업자의 의사연결 상호성에 의한 명시적 또는 묵시적 합의가 있어야 한다. 실행행위가 없어도 합의만으로 가격담합이 성립한다.

② 경쟁제한성 및 부당성

- 경쟁제한성 여부는 상품의 특성 등 여러 사정을 고려하여 관련시장에서 가격 등의 결정에 영향을 미치거나 미칠 우려가 있는지를 살펴 개별적으로 판단한다.

- 가격담합은 그 범위 내에서 가격경쟁을 감소시킴으로써 가격 결정에 영향을 미치거나 미칠 우려가 있는 상태를 초래하므로 원칙적으로 부당하다.

- 단, 법적용 예외 사유가 있거나 경제전반의 효율성 증대로 인한 친경쟁 효과가 매우 큰 경우 등 특별사정이 있는 경우에는 부당하지 않다.

3. 사안의 해결

- A, B의 합의는 가격인상에 관한 것이므로 관련시장에서 경쟁제한성이 인정되며, 사안에서 법적용 예외사유가 없고 경제전반의 효율성 증대도 없으므로 부당성이 인정된다.

- 따라서 B가 합의 내용인 10% 인상과 달리 8%만 인상했더라도, A, B 행위는 법 40조 1항 1호의 부당공동행위에 해당한다.

(2) C의 행위가 부당한 공동행위에 해당하는지를 설명하시오. (10점)

- 판례에 의하면, 부당공동행위는 합의만으로 성립하고, 비진의의사표시에 의한 합의도 부당공동행위에 해당된다.

- C의 행위는 비진의의사표시에 의한 가격결정 합의에 해당한다. 따라서 C가 실제로 가격 인상하지 않았더라도, C의 행위는 경쟁제한성과 부당성이 인정되므로 40조 1항 1호의 부당공동행위에 해당한다.

2. 공정거래법상 사업자단체의 금지행위와 관련하여 다음의 질문에 답하시오.

(1) 자전거제조사협회의 행위가 공정거래법 제51조 제1항 제1호의 금지행위에 해당하는지를 설명하시오. (25점)

1. 쟁점

- 자전거제조사협회의 행위가 51조 1항 1호의 금지행위, 즉 법 40조 1항 1호의 가격담합에 해당하는지 여부가 문제된다.

2. 관련법령 및 판례

- 2조 2호의 사업자단체 정의, 26조 1항 1호, 40조 1항 1호 서술.
- 판례에 의하면, 40조 1항 1호의 가격담합은 그 성격상 경쟁제한성만 있으므로 법적용 예외 사유나 경제전반의 효율성증대 등 특별 사정이 없는 한 부당성이 인정된다.

3. 사안의 해결

- 15개 자전거 제조사들이 공동의 이익 증진을 위하여 자전거제조사협회는 2조 사업자단체에 해당한다.
- 자전거제조사협회의 10% 가격인상 결의와는 달리 기타 11개 제조사들이 가격을 8-9% 공동으로 인상했더라도, 40조 1항 1호의 가격담합에 해당한다.
- 사안에는 법적용 예외 사유나 경제전반의 효율성증대 등 특별 사정이 없다.
- 따라서 자전거제조사협회의 행위는 51조 1항 1호의 사업자단체 금지행위에 해당된다.

(2) 기타 11개 제조사들 및 D에 대하여 공정거래위원회가 제재조치를 취할 수 있는지를 그 근거와 함께 설명하시오. (15점)

1. 기타 11개 제조사들의 경우

- 27조에 따라서 공정위는 시정조치(가격인상행위의 중지, 시정명령을 받은 사실의 공표 기타 시정을 위한 필요한 조치)를 할 수 있다.
- 28조 2항에 따라서 공정위는 과징금 납부 명령을 할 수 있다.

2. D의 경우

- 구성사업자이지만 가격담합을 하지 않았으므로, D에 대해서는 제재조치를 취할 수 없다.

[2015년] 시지남용, 불공정거래, 기업결합

A사는 국내에서 컴퓨터를 제조하는 사업자이다. 국내에서 컴퓨터를 제조하는 사업자로는 A사, B사, C사, D사가 있고, 시장점유율은 A사 40%, B사 30%, C사 20%, D사 10%이다(관련시장은 '국내 컴퓨터 공급시장'으로 가정한다). A사는 자신이 제조한 컴퓨터를 별개의 사업자인 소매업체를 통해 판매하는데, 소매업체들은 A사의 제품뿐 아니라 다른 컴퓨터 제조업체들의 제품도 판매하여 왔다. A사가 거래하는 소매업체들은 국내 전체 컴퓨터 판매 매출액의 70%를 차지하고 있다. A사는 오랜 기술개발 끝에 컴퓨터 X를 시중에 출시하면서 자사의 컴퓨터 X를 판매하는 모든 소매업체에 A사와 경쟁관계에 있는 컴퓨터 제조사가 생산하는 유사한 사양의 컴퓨터를 취급하지 말도록 요청하면서, 이를 준수하지 않는 경우 해당 소매업체에 A사가 생산하는 모든 컴퓨터의 공급을 중단할 것이라고 통보하였다. 그에 따라 A사와 거래하는 소매업체들은 컴퓨터 X와 유사한 사양의 D사 컴퓨터 판매를 중단하였다. 그로 인해 D사의 컴퓨터 매출액이 크게 감소하였고, D사는 가뜩이나 좋지 않은 재무상황이 더 나빠져 도산하게 되었다.

1. 「독점규제 및 공정거래에 관한 법률」(이하, '공정거래법')상 A사의 행위에 관하여 다음의 질문에 답하시오.
   (1) A사의 행위가 시장지배적 지위 남용행위에 해당하는지를 설명하시오(단, 공정거래법 제5조 제1항 제3호 및 동법 시행령 제5조 제3항의 해당 여부는 논하지 말 것). (30점)

---

1. 쟁점
- A사의 행위가 법 5조 1항 5호 전단, 시행령 9조 5항 2호의 부당한 배타조건부거래에 해당하는지 여부가 문제된다.

2. A가 시장지배적사업자인지 여부
- A, B, C 시장점유율 합계가 90%이므로 A는 6조 2호에 따라 시장지배적사업자로 추정되고, A는 C, D보다 상대적 규모가 크다. 따라서 A는 2조 3호의 시장지배적사업자에 해당한다.

3. 부당성 판단기준 판례
- 시장지배적사업자가 관련시장을 독점할 의도 또는 경쟁제한의도를 갖고 관련시장에서 가격상 승, 산출량 감소, 혁신저해, 유력 경쟁자 수 감소, 다양성 감소 등과 같은 경쟁제한효과를 초래할 우려가 있는 배타조건부거래 행위를 하면 부당성이 인정되고, 공정위가 실제로 경쟁제한효과가

초래되었음을 증명하면 경쟁제한의도는 사실상 추정된다. 배타조건부거래의 경우 봉쇄정도 등 여러 사정을 종합적으로 고려한다.

4. 사안의 해결
(※ TIP: 사안에서 D가 유력 경쟁자인지 여부, D의 퇴출로 인한 다양성 감소 여부가 명확하지 않으므로 2개 전제를 제시하고 답안 작성)
- (1) D가 유력 경쟁자라면 '유력 경쟁자의 數 감소'라는 경쟁제한효과가 초래되었으므로, 경쟁제한의도가 사실상 추정된다. 따라서 A사의 행위는 시장지배적지위남용에 해당한다
- (2) D가 유력 경쟁자가 아니라면, D의 퇴출로 인해 관련시장에서 가격상승 등 다른 경쟁제한효과가 증명되어야, 이로부터 경쟁제한의도가 사실상 추정되어 A사의 행위를 시장지배적지위남용이라고 할 수 있다.

(2) A사의 행위가 불공정거래행위 중 구속조건부 거래행위에 해당하는지를 설명하시오. (20점)

1. 쟁점
- 법 45조 1항 7호의 부당한 구속조건부 거래, 시행령 <별표 2> 7호 가목의 부당한 배타조건부거래에 해당하는지 여부가 문제된다.

2. 부당성 판단기준 판례
- 부당성 여부는 관련시장에서 경쟁자 배제 우려 등 경쟁제한성을 중심으로 판단하되, 거래처 선택자유 등 여러 사정을 고려한다.

3. 사안의 해결
- 사안에서 경쟁자 D가 퇴출되었고, 거래처 선택 자유도 제한되었으므로, 부당성이 인정된다.
- 따라서 A사의 행위는 부당한 구속조건부거래 행위에 해당한다.

(3) 만약 A사의 행위가 불공정거래행위 중 구속조건부 거래행위에 해당한다면, 공정거래위원회가 A사에 대하여 어떤 행정처분을 할 수 있는지를 설명하시오. (10점)

- 49조에 따른 시정조치 설명.
- 50조에 따른 과징금납부명령 설명.

2. A사가 D사의 발행주식 전부(이하, '이 사건 주식')를 인수하는 경우 공정거래법상 기업결합의 제한과 관련하여 다음의 질문에 답하시오.

(1) A사의 이 사건 주식 인수가 공정거래법상 경쟁을 실질적으로 제한하는 기업결합으로 추정되는지를 설명하시오. (10점)

> - A의 주식인수는 다음과 같이 9조 4항 1호의 가, 나, 다목 요건을 충족한다.
> - ① 가목 요건: 기업결합 당사회사의 시장점유율 합계가 50%이므로 6조 1호의 시장지배적사업자 추정 요건에 해당된다.
> - ② 나목 요건: 기업결합 당사회사의 시장점유율 합계 50%는 당해 거래분야 1위이다.
> - ③ 다목 요건: 시장점유율의 합계 50%와 시장점유율이 제2위인 B사의 시장점유율 30%과의 차이인 20%가 그 시장점유율의 합계의 100분의 25 이상인 12.5% 이상이다.
> (※ TIP: 수식: 50% − 30% = 20%, 50% × 0.25 = 12.5%)
> - 따라서 A사의 주식인수는 경쟁을 실질적으로 제한하는 기업결합으로 추정된다.

(2) A사의 이 사건 주식 인수가 경쟁제한적이라고 가정할 때 공정거래법상 예외적으로 허용할 수 있는 기업결합에 해당하는지를 설명하시오. (10점)

> - 시행령 12조의4의 요건, 즉 ① D사와 기업결합하지 않으면 D사의 생산설비등이 당해시장에서 계속 활용되기 어렵다는 점과 ② 당해기업결합보다 경쟁제한성이 적은 다른 기업결합이 이루어지기 어렵다는 점을 A사가 증명하면, 법 9조 2항 2호에 따라 예외적으로 허용될 수 있는 기업결합에 해당한다.

[2016년] 부당공동, 불공정거래, 역외적용

A사는 자동차 타이어를 제조·판매하는 외국 사업자로서 프랑스에 본사를 두고 국내에는 아무런 자회사나 지사를 두지 않고 있다. A사는 국내 소비자에게는 국내 대리점들을 통하여 자동차 타이어를 판매하고 있다(관련 지역시장은 '국내시장', 관련 상품시장은 '자동차 타이어 소매시장'으로 가정한다). 국내 자동차 타이어 소매시장(국산, 수입산 모두 포함)은 A, B, C 3사의 과점체제인데 2015년 말을 기준으로 시장점유율은 A사 40%, B사 30%, C사 20%이다. 국내 자동차 타이어 소매시장의 규모는 연간 1조원 정도이다.

A사의 국내 대리점들은 모두 독립적인 전속 대리점들이며, 시설투자비 등 대리점 개설 비용이 크고, 대리점 계약기간은 10년(단, 계약기간 갱신 가능)이다. 최근 A사의 국내 대리점 간 경쟁이 치열하여 일부 대리점들은 원거리까지 광고전단지를 배포하는 등 공격적인 영업을 하고 있어, 상당수 대리점들은 A사에게 대리점별 영업구역을 정하여 줄 것을 요청하고 있다. 한편, 불경기가 계속되면서 A사의 국내매출액이 2014년 이후 급감하고 있다.

1. A사와 동사의 모든 국내 대리점들이 2016. 1. 5. 대리점별 영업구역을 정하고 이에 합의하였다면, 이러한 대리점들의 행위가 「독점규제 및 공정거래에 관한 법률」(이하, '공정거래법'이라 한다) 제40조 제1항 각호에 정한 부당한 공동행위의 유형 중 어느 유형에 해당할 수 있는가? 또한 그 유형에 해당한다고 할 경우 이를 위법하다고 볼 수 있는지를 설명하시오. (30점)

1. 쟁점
- 40조 1항 4호의 부당한 '거래지역제한' 합의에 해당하는지 여부가 문제된다.

2. 관련 법령 및 판례
(1) 40조 1항 4호 기술.
(2) 판례에 의하면, 경쟁제한성 여부는 여러 사정을 고려하여 당해 공동행위로 인하여 관련시장에 가격 등의 결정에 영향을 미치거나 미칠 우려가 있는지를 살펴 개별적으로 판단한다. 어떤 공동행위가 경쟁제한효과 외에 비용감소 및 소비자후생 증가 등 경쟁촉진효과도 함께 가져오는 경우에는 양자를 비교·형량하여 경쟁제한성 여부를 판단한다. 경쟁제한성이 인정되면 법 적용 예외 사유나 효율성 증대(친경쟁적 효과)와 같은 특별한 사정이 없으면 부당하다.

3. 사안의 해결
(※ TIP: 사안에서 명확하지 않은 부분은 필요한 전제를 제시하고 결론 도출)

- A사와 대리점들은 경쟁관계가 없으므로 이들 사이의 합의는 수직적 합의이고, 대리점들은 서로 경쟁관계에 있으므로 이들 사이의 합의는 수평적 합의이다.
- 경쟁자들 사이의 거래지역제한 합의는 관련시장의 경쟁을 제한하여 가격 등에 영향을 미칠 수 있으므로 경쟁제한성이 인정될 수 있다.
- 한편 대리점들 사이의 경쟁제한은 상표 내 경쟁제한이고, 사안에서는 A, B, C 사이의 상표 간 경쟁촉진효과가 상표 내 경쟁제한효과보다 큰지가 불분명하다.
- 대리점들이 거래지역제한 합의로 인한 상표 간 경쟁촉진효과가 상표 내 경쟁제한효과보다 더 크다는 점을 증명하지 못하면, 40조 1항 4호의 부당공동행위에 해당되어 위법하다고 볼 수 있다.
- 대리점들이 상표 간 경쟁촉진효과가 더 크다는 점을 증명하면, 위법하다고 볼 수 없다.

2. A사가 타이어 재고량이 적정수준을 초과하였음을 이유로 2015. 7.부터 국내 대리점들에게 전월 주문량 대비 5%의 물량을 10% 인하된 가격에 추가로 구입하도록 하였다면, A사의 이러한 행위가 공정거래법상 불공정거래행위의 유형 중 어느 유형에 해당할 수 있는가? 또한 그 유형에 해당한다고 할 경우 이를 위법하다고 볼 수 있는지를 설명하시오. (30점)

1. 쟁점
- 법 45조 1항 6호의 거래상 지위남용, 시행령 <별표 2> 6호 (가)목의 '구매의사 없는 상품 구매강제'에 해당되는지 여부

2. 관련법령 및 판례
(1) 법 45조 1항 6호, 시행령 <별표 2> 6호 (가)목 기술.
(2) 판례에 의하면, 거래상지위 여부는 계속적 거래관계, 전체적 사업능력 격차, 의존도 등을 고려하고, 부당성은 거래내용의 불공정을 의미한다.

3. 사안의 해결
(※ TIP: 사안에서 명확하지 않은 부분은 필요한 전제를 제시하고 결론 도출)
- 대리점은 시설투자비 등 개설 비용이 크고, 계약기간도 10년이므로, A 이외에 다른 대체거래선을 찾기 어려우므로, A의 거래상지위가 인정된다.
- 10% 인하 가격에도 불구하고 대리점들의 구매의사가 없었다면 강제성이 인정되고, 이 경우에는 구매의사 없는 상품 구매강제에 해당하므로 위법하다.

3. 위 질문 1.의 합의가 프랑스에서 이루어졌음을 전제로, A사에 대하여 공정거래법을 적용할 수 있는지, 적용할 수 있다면 그 근거는 무엇인지를 설명하시오. (20점)

1. 관련법령 및 판례

- 3조 서술.
- 판례에 따르면, 3조의 '국내시장에 영향'이란 국외 사업자가 외국에서 한 행위가 한국 시장에 직접적이고 상당하며 합리적으로 예측 가능한 영향을 의미하며, 여러 사정을 고려하여 판단하며, 국외 사업자들이 외국에서 한국 시장을 대상으로 가격담합을 하였다면, 특별 사정이 없는 한 가격담합은 한국시장에 영향을 미치므로, 40조 1항을 역외 적용할 수 있다.

3. 사안의 해결

- 프랑스에서 발생한 거래지역제한 합의가 한국 시장에 직접적이고 상당하며 합리적으로 예측 가능한 영향을 미치면, A사에 대해 40조 1항 4호를 역외적용할 수 있다.

※ TIP: 판례를 쓰면 20점 모두를 득점할 수 있다, 설령 판례를 몰라도 3조를 읽어 보면 외국에서 합의가 한국 국내시장에 영향, 즉 경쟁제한효과를 초래하면 부당공동행위 조항을 역외적용할 수 있음을 어렵지 않게 알 수 있다. 판례 언급 없이 3조를 직접 적용하여 답안을 작성하더라도 일정 점수는 득점할 수 있다.

[2017년] 불공정거래, 재판매가격유지, 부당공동/정당행위

甲, 乙, 丙, 丁(이하 '라면 4사'라 한다.)은 국내에서 라면을 제조·판매하는 사업자로서 대형마트, 대리점, 도매상 등을 통하여 라면을 공급하고 있는데, 대형마트를 통하여 판매되는 비중은 라면 4사 모두 80% 이상이다. A, B, C 3개의 대형마트(이하 '마트 3사'라 한다.)는 라면 4사로부터 라면 을 공급받아 소비자에게 판매하고 있는데, 대형마트를 통하여 판매되는 라면 4사의 라면 중 50% 이상은 A마트를 통하여 판매되고 있다. A마트는 개점 10주년 행사 명목으로 10일간 라면 가격을 10년 전 가격으로 인하하여 판매하기로 기획하였는데, 이는 B 및 C마트가 판매하는 가격에 비해 20% 이상 낮은 가격이었다. 광고를 통하여 A마트의 가격인하 행사를 알게 된 B 및 C마트는 그 행사로 인해 자신의 라면판매가 부진하게 될 것을 우려하여 라면 4사에 유통질서 확립을 위한 조치를 요청하였다. 이에 甲은 A마트에 대해 '소비자에게 판매하는 자사의 제품 가격을 권장가격 수준으로 유지하고, 만약 이를 준수하지 않을 경우 제품공급을 중단할 수 있음'을 통보하였다. 하지만 A마트는 예정대로 개점 10주년 행사를 진행하였고, 甲은 이를 이유로 A마트에 대한 라면 공급을 중단하였다.

乙은 도매상들에게 공급한 제품의 대금을 90일 만기의 어음으로 받고 있었다. 그런데 도매상 X가 영업부진으로 인하여 현재 대차대조표상 자본총계가 납입자본금보다 작은 상태이고, 乙에 대해서는 지난 1년간의 물품대금을 지급하지 못하고 있다. 이에 乙은 도매상 X에 대해 향후 공급 하는 라면제품부터는 그 대금 전액을 즉시 현금으로 결제할 것을 요구하였다.

한편, 라면 4사는 제품생산에 필요한 원료가격 및 인건비 등이 상승하자 자사의 라면가격을 각사 의 사정에 따라 인상할 것을 고려하고 있었다. 이러한 사실을 알게 된 정부는 라면 4사의 대표들 을 불러 물가 안정을 위해 라면 가격 인상율을 5% 이내로 해줄 것을 요청하였다. 이에 라면 4사 대표는 식사 모임을 갖고, 그 자리에서 정부 시책에 따라 각사의 라면 공급 가격을 5% 인상하기 로 결정하였다.

1. 甲이 A마트에 대하여 '소비자에 대한 판매 가격을 권장가격 수준으로 유지할 것'을 요구한 행위가 「독점규제 및 공정거래에 관한 법률」(이하 '공정거래법'이라 한다.)상 부당한 재판매가 격유지행위에 해당하는지를 설명하시오. (25점)

> **1. 관련법령**
> - 46조에 따르면 재판매가격유지행위는 원칙적으로 금지되며, 46조 1호에 따르면 효율성 증대로

인한 소비자후생 증대효과가 경쟁제한으로 인한 폐해보다 큰 경우 등 정당한 이유가 있으면 부당하지 않다.

2. 정당한 이유의 증명책임
- 최저 재판매가격유지행위를 원칙적으로 금지한 구법 판례에 따르면 정당한 이유는 사업자가 증명해야 하며, 이를 반영한 46조 1호의 정당한 이유도 사업자가 증명해야 한다.

3. 사안의 해결
- 甲의 재판매가격유지행위는 가격인하를 방지하기 위한 것이므로 소비자후생 증진이라는 정당 이유가 없다.
- 따라서 甲의 행위는 부당한 재판매가격유지에 해당한다.

2. 다음 각 행위가 공정거래법 제45조 제1항의 불공정거래행위 중 어느 유형에 해당할 수 있는 지와 그 유형에 해당한다고 할 경우 이를 위법하다고 볼 수 있는지를 설명하시오. (단, 공정거 래법 제45조 제1항 제7호 및 제8호의 적용여부는 판단하지 아니함)

(1) 甲이 A마트에 대하여 라면 공급을 중단한 행위 (15점)

1. 쟁점
- 법 45조 1항 1호의 부당한 거래거절, 시행령 <별표 2> 1호 나목의 '단독 거래거절'에 해당하는 지 여부가 문제된다.

2. 관련법령 및 판례
(1) 법 45조 1항 1호, 시행령 <별표 2> 1호 나목 서술.
(2) 계속적 거래관계에서 단독거래거절이 ① 경쟁자 배제 목적으로 상대방 거래기회 박탈로 사업 활동 곤란 또는 경쟁 배제를 초래한 경우, ② 상대방의 사업활동을 곤란하게 할 의도를 갖고 지위를 남용한 경우, 또는 ③ 법이 금지하는 거래강제 등 목적 달성을 위한 수단인 경우 부당성 이 인정된다.

3. 사안의 해결
- 사안에서 甲과 A는 계속거래관계에 있다.
- 라면공급 중단은 법 46조에 따라 원칙적으로 위법인 재판매가격유지를 강제하기 위한 것이므 로, 다른 정당한 이유가 없다면 위법하다.

(2) 乙이 도매상 X에 대하여 즉시 현금 결제를 요구한 행위 (20점)

> **1. 쟁점**
> - 법 45조 1항 2호의 부당한 차별취급, 시행령 <별표 2> 2호 나목의 거래조건차별에 해당하는지
>   여부
>
> **2. 관련법령 및 판례**
> (1) 법 제45조 제1항 제2호, 시행령 <별표 2> 2호 나목 서술.
> (2) 판례에 의하면, 합리적 이유가 있는 차별은 부당하지 않다.
>
> **3. 사안의 해결**
> - X가 영업부진으로 인하여 현재 대차대조표상 자본총계가 납입자본금보다 작은 상태이고, 乙에
>   대해서는 지난 1년간의 물품대금을 지급하지 못하고 있으므로, 현금결제 요구에는 합리적 이유
>   가 있다.
> - 따라서 乙의 현금결제 요구는 위법하지 않다.

3. 라면 4사가 라면의 공급 가격을 5% 인상하기로 한 행위가 행정지도에 따른 행위로서 공정거
   래법상 정당한 행위로 볼 수 있는지를 설명하시오. (20점)

> ※ **TIP**: 설문에 정당행위 여부 쟁점이 특정되어 있으므로, 가격담합 성립 요건에 대해서는 논할
> 필요 없다.
>
> **1. 쟁점**
> - 116조에 의해 라면 4사의 가격담합에 공정거래법 적용이 배제되는지가 문제된다.
>
> **2. 판례**
> - 116조의 법률·명령은 자유경쟁의 예외를 구체적으로 인정하고 있는 법률 또는 그 법률에 의한
>   명령을 말한다.
>
> **3. 사안의 해결**
> - 사안에는 라면 가격경쟁의 예외를 구체적으로 인정한 법률이 없으므로, 사안에서 행정지도는
>   116조의 법령에 근거하지 않은 것이다.
> - 따라서 4사의 가격인상 합의는 정당행위로 볼 수 없다.

[2018년] 부당공동(리니언시)

甲, 乙, 丙, 丁(이하 '건설 4사'라 한다)은 각각 국내 관급항만건설공사 시장의 35%, 30%, 15%, 10%(관련시장은 '국내 관급항만건설공사 시장'이라고 가정한다)를 차지하고 있다. 국내에서 관급항만건설공사를 수행하기 위해서는 높은 기술력과 상당한 정도의 시공경험을 갖추어야 하고 현재까지 외국 건설사가 국내 관급항만건설공사를 수행한 적은 없다. 현재 정부에서 발주하는 항만건설공사의 대부분은 건설 4사가 수주하고 있는데, 정부는 관급공사시장에서 자유경쟁을 촉진하고 과점구조에 따른 과도한 공사대금의 합리적 조정을 위하여 항만건설공사의 수주 방식을 기존의 수의계약에서 경쟁입찰 방식으로 바꾸었다. 경쟁입찰 방식으로 바꾼 이후 첫 번째 항만건설공사 입찰에서는 甲이 500억 원을, 乙이 550억 원을, 丙이 570억 원을, 丁이 590억 원을 입찰가로 제출하여 甲이 낙찰을 받았고, 두 번째 입찰에서는 甲이 450억 원을, 乙이 410억 원을, 丙이 480억 원을, 丁이 490억 원을 입찰가로 제출하여 乙이 낙찰을 받았다. 그리고 세 번째 입찰에서는 甲이 330억 원을, 乙이 350억 원을, 丙이 320억 원을, 丁이 370억 원을 입찰가로 제출하여 丙이 낙찰을 받았고, 네 번째 입찰에서는 甲이 270억 원을, 乙이 280억 원을, 丙이 250억 원을, 丁이 230억 원을 입찰가로 제출하여 丁이 낙찰을 받았다. 이후 공정거래위원회는 甲, 乙, 丙, 丁이 순차적으로 낙찰을 받은 점에 의문을 가지고 조사를 한 결과, 甲, 乙, 丙 3사가 회합을 가지고 낙찰예정자와 그에 따른 각 건설사의 입찰가격을 합의하였다는 사실을 알게 되었다. 그런데 丁은 위 합의에 참여하지 않았고, 다만 甲, 乙, 丙 3사의 합의사실과 네 번째 입찰에 관한 정보를 우연히 알게 되어 위와 같이 입찰에 참여하였다고 주장한다. 또한 공정거래위원회의 조사과정에서 丙은 조사에 적극 협조하여 위 합의의 입증에 필요한 증거자료를 제출하였다.

1. 甲, 乙, 丙 3사의 행위가 「독점규제 및 공정거래에 관한 법률」(이하 '공정거래법'이라 한다)상 부당한 공동행위에 해당하는지에 대해 설명하시오. (40점)

> **1. 쟁점**
> - 甲, 乙, 丙 3사의 행위가 40조 1항 8호의 부당공동행위에 해당하는지 여부가 문제된다.
>
> **2. 관련법령 및 판례**
> (1) 40조 1항 8호에 따르면, 사업자는 다른 사업자와 공동으로 부당하게 경쟁을 제한하는 "입찰 또는 경매를 할 때 낙찰자, 경락자, 입찰가격, 낙찰가격 또는 경락가격, 그 밖에 대통령령으로

정하는 사항을 결정하는 행위"를 할 것을 합의하여서는 아니 된다.

(2) 부당한 입찰담합 성립 요건 판례
① 합의의 존재
- 2이상 사업자의 의사연결 상호성에 의한 명시적 또는 묵시적 합의가 있어야 한다. 실행행위가 없어도 합의만으로 부당공동행위가 성립한다.
② 경쟁제한성 및 부당성
- 경쟁제한성 여부는 상품의 특성 등 여러 사정을 고려하여 관련시장에서 가격 등의 결정에 영향을 미치거나 미칠 우려가 있는지를 살펴 개별적으로 판단한다.
- 입찰담합은 그 범위 내에서 입찰경쟁을 감소시킴으로써 입찰가격 등의 결정에 영향을 미치거나 미칠 우려가 있는 상태를 초래하므로 원칙적으로 부당하다.
- 단, 법적용 예외 사유가 있거나 경제전반의 효율성 증대로 인한 친경쟁 효과가 매우 큰 경우 등 특별사정이 있는 경우에는 부당하지 않다.

3. 사안의 해결
- 甲, 乙, 丙의 회합을 통한 의사연결 상호성이 인정되며 명시적 합의가 성립한다.
- 높은 진입장벽이 있는 관련시장에서 경쟁관계에 있는 갑, 을, 병의 시장점유율이 80%나 되고, 이들의 입찰가격담합 실행은 입찰경쟁을 감소시켜 입찰가격에 영향을 이미 미쳤기 때문에 경쟁제한성이 인정된다.
- 사안에서 법적용 예외 사유가 없고 경제전반의 효율성 증대 등 특별한 사정도 없으므로 부당성이 인정된다.
- 甲, 乙, 丙 3사의 행위는 40조 1항 8호의 부당공동행위에 해당한다.

2. 丁의 행위가 공정거래법상 부당한 공동행위에 해당할 수 있는지에 대해 설명하시오. (20점)

1. 쟁점
- 丁과 '甲, 乙, 丙'(이하 '3사') 사이에 40조 1항 8호의 입찰담합 '합의'를 인정할 수 있는지가 문제된다.

2. 판례
- 40조 1항에서 규정하는 '부당한 공동행위에 관한 합의'란 2 이상의 사업자 사이에 부당한 공동행위에 관한 의사가 합치하는 것으로서, 묵시적 합의도 포함되나 '의사연결의 상호성'이 증명되어야 한다.

3. 사안의 해결

- 사안에서 丁은 3사와 명시적으로 낙찰예정자와 입찰가격을 합의한 사실이 없다.
- 丁이 '3사의 합의사실과 네 번째 입찰에 관한 정보를 우연히 알게 되어' 낙찰 받았으므로, 丁과 3사 사이에 의사연결의 상호성을 인정할 수 없기 때문에 묵시적 합의나 암묵적 요해도 인정할 수 없다.
- 따라서 丁의 행위는 부당공동행위가 아니다.

3. 丙에 대하여 공정거래위원회가 시정조치 또는 과징금을 감경 또는 면제할 수 있는지에 대해 설명하시오. (20점)

1. 관련법령

- 법 44조 및 시행령 35조에 따르면, 부당공동행위 자진신고자나 조사협조자가 일정 요건을 충족하면 과징금 또는 시정조치를 감면할 수 있다.

2. 사안의 해결

- 丙은 '공정위의 조사개시 후' 입찰담합 입증에 필요한 증거자료를 제출하였으므로, 법 44조 1항 2호의 "증거제공 등의 방법으로 조사에 협조한 자"에 해당한다.
- 사안에서 丙 외에는 공정위에 입찰담합 증거를 제공한 자가 없으므로, 丙은 입찰담합을 입증하는데 필요한 증거를 단독으로 최초로 제공한 자이다.
- (※ TIP: 이하에서 필요한 전제를 제시하고 결론 도출)
- 따라서 丙이 시행령 35조 1항 2호 요건, 즉 ① 공정위가 입찰담합을 입증하는데 필요한 증거를 충분히 확보하지 못한 상태였고, ② 입찰담합 사실을 모두 진술하고, 관련 자료를 제출하는 등 조사가 끝날 때까지 성실하게 협조했고, ③ 입찰담합을 중단**했다면**, 공정위는 丙에 대하여 과징금을 면제해야 하고, 시정조치를 감경하거나 면제해야 한다.

[2019년] 시지남용, 불공정거래

원자재인 X상품은 국내에서 사업자 甲, 乙, 丙이 생산하고 있는데(관련시장은 '국내 X상품시장'이라고 가정함), 甲, 乙, 丙의 시장점유율은 각각 60%, 35%, 5%이다. 국내 X상품시장에서 甲, 乙, 丙의 연간 매출액 총합계는 약 10조 원이다. X상품 제조를 위해서는 대규모 투자와 고도의 기술이 필요하여 이 시장에는 최근 20년 동안 새로운 진입자가 없었다. 한편 원자재인 X상품을 가공하여 소비재인 Y상품을 제조·판매하고 있는 사업자 A는 지난 10년 동안 甲으로부터 X상품을 전량 구매해 왔고, 乙과 丙으로부터는 X상품을 구매하지 않았다. 국내 Y상품시장에서 A의 시장점유율은 50%이다(관련시장은 '국내 Y상품시장'이라고 가정함).

甲은 A가 국내 Y상품시장에서 상당한 이익을 얻고 있음을 알고 이 시장에 직접 진출하기 위하여 A에게 X상품의 공급을 전면 중단하겠다고 통지하였다. 이에 A는 乙과 丙에게 X상품의 판매를 요청하였으나, 乙과 丙은 A의 요청을 받아들이지 않았다. 그 결과 A는 Y상품 제조를 할 수 없게 되어 甲에게 X상품 물량을 종전 대비 50% 정도라도 제공해 줄 것을 요청하였으나, 甲은 A의 요청을 들어줄 수 있었음에도 불구하고 결국 X상품 공급을 전면 중단하였다(이하 '甲의 행위'라 함). 이로 인하여 A는 Y상품 제조에 필요한 X상품을 구매하지 못하여 폐업하였고, 국내 Y상품시장에서 소비자가격이 크게 상승하였다. A가 폐업한 뒤 甲은 국내 Y상품시장에서 50%의 점유율을 차지하였다.

한편 생산설비 유지·보수 서비스를 제공하는 중소기업인 B는 丙에게 해당 서비스를 5년 동안 공급해 왔는데, 회사의 규모와 교섭력에 있어서 丙에 비해 현저히 열위에 놓여 있다. 丙이 B로부터 해당 서비스의 구매를 중단할 경우 B는 丙 외에 해당 서비스를 제공할 대체거래선을 찾기가 쉽지 않아서 폐업할 수밖에 없다. 丙은 이를 기화로 B가 주요 임원을 선임 또는 해임할 경우 丙의 승인을 얻도록 요구하였다(이하 '丙의 행위'라 함). B는 丙과 거래 관계를 지속하기 위해 丙의 요구를 수용할 수밖에 없었다.

1. 甲이 「독점규제 및 공정거래에 관한 법률」(이하 '공정거래법'이라 함)상 시장지배적 사업자에 해당되는지를 설명하시오. (10점)

> - 2조 3호의 시장지배적사업자 정의, 6조 1호의 추정 기준 서술.
> - 甲의 시장점유율이 60%이므로 6조 1호에 따라 시장지배적사업자로 추정된다.
> - 관련시장 진입을 위해서는 대규모 투자와 고도의 기술이 필요하므로 높은 진입장벽이 있고,

甲의 상대적 규모도 크다.
- 따라서 甲은 시장지배적사업자에 해당한다.

2. 甲이 시장지배적 사업자라고 가정할 때, 甲의 행위가 공정거래법상 시장지배적 지위 남용행위에 해당되는지를 설명하시오(단 공정거래법 제5조 제1항 제1호 및 제5호 해당 여부는 논하지 말 것). (40점)

1. 쟁점
- 甲의 행위가 법 5조 1항 3호의 '부당한 사업활동방해', 시행령 9조 3항 4호의 '기타 사업활동방해', 공정위의 <시장지배적지위남용 심사지침>의 '부당한 거래거절'에 해당하는지 여부가 문제된다.

2. 부당성 판단기준 판례
- 시장지배적사업자가 관련시장을 독점할 의도 또는 경쟁제한의도를 갖고 관련시장에서 가격상승, 산출량 감소, 혁신저해, 유력 경쟁자 수 감소, 다양성 감소 등과 같은 경쟁제한효과를 초래할 우려가 있는 거래거절 행위를 하면 부당성이 인정되고, 공정위가 실제로 경쟁제한효과가 초래되었음을 증명하면 경쟁제한의도는 사실상 추정된다.
- 상방시장에서 거래거절의 경쟁제한효과는 하방시장에서 발생할 수 있다.

3. 사안의 해결
- X상품시장이 상방시장이고 Y상품시장이 하방시장이며, 甲의 행위는 상방시장에서 거래거절이다.
- 甲의 거래거절로 인해 Y상품시장에서 유력 경쟁자 A의 배제, 가격인상 등 경쟁제한효과가 초래되었으므로 경쟁제한의도는 사실상 추정된다.
- 따라서 甲의 행위는 부당한 사업활동방해로서 시장지배적 지위 남용행위에 해당한다.

3. 甲의 행위가 시장지배적 지위 남용행위에 해당된다고 가정할 경우 공정거래위원회가 공정거래법상 甲에 대하여 할 수 있는 행정처분에 대하여 설명하시오. (10점)

- 7조 1항에 따른 시정조치 설명
- 8조에 따른 과징금납부명령 설명

4. B에 대한 丙의 행위가 공정거래법상 불공정거래행위에 해당되는지를 설명하시오(단 공정거래법 제45조 제1항 제8호 해당 여부는 논하지 말 것). (20점)

1. 쟁점
- 丙의 행위가 법 45조 1항 6호의 거래상지위 남용, 시행령 <별표 2> 6호 마목의 부당한 경영간섭에 해당하는지 여부가 문제된다.

2. 판례
- 거래상지위 여부는 계속적 거래관계, 전체적 사업능력 격차, 의존도 등을 고려하여 판단하고, 부당성은 거래내용의 불공정을 의미한다.

3. 사안의 해결
- B는 丙과 계속적 거래관계에 있고, 회사 규모와 교섭력에서 丙에 비해 현저히 열위에 있고, 거래대체선도 없으므로, 丙은 거래상우위에 있다.
- 丙은 우월적 지위를 이용해 B가 주요 임원을 선임 또는 해임할 경우 丙의 승인을 얻도록 요구하였다.
- 丙의 행위는 부당한 경영간섭인 불공정거래행위에 해당된다.

[2020년] 부당공동(손해배상제), 불공정거래

甲, 乙, 丙 사업자와 다수의 군소 사업자들이 국내에서 소비재인 X 상품을 제조·판매하고 있다. 2017년 말 기준으로 국내 X 상품 시장은 甲이 25%(1위), 乙이 20%(2위), 丙이 15%(3위)를 각각 점유하고 있다. X 상품을 생산하기 위해서는 반드시 중간재인 Y 상품이 필요한데, Y 상품은 전량 C 국으로부터 수입되어 왔고, 2018년에 C 국의 정치·경제 상황이 불안정해지면서 Y 상품의 원활한 공급이 크게 우려되는 상황을 맞게 되었다.

甲은 그 동안 Y 상품을 대체할 수 있는 자체 중간재를 개발하려고 했지만, 개발을 위해 소요되는 막대한 비용과 불확실한 성공가능성으로 인해 선뜻 개발에 착수하지 못하고 있었다. 그러던 중 C 국으로부터 자재를 수급하는 것에 대한 불안정성이 커지자 甲은 乙과 丙에 공동으로 회사를 설립하여 Y 상품의 대체재를 연구·개발할 것을 제안하였고, 乙과 丙도 甲의 제안에 공감하여 甲, 乙, 丙은 공동으로 A 회사를 설립하였다.

A 회사는 Y 상품보다 원가가 낮으면서도 성능이 좋은 대체재를 개발하는 데 성공하였으며, 그에 따라 甲, 乙, 丙은 X 상품의 단가를 인하하여 시장에서 경쟁의 우위를 점하게 됨은 물론 소비자들도 가격 인하의 혜택을 누리게 되었다. 국내 X 상품 시장에서 甲, 乙, 丙 시장점유율 합계도 2019년 말 기준으로 종전의 60%에서 70%로 증가하였다.

A 회사를 통해 합작투자의 성과를 경험한 甲, 乙, 丙은 2019년 말 X 상품을 포함하여 취급상품의 유통비용을 절감할 목적으로 유통업무를 전담하는 B 회사를 설립하였다. 그런데, 甲, 乙, 丙의 예상과 달리 유통경로를 통합함에 따른 비용절감 효과는 미미했던 반면, 甲, 乙, 丙의 X 상품 유통을 B 회사가 전담함에 따라 시장에서 X 상품을 유통하는 사업자 수가 감소하였고, X 상품의 추가적인 가격인하는 발생하지 않고 있다.

1. 「독점규제 및 공정거래에 관한 법률」(이하 '공정거래법'이라 함)상 부당한 공동행위와 관련하여 다음의 질문에 답하시오.
   (1) 甲, 乙, 丙의 A 회사 설립행위가 부당한 공동행위에 해당하는지를 설명하시오. (30점)

> ### 1. 쟁점
> - A 회사 설립이 40조 1항 7호의 부당하게 경쟁제한을 제한하는 회사 설립에 해당하는지 여부가 문제된다.

2. 부당공동행위 성립 요건 판례
- (1) 합의의 존재: 2 이상 사업자의 합의가 있어야 한다.
- (2) 경쟁제한성: 상품의 특성 등 여러 사정을 고려하여 관련시장에서 경쟁이 감소하여 가격 등의 결정에 영향을 미치거나 미칠 우려가 있는지를 살펴 개별적으로 판단한다.
- (3) 부당성: 경쟁제한성이 인정되면 원칙적으로 부당하다. 법적용 예외사유, 경제전반의 효율성 증대로 인하여 친경쟁적 효과가 매우 큰 경우 등 특별한 사정이 없으면, 부당성이 인정된다.

3. 사안의 해결
- 명시적 합의는 성립하지만, X 상품 단가 인하로 인해 소비자들이 가격 인하의 혜택을 입었으므로 경쟁제한성이 없다. 그렇다면 부당성도 인정하기 어렵다.
- 따라서 甲, 乙, 丙의 A 회사 설립행위는 부당공동행위에 해당하지 않는다.

(2) 甲, 乙, 丙의 B 회사 설립행위가 부당한 공동행위에 해당하는지를 설명하시오. (10점)

※ TIP: 사안에서 불분명한 부분은 필요한 전제를 제시하고 2개 결론을 제시
판례에 따르면, 어떤 공동행위가 경쟁제한효과 외에 비용감소 및 소비자후생 증가 등 경쟁촉진효과도 함께 가져오는 경우에는 양자를 비교·형량하여 경쟁제한성 여부를 판단한다.

1. 부당공동행위로 볼 수 있는 측면
- B 회사 설립으로 인한 가격인하 효과가 없고, X 상품 유통 사업자 수가 감소함으로써 가격인상 우려가 인정되면 부당공동행위에 해당될 수 있다.

2. 부당공동행위로 볼 수 없는 측면
- B 회사 설립은 유통비용 절감이라는 효율성 증진을 위한 것이었고, 추가적 가격인하 효과가 없더라도 가격인상 우려가 인정되지 않으면 부당공동행위에 해당하지 않는다.

2. B 회사의 영업사원들은 경쟁사업자가 판매하는 X 상품에 인체에 유해한 성분이 들어있지 않음에도 불구하고 경쟁사업자가 판매하는 X 상품에는 인체에 유해한 성분이 있다고 고객에게 설명하면서 X 상품을 판매하였는데, 이러한 행위가 공정거래법상 불공정거래행위에 해당하는지를 설명하시오(단, 공정거래법 제45조 제1항 제8호 위반 여부는 논하지 말 것). (20점)

1. 쟁점
- 법 45조 1항 4호, 시행령 <별표 2> 4호 나목의 불공정거래행위에 해당하는지 여부가 문제된다.

2. 관련법령 및 판례

- 법 45조 1항 4호, 시행령 <별표 2> 4호 나목에 따르면, '위계에 의한 고객유인'은 금지된다.
- 판례에 의하면, 부당성은 위계 또는 기만적 유인행위로 인하여 고객이 오인될 우려가 있으면 인정되고, 반드시 고객에게 오인의 결과가 발생하여야 하는 것은 아니다.

3. 사안의 해결

- 경쟁자 X 상품에 인체 유해 성분이 없음에도 불구하고 그런 성분이 있다고 한 것은 위계에 해당하고, 고객이 오인될 우려가 있다.
- 따라서 B 회사 영업사원들의 행위는 '위계에 의한 고객유인'에 해당된다.

---

3. 甲, 乙, 丙이 위 사안과 달리 A 회사를 설립하는 대신 각각 X 상품의 가격을 10% 인상하기로 협의하고 인상된 가격으로 소비자에게 X 상품을 판매하였다고 가정하고, 이로 인하여 발생하는 손해를 보전받기 위해서 소비자가 공정거래법상 이용할 수 있는 제도와 그 특징에 대해 설명하시오. (20점)

- 설문에서 甲, 乙, 丙이 각각 X상품 가격을 10% 인상하기로 합의하고 인상하였으므로 40조 1항 1호의 부당한 가격담합에 해당한다.
- 가격담합 실행의 경우 손해가 발생한 것은 인정되나 그 손해액을 입증하기 위하여 필요한 사실을 입증하는 것이 해당 사실의 성질상 매우 곤란한 경우에 해당되므로, 소비자는 113조에 따라 법원에게 변론 전체의 취지와 증거조사의 결과에 기초하여 상당한 손해액을 인정하도록 요청할 수 있다.
- 판례에 의하면 109조 1항에 따른 손해배상은 실손액 배상이다. 그러나 부당공동행위의 경우 109조 2항이 적용되므로, 소비자는 실손액의 3배까지 손해배상 받을 수 있다.

[2021년] 시지남용, 불공정거래, 동의의결

甲은 국내에서 오프라인 매장을 개설하여 가전제품을 전문적으로 판매하는 유통전문회사이다. 관련 시장을 '국내 가전양판시장'이라고 가정할 때 甲은 이 시장에서 시장점유율 45%를 차지하고 있고, 경쟁사 중에는 乙의 시장점유율이 30%이며, 나머지 경쟁자들의 시장점유율은 각 5% 미만이다. 甲은 1년 전부터 가전제품 제조사들과의 전속거래를 유도하기 위한 전략을 시행하고 있다. 그에 따라 甲은 자신에게만 가전제품을 납품하기로 하는 약정을 체결하는 가전제품 제조사에 대하여는 자신의 부담으로 고객에 대한 구매할인을 제공해 주고 있다. 이런 전략이 효과를 거두어 乙을 제외한 나머지 경쟁자들 중에는 시장에서 퇴출되는 사업자가 나타나기 시작하였다. 한편 乙은 丙을 계열회사로 두고 있는데, 丙은 제조업체로부터 제품 배송을 위탁받아 유통전문회사의 오프라인 매장에 배송하는 물류배송업체이다. 현재 乙은 甲에 비해 중소 가전업체의 가전제품을 많이 취급하고 있다. 중소 가전업체는 판로 확대를 위하여 가전제품 유통전문회사의 오프라인 매장에서 가전제품을 판매할 것을 희망하고 있는데, 乙은 중소 가전업체에 대하여 乙의 오프라인 매장에서 가전제품을 판매하게 될 경우 제품 배송 용역은 丙으로부터 구입하도록 하고 있다. 따라서 중소 가전업체는 乙의 오프라인 매장에서 가전제품을 판매하기 위하여서는 丙의 제품 배송 용역을 구입할 수밖에 없는 형편이다.

1. 甲의 행위가 「독점규제 및 공정거래에 관한 법률」(이하 '공정거래법'이라 함)상 시장지배적 지위 남용행위에 해당하는지에 관하여 다음의 질문에 답하시오.

   (1) 甲은 공정거래법상 시장지배적 사업자에 해당하는가? (10점)

   > - 2조 3호의 시장지배적사업자 정의, 6조 2호의 시장지배적사업자 추정 기준 서술.
   > - 甲과 乙의 시장점유율 합계가 75%이므로 6조 2호에 따라 시장지배적사업자로 추정된다. 甲 시장점유율은 45%로서 나머지 경쟁자들에 비해 상대적 규모가 크다.
   > - 따라서 甲은 시장지배적사업자에 해당한다.

   (2) 甲이 시장지배적 사업자라고 가정하고 甲의 행위에 공정거래법 제5조 제1항 제5호 전단에 정한 '경쟁사업자를 배제하기 위하여 거래하는 행위'규정을 적용할 경우, 甲의 행위가 이 행위 유형에 형식적으로 해당한다고 볼 수 있는 근거를 설명하시오. (10점)

> - 판례에 의하면, 자발적 합의도 시행령 9조 5항 2호의 배타조건부거래에 해당될 수 있다.
> - 甲과 가전제품 제조업자들 사이의 자발적 합의에 의한 계약은 배타조건부거래에 해당되므로 법 5조 1항 5호 전단의 '경쟁자배제를 위한 거래'에 형식적으로 해당한다.

(3) 甲의 행위가 위와 같은 규정에 해당한다고 할 경우 甲의 행위가 부당한지를 판단해 보시 오. (20점)

> ## 1. 부당성 판단기준 판례
> - 시장지배적사업자가 관련시장을 독점할 의도 또는 경쟁제한의도를 갖고 관련시장에서 가격상 승, 산출량 감소, 혁신저해, 유력 경쟁자 수 감소, 다양성 감소 등과 같은 경쟁제한효과를 초래할 우려가 있는 배타조건부거래 행위를 하면 부당성이 인정되고, 공정위가 실제로 경쟁제한효과가 초래되었음을 증명하면 경쟁제한의도는 사실상 추정된다. 배타조건부거래의 경우 봉쇄정도 등 여러 사정을 고려한다.
>
> ## 2. 사안의 해결
> (※ TIP: 사안에서 불분명한 부분은 필요한 전제를 제시하고 2개 결론을 제시)
> - 甲의 행위는 소비자에 대한 가격인하를 포함하고 있어 이로 인한 소비자후생 증진 효과가 있다. 한편 경쟁자들 중 일부가 퇴출되었으나 유력 경쟁자 乙이 있으므로 경쟁제한효과가 실제로 초 래되었다고 할 수 없으므로, 경쟁제한의도는 추정되지 않는다.
> - 합리의 원칙에 따르면 소비자에 대한 가격인하 효과보다 더 큰 경쟁제한효과가 증명되면 부당 성을 인정할 수 있는데, 사안의 경우 더 큰 경쟁제한효과가 없으므로 부당성을 인정할 수 없다. 따라서 甲의 행위는 부당하지 않다.
> - 단 경쟁자들 퇴출 및 봉쇄효과로 인한 경쟁제한효과가 가격인하라는 친경쟁효과보다 더 크다 면, 甲의 행위는 부당하다고 볼 수 있다.

2. 乙이 중소 가전업체에 대하여 한 행위가 공정거래법상 불공정거래행위에 해당하는지를 설명 하시오(단, 공정거래법 제45조 제1항 제6호, 제7호, 제8호의 적용 여부는 판단하지 아니함). (25점)

> ## 1. 쟁점
> - 乙의 행위가 법 45조 1항 5호, 시행령 <별표 2> 5호 다목의 불공정거래행위에 해당하는지가 문제된다.
>
> ## 2. 관련법령
> - 법 45조 1항 5호, 시행령 <별표 2> 5호 다목에 따르면, 정상적인 거래관행에 비추어 부당한

조건 등 불이익을 거래상대방에게 제시하여 자기가 지정하는 사업자와 거래하도록 강제하는 행위는 금지된다.

3. 사안의 해결
- 중소 가전업체가 乙의 오프라인 매장에서 가전제품을 판매하더라도 제품 배송 용역을 반드시 丙에게 맡겨야 할 합리적 이유가 없다.
- 중소 가전업체 제품을 많이 취급하는 乙을 통하여 판로확대를 원하는 중소업체들로서는 어쩔 수 없이 乙의 요구에 따라 丙과 거래해야만 하는 형편이다.
- 乙의 행위를 정상적 거래관행에 비추어 불이익을 중소업체에게 제시하여 丙과 거래하도록 강제 한 것으로 인정할 수 있다면, 불공정거래행위로서 부당한 거래강제에 해당한다.

3. 乙은 공정거래위원회의 조사를 받던 중 문제가 되는 행위를 자발적으로 시정할 수 있는 방안 을 제시하여 사건을 신속하게 종결하고자 한다. 乙이 취할 수 있는 공정거래법상 절차는 무 엇인지 설명하시오. (15점)

- 89조 1항 서술
- 乙은 89조 1항에 따라서, 중소 가전업체에게 丙과 거래할 것을 강제하지 않겠다는 등 자발적 시정을 위하여 89조 3항에 따른 동의의결을 하여 줄 것을 공정위에 신청할 수 있다.

[2022년] 부당공동, 불공정거래

국내 X상품시장에서 사업자 A, B, C, D의 2021년 기준 시장점유율은 각각 40%, 30%, 20%, 10%이다. 이 사안의 관련시장은 국내 X상품시장으로 한다. 그런데 이들 사업자는 모두 2019년 말부터 영업적자를 겪고 있다. 이에 2022년 1월 초 A의 대표이사는 B, C, D의 대표이사들에게 영업적자 극복을 위한 회의를 제안하였고, 이에 A, B, C, D의 대표이사들이 회합하였다. 이 회의에서 A의 대표이사는 B, C, D의 대표이사들에게 영업적자가 해소되는 시점까지 X상품 가격을 20% 정도 인상하자고 제안하였다. 이에 응하여 B, C, D의 대표이사들도 상품 가격을 인상하기로 하였다.

1. 「독점규제 및 공정거래에 관한 법률」(이하 '공정거래법'이라고 한다)상 부당한 공동행위와 관련하여 다음 질문에 답하시오.

　(1) 위 사례에서 A, B, C, D의 행위가 부당한 공동행위에 해당하는지를 설명하시오. (40점)

---

1. 쟁점
- A, B, C, D의 행위가 40조 1항 1호의 부당한 가격담합에 해당하는지가 문제된다.

2. 관련법령 및 판례
(1) 40조 1항 1호에 따르면, 사업자는 다른 사업자와 공동으로 부당하게 경쟁을 제한하는 "가격을 결정·유지 또는 변경하는 행위"를 할 것을 합의하여서는 아니 된다.

(2) 부당한 가격담합 성립 요건 판례
① 합의의 존재
- 2이상 사업자의 의사연결 상호성에 의한 명시적 또는 묵시적 합의가 있어야 한다. 실행행위가 없어도 합의만으로 가격담합이 성립한다.
② 경쟁제한성 및 부당성
- 경쟁제한성 여부는 상품의 특성 등 여러 사정을 고려하여 관련시장에서 가격 등의 결정에 영향을 미치거나 미칠 우려가 있는지를 살펴 개별적으로 판단한다.
- 가격담합은 그 범위 내에서 가격경쟁을 감소시킴으로써 가격 결정에 영향을 미치거나 미칠 우려가 있는 상태를 초래하므로 원칙적으로 부당하다.
- 단, 법적용 예외 사유가 있거나 경제전반의 효율성 증대로 인한 친경쟁 효과가 매우 큰 경우 등 특별사정이 있는 경우에는 부당하지 않다.

---

3. 사안의 해결
- A의 가격인상 제안에 B, C, D가 응하여 가격을 인상하기로 하였으므로 의사연결 상호성이 인정되며, 실제 가격인상 실행이 없더라도 A, B, C, D의 행위는 가격담합에 해당한다.
- A, B, C, D의 행위는 X상품 가격담합이므로 판례에 따르면 원칙적으로 부당하다.
- 사안에는 법적용 예외사유가 없고, 경제전반의 효율성 증진 등 특별한 사정도 없다.
- 따라서 A, B, C, D의 행위는 40조 1항 1호의 부당공동행위에 해당한다.

(2) 위 사례에서 A, B, C, D의 행위가 부당한 공동행위에 해당한다고 가정할 경우 공정거래위원회가 공정거래법상 A, B, C, D에 대하여 할 수 있는 행정처분에 대하여 설명하시오. (20점)

1. 시정조치
- 42조 1항에 따라서, 공정위는 A, B, C, D에게 가격담합의 중지, 시정명령을 받은 사실의 공표 또는 그 밖에 필요한 시정조치를 명할 수 있다.

2. 과징금
- 43조에 따라서, 공정위는 A, B, C, D에게 대통령령으로 정하는 매출액에 100분의 20을 곱한 금액을 초과하지 아니하는 과징금을 부과할 수 있고, 매출액이 없는 경우등에는 40억원을 초과하지 않는 범위에서 과징금을 부과할 수 있다.

2. 한편 A는 영업적자를 극복하기 위한 방안으로써 자사의 거래상 지위를 이용하여 계속적 거래관계에 있는 납품업체로 하여금 자사에 금전을 제공하도록 강제하였다. 이러한 A의 행위가 공정거래법상 불공정거래행위에 해당하는지를 설명하시오(단, 공정거래법 제45조 제1항 제8호, 제10호의 적용 여부는 논하지 말 것). (20점)

1. 쟁점
- A의 행위가 법 45조 1항 6호의 거래상지위남용, 시행령 <별표 2> 제6호 나목의 '이익제공강요'에 해당하는지가 문제된다.

2. 관련법령 및 판례
- 법 45조 1항 6호 및 시행령 <별표 2> 6호 나목에 따르면, 사업자가 자신의 거래상지위를 이용하여 "거래상대방에게 자기를 위해 금전·물품·용역 및 그 밖의 경제상 이익을 제공하도록 강요"하면 거래상지위남용에 해당된다.

3. 사안의 해결

- 사안에서 A의 거래상지위는 이미 인정된다. A는 거래상지위를 이용하여 거래상대방인 납품업체에게 영업적자를 해소하기 위해서, 즉 자기를 위해서 금전을 제공하도록 강요하였으므로, 불공정거래행위로서 거래상지위남용(이익제공강요)에 해당한다.

제2문: 소비자 5개 법률 해설

[2012년] 직접할부계약, 약관규제

소비자 A는 자동차회사 B로부터 승용차(자동차관리법에 따른 자동차에 해당함)를 구매하는 계약(이하, '위 계약')을 체결하고 계약서를 교부받은 3일 뒤에 승용차를 인도받았다. 위 계약에 따르면, 현금가격은 2,000만 원이었고, 할부기간은 20개월로 매달 말일에 할부금을 지급하는 것으로 하였으며, 연간 할부수수료율은 10%였다. A와 B는 B가 통상적으로 사용하는 계약서로 위 계약을 체결하였다. 계약서에는 다음과 같은 조항이 포함되어 있다.

> 제7조(전속관할) 본 계약에 관한 일체의 소송은 [   ]을 전속적인 관할법원으로 한다.
> 제8조(할부수수료율의 변경) 경제사정의 변동이 있는 경우 B는 할부수수료율을 최초에 약정한 할부수수료율의 50% 범위 이내에서 변경할 수 있다.

1. 할부거래에 관한 법률(이하, '할부거래법')과 관련하여 아래 질문에 답하시오.
   (1) A와 B 사이의 위 계약이 할부거래법상 할부계약에 해당하는지를 설명하시오. (10점)

> - 할부거래법 2조 1호 가목에 따르면, 직접할부계약이란 소비자가 사업자에게 재화등의 대금을 2개월 이상 기간에 걸쳐 3회 이상 나누어 지급하고, 재화등의 대금을 완납하기 전에 재화등의 공급을 받기로 하는 계약이다.
> - A는 B에게 할부기간 20개월, 20회 할부금을 지급하고, 승용차 대금 완납 이전에 B로부터 승용차를 먼저 인도받았으므로 직접할부계약에 해당한다.

   (2) 인도받은 승용차의 디자인이 마음에 들지 않는다는 이유로 A가 승용차를 인도받은 날로부터 6일째 되는 날 할부거래법에 따라 청약을 철회할 수 있는지를 설명하시오. (15점)

> 1. 관련법령
> - 할부거래법 시행령 6조 1항 5호에 따르면, 「자동차관리법」에 따른 자동차는 청약을 철회할 수 없다.

2. 사안의 해결
- B가 할부거래법 8조 6항의 조치를 취했다면, A가 인도받은 승용차는 자동차관리법에 따른 자동차이므로 청약을 철회할 수 없다.

2. B의 계약체결 담당자 C는 약관의 규제에 관한 법률(이하, '약관규제법')의 적용을 회피하기 위하여 회사의 지침에 따라 고객과 계약을 체결할 때 예외 없이 고객이 보는 앞에서 계약서 제7조의 [ ] 부분에 'B의 본점 소재지 관할법원'이라고 수기(手記)하였고, 위 계약을 체결하면서도 동일한 방법으로 수기하였다. 그럼에도 불구하고 A가 B의 본점 소재지 관할법원을 전속관할법원으로 기재한 계약서 제7조를 약관규제법 제2조 제1호의 약관이라고 주장할 수 있는 근거와 반면에 B가 동 조항을 약관이 아니라고 주장할 수 있는 근거를 각각 설명하시오. (20점)

약관규제법 2조 1호에 따르면, 약관이란 그 명칭이나 형태 또는 범위에 상관없이 계약의 한쪽 당사자가 여러 명의 상대방과 계약을 체결하기 위하여 일정한 형식으로 미리 마련한 계약의 내용이다.

1. 약관이라고 주장할 수 있는 근거
- 회사의 지침에 따라 예외 없이 수기한 것이다. 다수의 고객을 상대로 개별 교섭 없이 일률적으로 사용하기 위하여 손으로 쓴 것일 뿐이다.

2. 약관이 아니라고 주장할 수 있는 근거
- 공란으로 비워두었기 때문에 미리 마련한 계약의 내용이 아니며, C가 수기할 때 소비자는 얼마든지 반대할 수 있었으므로 소비자 선택권도 보장되었다.

3. 위 계약을 체결한 후 1년이 지나자 시중금리가 급격히 상승하였다. 이에 따라 B는 계약서 제8조를 근거로 연간 할부수수료율을 기존 10%에서 14%로 인상한다고 A에게 통지하였다.
   (1) B가 A와 위 계약을 체결할 때 계약서 제8조의 내용을 설명하지 않은 경우, 약관규제법상 B가 계약서 제8조를 계약의 내용이라고 주장할 수 있는지를 설명하시오. (15점)

1. 관련법령 및 판례
- 약관규제법 3조 3항 및 4항에 따르면, 사업자는 약관에 정하여져 있는 중요한 내용을 고객이 이해할 수 있도록 설명해야 하며, 사업자가 설명의무를 위반한 것은 계약 내용이 될 수 없다.
- 판례에 따르면, 설명의무 대상인 중요한 내용이란 사회통념에 비추어 고객이 계약 체결의 여부

나 대가를 결정하는 데 직접적인 영향을 미칠 수 있는 사항이다.

2. 사안의 해결
- 경제사정의 변동이 있는 경우 할부수수료율 조건은 사회통념상 할부계약 체결 여부에 직접 영향을 미칠 수 있는 사항이다. 따라서 B의 설명의무 위반에 해당하므로, B는 계약서 제8조를 계약 내용이라고 주장할 수 없다.

(2) A와 위 계약을 체결할 때 B가 계약서 제8조의 내용을 설명한 경우, 약관규제법상 A가 계약서 제8조를 무효라고 주장할 수 있는 근거와 B가 동 조항을 유효라고 주장할 수 있는 근거를 각각 설명하시오(단, 약관규제법 제6조 위반 여부는 논하지 말 것). (20점)

1. A가 계약서 제8조를 무효라고 주장할 수 있는 근거
- 상당한 이유 없이 급부 내용을 사업자가 일방적으로 결정하거나 변경할 수 있도록 권한을 부여한 조항으로서 약관규제법 10조 1호 위반이다.

2. B가 계약서 제8조를 유효라고 주장할 수 있는 근거
- 할부수수료율 변경은 "경제사정의 변동이 있는 경우"에 국한되며, 그 범위도 최초 약정 수수료율의 50% 범위로 제한되므로, 약관규제법 10조 1호의 상당한 이유가 있다.

[2013년] 약관규제, 계속거래

A는 자신이 평소에 관심을 가지고 있던 사진 관련 인터넷 사이트를 찾던 중 사진과 관련한 각종 정보를 무료로 받아 볼 수 있다는 '사진동아리' 사이트를 발견하였다. B가 운영하는 위 사이트에는 "회원으로 가입한 누구나 사진에 관한 다양하고 유익한 정보를 무료로 제공받을 수 있고, 회원이 달리 해지통보를 하지 않는 한 가입 후 1년씩 자동으로 갱신됩니다."라는 안내문구가 크게 표시되어 있었다. 이에 A는 좋은 기회라고 생각하고 2011. 3.경 회원 가입절차를 진행하였는데, 회원 가입 당시 표시단추를 누르면 별도 화면으로 연결되어 제시되는 '이용규정'을 확인하지 않고 동의하였다. 그런데 위 사이트에 회원으로 가입한 후 1년 6개월이 지날 무렵 정보이용료를 납부하라는 통지를 받게 되었고, 사정을 확인해 보니 가입 당시 미처 확인하지 못했던 '이용규정'에 아래와 같은 조항이 포함되어 있었다.

> * 무료 회원으로 가입한 후 1년이 지났음에도 가입자가 달리 해지통보를 하지 않으면 자동으로 유료로 전환됩니다.

1. 위 이용규정 조항이 약관의 규제에 관한 법률(이하 '약관규제법'이라 함)상 약관에 해당하는지 여부를 설명하시오. (10점)

> - 약관규제법 2조 1호에 따르면, 약관이란 그 명칭이나 형태 또는 범위에 상관없이 계약의 한쪽 당사자가 여러 명의 상대방과 계약을 체결하기 위하여 일정한 형식으로 미리 마련한 계약의 내용을 의미한다.
> - 사안에서 이용규정 조항은 여러 명의 상대방과 계약 체결을 위해 일정한 형식으로 미리 마련한 계약 내용이므로 약관에 해당한다.

2. 위 이용규정 조항이 약관규제법상 약관이라고 가정할 때, A의 입장에서 약관규제법상 위 이용규정 조항이 계약의 내용이 될 수 없다고 주장할 수 있는 근거와 B의 입장에서 약관규제법상 위 이용규정 조항이 계약의 내용이 되었다고 주장할 수 있는 근거를 각각 설명하시오. (40점)

> 1. 관련법령 및 판례
> - 약관규제법 3조 4항에 따르면, 사업자가 약관규제법 3조 2항의 명시의무 또는 3항의 설명의무

를 위반하면, 그 사업자는 해당 약관을 계약 내용으로 주장할 수 없다.
- 판례에 따르면, 설명의무 대상인 "중요한 내용"이란 사회통념에 비추어 고객이 계약 체결의 여부나 대가를 결정하는 데 직접적인 영향을 미칠 수 있는 사항을 의미한다.

2. A 입장에서 계약 내용이 될 수 없다고 주장할 수 있는 근거
- 자동 유료 전환은 계약 체결 여부에 직접 영향을 미칠 수 있는 3조 3항의 중요한 내용이다.
- 인터넷 거래에서 중요한 내용에 대한 클릭 연결은 3조 2항의 일반적으로 예상되는 방법이다.
- B가 명시의무 또는 설명의무를 위반했으므로 계약 내용이 될 수 없다.

3. B 입장에서 계약 내용이 되었다고 주장할 수 있는 근거
- 자동 유료 전환이 중요한 내용이라고 하더라도, 클릭 연결은 인터넷에서 일반적으로 예상되는 방법이므로 명시의무를 이행한 것이다.
- 클릭 연결이 설명의무 이행이 아니라고 하더라도, 불특정 다수와의 비대면 온라인 거래이므로 약관규제법 3조 3항 단서에 따른 '설명이 현저히 곤란한 경우'에 해당한다.
- B는 명시의무와 설명의무를 이행하였으므로 이용규정은 계약 내용이 될 수 있다.

3. 위 이용규정 조항이 계약의 내용이 되었다고 가정할 때, 약관규제법상 위 조항의 효력 유무를 설명하시오. (단, 약관규제법 제6조 위반 여부는 논하지 말 것) (20점)

1. 약관규제법 10조 1호 관련
- 10조 1호에 따르면, 상당한 이유 없이 급부 내용을 사업자가 일방적으로 결정하거나 변경할 수 있도록 하는 약관 조항은 무효이다.
- B의 이용규정 조항은 상당한 이유 없이 급부 내용을 유료 서비스로 일방적으로 전환시킨다는 것이므로 10조 1호의 불공정한 약관으로서 무효이다.

2. 약관규제법 12조 1호 관련
- 12조 1호에 따르면, 고객의 부작위를 의사표시 표명된 것으로 보는 약관 조항은 무효이다.
- B의 이용규정 조항은 고객의 유료 가입 의사 표시 없는 부작위를 유료 가입 의사표시 표명으로 보는 것이므로 무효이다.

4. 위 이용규정 조항을 포함하여 A와 B 사이의 위 계약이 유효하게 성립하였다고 전제하고, 또한 동계약이 방문판매 등에 관한 법률상 계속거래에 해당한다고 가정할 때, A가 이를 해지할 수 있는지 여부를 설명하시오. (10점)

- 방문판매법 31조에 따르면, 계속거래업자와 계속거래 계약을 체결한 소비자는 계약기간 중 언제든지 계약을 해지할 수 있다.
- 문제된 계약은 방문판매법 31조 단서 및 시행령 40조의 해지 제한 사유에 해당하지 않으므로, A는 31조에 따라 계약을 해지할 수 있다.

[2014년] 통신판매, 약관규제, 소비자기본법

6개월 전 아이를 출산한 가정주부 A는 유모차를 구입하기 위해 인터넷상에서 가격비교사이트를 검색하다가, 그 중 가격이 가장 저렴해 보이는 X쇼핑몰에서 2013. 7. 12. Y유모차를 주문하였다. 주문 당시 X쇼핑몰의 화면에는 "해당 제품은 재고처분을 위하여 특가에 제공되는 것으로서, 배송 후에는 당사는 교환이나 환불 등 어떠한 책임도 지지 않습니다."라는 내용의 팝업창이 나타났다. A는 팝업창의 「동의」란에 클릭하고, 온라인으로 대금을 송금하였으며, 같은 해 7. 16. 「전자상거래 등에서의 소비자보호에 관한 법률」제13조 제2항에 따른 계약내용에 관한 서면과 함께 유모차를 배송 받았다.

1. A가 배송받은 유모차를 유심히 살펴보니 X쇼핑몰에서 본 것과 색상 및 디자인에 차이가 있었다. 그런데 A는 2013. 7. 17.부터 여행을 떠날 예정이어서 일단 그 유모차를 사용하기로 하였고, 여행에서 돌아온 며칠 후인 같은 해 7. 30. 청약을 철회하고자 한다. 이 때 「전자상거래 등에서의 소비자보호에 관한 법률」상 A가 청약을 철회할 수 있는지를 설명하시오. (20점)

> ### 1. 관련법령
> - 전자상거래법 17조 3항에 의하면, 1항 및 2항에도 불구하고 재화의 내용이 표시 광고의 내용과 다르거나 계약내용과 다르게 이행된 경우에는 그 재화를 공급받은 날부터 3개월 이내, 그 사실을 안 날 또는 알 수 있었던 날부터 30일 이내에 청약을 철회할 수 있다.
>
> ### 2. 사안의 해결
> - 유모차 사용으로 가치가 현저 감소한 경우라도(17조 2항 2호), X쇼핑몰의 표시 광고와 다르다는 것을 7월 16일에 알았으므로 이 날로부터 30일 이내인 7월 30일에 청약을 철회할 수 있다(17조 3항).

2. X쇼핑몰에서 Y유모차를 구입한 B는 「전자상거래 등에서의 소비자보호에 관한 법률」상 청약을 철회할 수 있는 기간이 도과한 직후에 동 제품의 이음새 하자로 바퀴가 파손되어 X쇼핑몰에 교환을 요청하였으나, X쇼핑몰은 팝업창에 기재된 내용을 근거로 교환을 거절하였다.
   (1) B는 위 팝업창과 관련하여 X쇼핑몰이 「약관의 규제에 관한 법률」상의 명시·설명 의무를 위반하였다고 주장할 수 있는지를 그 근거와 함께 설명하시오. (20점)

(2) 위 팝업창의 문구가 계약의 내용이 되었다고 가정할 때, B가「약관의 규제에 관한 법률」상 위 팝업창에 기재된 내용이 무효라고 주장할 수 있는지를 그 근거와 함께 설명하시오 (단, 동법 제6조 위반 여부는 논하지 말 것). (20점)

3. X쇼핑몰에서 구매한 Y유모차의 이음새 하자로 바퀴가 떨어져 나간 사례가 다수 발생한 경우, Y유모차의 구매자들이「소비자기본법」상 집단적으로 피해구제를 받을 수 있는 수단을 설명하시오. (20점)

2. 소비자단체소송 제기 요청
- 소비자기본법 70조 4호 가목을 충족하는 경우 구매자들은 나목 내지 라목 요건을 충족하는
  비영리민단체에게 단체소송 제기를 요청할 수 있다.

※ TIP: 구매자들은 직접 소비자단체소송을 제기할 수 없다.

[2015년] 방문판매, 직접할부계약, 약관규제

A화장품회사(이하, 'A사')의 영업사원 甲은 화장품의 판매촉진을 위하여 2014. 10. 10. B사의 주차장에 일일 판매부스를 마련하여, B사 여직원들을 상대로 피부미백용 화장품을 소개하고 구입을 권유하였다. B사의 여직원들은 이날 점심시간을 이용하여 A사의 판매부스를 찾았고, 그 가운데 여직원 乙이 30만 원 상당의 피부미백용 화장품을 6개월 할부로 구입하기로 하였다.

甲은 乙에게 피부미백용 화장품과 함께 사은품으로 그 화장품의 견본, 그리고 청약철회에 관한 사항이 적혀있는 계약서를 제공하였으며, 乙은 제1회 할부금을 현장에서 甲에게 납부하고 나머지 할부금은 매달 10일에 계좌이체하기로 하였다.

그런데 乙이 무상으로 제공받은 견본을 모두 사용해본 결과 피부미백효과가 뚜렷하지 않다는 느낌이 들자, 乙은 2014. 10. 20. 甲에게 전화를 걸어서 매매계약에 관한 청약을 철회하겠다는 의사를 전달하는 한편, 이미 납부한 할부금의 환급을 요구하였다. 乙은 구입한 화장품의 뚜껑을 개봉해보았을 뿐 사용하지는 않았다. 하지만 甲으로부터 "이미 구입한 지 열흘이 지났을 뿐만 아니라, 전화상으로는 청약철회가 안 되며, 일단 뚜껑을 개봉한 후에는 청약철회를 받아줄 수 없다."라는 답변을 듣게 되었다.

甲의 답변에 불만을 가진 乙이 2014. 11. 10. 제2회 할부금을 납부하지 않자, A사는 乙에게 서면으로 다음 할부금 납부 기일까지 나머지 할부금 전체를 납부하라는 통지를 하였다. A사는 그 근거로서 약관의 형식으로 작성된 계약서의 다음 조항을 제시하고 있다.

제10조(할부금의 연체)
① 고객이 할부금을 연체하는 경우, 회사는 고객에게 나머지 할부금 전체에 대한 일시 납부를 요구할 수 있습니다.
② 고객이 할부금의 일시 납부를 거부하는 경우, 회사는 본 계약을 해제할 수 있습니다.
③ 회사가 위 제2항에 따라 본 계약을 해제하는 경우, 고객은 회사를 상대로 소를 제기할 수 없습니다.

---

1. A사의 화장품 판매행위가 「방문판매 등에 관한 법률」(이하, '방문판매법')상 방문판매에 해당하는지를 설명하시오. (15점)

- 방문판매법 2조 1호의 방문판매 정의 서술.

> - A사는 사업장 외의 장소에서 소비자에게 권유하여 계약을 체결하여 화장품을 판매하였으므로 방문판매법 2조 1호의 방문판매에 해당한다.

2. 乙의 청약철회와 관련하여 다음 질문에 답하시오.

　(1) 乙의 청약철회에 대해「할부거래에 관한 법률」(이하, '할부거래법')과 방문판매법 중 어느 법률을 우선 적용해야 하는지를 설명하시오. (10점)

> - 乙이 계약서를 받은 날은 10월 10일이고, 이로부터 10일이 지난 뒤에 전화(구두)로 청약을 철회하였다. 이 경우 할부거래법 8조에 따르면 청약철회가 안 되고, 방문판매법 8조에 따르면 청약철회가 가능하다. 또한 할부거래법에는 방문판매법 8조 3항에 해당하는 청약철회 사유가 없다. 따라서 乙에게 유리한 방문판매법을 우선 적용해야 한다.
>
> ※ TIP: 이하 조문을 법전에서 확인
> - 할부거래법 4조 및 방문판매법 4조: 소비자에게 유리한 법률을 적용.
> - 할부거래법 8조 1항 1호 및 3항: 계약서를 받은 날부터 7일 이내에 서면으로만 청약철회 가능.
> - 방문판매법 8조 1항 1호 및 4항: 계약서면 받은 날로부터 14일 이내에 서면 또는 구두(전화)로도 청약철회 가능. 3항 및 4항: 표시·광고와 다른 경우 1항 및 2항에 불구하고 재화등을 공급받을 날로부터 3개월 이내 그 사실을 안 날로부터 30일 이내 청약철회 서면 또는 구두로 청약철회 가능.
> - 따라서 청약철회 조건은 방문판매법이 더 유리.

　(2) 위 질문(1)에서 우선 적용하는 법률에 따라 乙의 청약철회가 효력이 있는지를 설명하시오. (20점)

> 1. 관련법령
> - 방문판매법 8조 2항 1호에 따르면, 소비자에게 책임이 있는 사유로 재화가 훼손된 경우에는 청약을 철회할 수 없다. 단 방문판매법 8조 3항 및 4항에 의하면, 1항 및 2항에도 불구하고 재화등의 내용이 표시·광고의 내용과 다른 경우에는 그 재화등을 공급받은 날부터 3개월 이내에, 그 사실을 안 날 또는 알 수 있었던 날부터 30일 이내에 서면 또는 구두로 청약을 철회할 수 있다.
>
> 2. 사안의 해결
> (※ TIP: 사안에서 피부미백효과 관련 불분명한 부분은 필요한 전제를 제시하고 2개 결론 제시)

- 화장품은 제품의 특성상 뚜껑을 개봉하면 사용하지 않더라도 다시 판매하기 어려운 상품이며, A사는 무상으로 시용 상품을 乙에게 제공하였으므로 8조 5항의 조치를 취하였다.
- 무상 견본을 모두 사용한 결과 피부미백효과가 뚜렷하지 않으나 어느 정도 있어 8조 3항의 '표시·광고와 다른 경우'에 해당하지 않는다면, 화장품 뚜껑 개봉은 8조 2항 1호의 소비자의 책임있는 사유로 재화가 훼손된 경우이므로, 乙의 청약철회는 무효이다.
- 만약 화장품의 피부미백효과가 전혀 없어 8조 3항의 '표시·광고의 내용과 다른 경우'에 해당하면, 乙의 청약철회는 유효하다.

3. A사가 乙의 할부금을 일시에 납부하도록 한 조치가 할부거래법상 효력이 있는지를 설명하시오. (20점)

1. 관련법령
- 할부거래법 13조 1항 1호에 따르면, 할부금을 다음 지급기일까지 연속하여 2회 이상 지급하지 아니하고 그 지급하지 아니한 금액이 할부가격의 100분의 10을 초과하는 경우, 소비자는 기한의 이익을 주장하지 못한다.
- 할부거래법 43조에 의하면, 13조를 위반한 약정으로서 소비자에게 불리한 것은 효력이 없다.

2. 사안의 해결
- 乙은 제2회 할부금만 납부하지 않았으므로 1회 연체이고, 연속 2회 연체에 해당되지 않는다. 따라서 1회 연체만으로도 일시 납부하도록 한 조치는 할부거래법 13조 1항 1호에 위반되며 乙에게 불리한 것이므로 효력이 없다.

4. 위 계약서 제10조 제3항이 「약관의 규제에 관한 법률」(이하, '약관규제법')상 불공정한 약관조항에 해당하는지를 설명하시오(단, 약관규제법 제6조의 해당 여부는 논하지 말 것). (15점)

1. 관련법령
- 약관규제법 14조 1항 1호에 따르면, 고객에게 부당하게 불리한 소송 제기 금지 조항은 무효이다.

2. 사안의 해결
- 계약서 10조 3항은 乙에게 부당하게 불리한 소송 제기를 금지하는 조항이므로, 약관규제법 14조 1항 1호의 불공정한 약관조항에 해당한다.

[2016년] 통신판매, 약관규제, 소비자기본법

건강과 미용에 관심이 많은 A는 다이어트 효과와 함께 피부 미용에도 좋은 건강기능식품을 구매하기 위해 여러 인터넷 쇼핑몰을 검색하던 중, 국내 여러 업체가 입점하여 다양한 건강기능식품들을 판매하고 있는 B사의 X 쇼핑몰 사이트를 발견하였다. A는 동 사이트에서 C사가 판매하고 있는 제품들의 가격, 효능, 복용방법을 상세히 볼 수 있었는데, 2016. 1. 5. 그 중 가격대비 효능이 뛰어난 것으로 보이는 '파워 정' 제품 1박스를 주문하면서 당일 대금 100만 원을 C사의 Y은행 계좌로 입금하였다.

1. A는 2016. 1. 8. 「전자상거래 등에서의 소비자보호에 관한 법률」(이하, '전자상거래법'이라 한다) 제13조 제2항에 따른 계약내용에 관한 서면과 함께 '파워 정' 제품을 수령하였으나 막상 제품을 받고 보니 다른 제품에 대해 좀 더 알아보지 않고 구매를 한 것이 후회되었다. 이에 A는 2016. 1. 9. C사에 전화를 걸어 청약 철회의 의사를 표시하였지만 C사의 담당자는 다음과 같은 약관 조항을 언급하며 청약 철회가 불가능하다고 답하였다.

> 제10조(청약 철회의 제한) 고객이 제품에 대한 대금을 입금한 이후에는 청약을 철회할 수 없다.

가. 위 약관 조항 제10조가 전자상거래법상 무효인지, 그리고 A가 동법상 청약 철회를 할 수 있는지를 설명하시오. (25점)

1. 관련법령
- 전자상거래법 17조 1항 및 4항에 따르면, 계약내용에 관한 서면을 받은 날부터 7일 이내에 구두(전화) 또는 서면으로 청약을 철회할 수 있다.
- 전자상거래법 35조에 따르면, 같은 법 17조를 위반한 약정으로서 소비자에게 불리한 것은 효력이 없다.

2. 사안의 해결
- 약관 10조는 전자상거래법 17조를 위반한 약정이므로 효력이 없다.
- 사안의 경우 전자상거래법 17조 2항의 청약철회를 할 수 없는 경우에 해당되지 않으므로, A는 계약서면을 받은 날인 1월 8일로부터 하루가 지난 1월 9일 전화로 청약을 철회할 수 있다.

나. 위 약관 조항 제10조가 「약관의 규제에 관한 법률」상 불공정한 약관 조항에 해당하는지를 설명하시오(단, 동법 제6조 위반 여부는 논하지 말 것). (15점)

- 약관규제법 11조 1호에 따르면, 법률에 따른 고객의 권리를 상당한 이유 없이 배제, 제한하는 조항은 무효이다.
- 약관 10조는 전자상거래법 17조의 청약철회권을 상당한 이유 없이 제한하므로, 약관규제법 11조 1호의 불공정한 약관조항에 해당한다.

2. A는 '파워 정' 제품을 수령한 후 설명서에 나와 있는 복용법에 따라 2016. 1. 10.부터 10일간 매일 1알씩 복용하였다. 그런데 설명서에 나와 있는 다이어트, 피부 미용의 효과가 발생하기는 커녕 점점 피부에 붉은 반점이 생기고 두통과 불면증까지 겪게 되었다. 이에 A는 2016. 1. 20. 복용을 중단하고 환불을 받고자 C사에 전화를 하였으나, 그 날 이후 계속 연락이 되지 않고 있다. 이 경우 전자상거래법상 A가 C사 이외에 B사에 대해서도 손해배상 책임을 물을 수 있는지를 설명하시오. (20점)

- B사는 전자상거래법 2조 4호의 통신판매중개자에 해당한다.
- 통신판매중개자는 자신이 통신판매의 당사자가 아니라는 사실을 소비자가 쉽게 알 수 있도록 총리령으로 정하는 방법으로 미리 고지해야 하고(전자상거래법 20조 1항), 고지를 하지 아니한 경우 통신판매중개의뢰자의 고의 또는 과실로 소비자에게 발생한 재산상 손해에 대하여 통신판매중개의뢰자와 연대하여 배상할 책임이 있다(전자상거래법 20조의2 1항).
- A는 설명서 복용법을 지켰고, 붉은 반점, 투통, 불면증 등의 피해가 C사의 고의·과실로 인한 '파워 정'의 부작용 때문이고, B사가 전자상거래법 20조 1항에 따른 고지를 미리 안했다면, 전자상거래법 20조의2 1항에 따라서 B사에 대해서도 손해배상책임을 물을 수 있다.

3. C사의 '파워 정' 제품을 구매하여 복용한 다른 소비자들에게도 A의 경우와 유사한 부작용이 발생하자 한국소비자원에서 해당 제품에 대한 시험·검사를 실시하였다. 그 결과 '파워정' 제품에는 인체에 치명적으로 유해한 성분이 포함되어 있는 것으로 판명되었다. 이 경우 「소비자기본법」상 C사가 취해야 할 조치와 중앙행정기관의 장이 취할 수 있는 조치는 무엇인지를 설명하시오. (20점)

1. C사가 취해야 할 조치
- 소비자기본법 19조 1항에 따라 소비자에게 생명·신체에 대한 위해가 발생하지 아니하도록 필요한 조치를 강구해야 하고, 19조 5항에 따라 파워 정의 하자로 인한 소비자의 불만이나 피해

를 해결하거나 보상해야 하고, 48조에 따라 파워 정을 자진수거해야 한다.

2. 중앙행정기관의 장이 취할 수 있는 조치

- 소비자기본법 49조에 따라 C사에게 파워 정을 수거·파기할 것을 권고하고, 50조에 따른 수거
·파기 등의 명령을 취할 수 있다.

[2017년] 직접할부계약, 약관규제

甲은 전기 난방기(냉방 겸용)를 판매하는 사업자이며, A와 B는 농업에 종사하는 자로서 자신의 비닐하우스에서 채소를 재배하고 있다. A는 자신의 비닐하우스 내부 온도를 유지하는데 사용할 목적으로 2016. 1. 12. 甲으로부터 전기 난방기를 10개월 무이자 할부로 300만 원에 구입하기로 하고, 계약체결과 동시에 1회차 할부금 30만 원을 현장에서 납부하였으며 나머지 할부금은 매달 12일에 계좌이체하기로 하였다. 甲은 계약체결시 청약철회 등에 대한 내용이 적혀있는 계약서를 제공하였으며, 다음날 甲의 설치기사 X는 전기 난방기 및 설치에 필요한 부속자재를 싣고 가 설치를 완료하였다. 이후 전기 난방기를 가동하고 있던 A는 B가 동일한 전기난방기를 甲으로부터 200만 원에 구입하였다는 이야기를 듣게 되었고, 이에 2016. 1. 14. 甲에게 전화하여 청약을 철회할 것을 통보하는 한편 전기 난방기를 가져가라고 하였다. 그러나 甲은 전기 난방기의 포장에 '사용 후 반품불가'라고 분명하게 표시되어 있었고, 설치기사 X도 그 점을 명확하게 설명하였음을 이유로 A의 요구를 거부하였다. 이후 A는 2016. 2. 12. 2회차 할부금을 지급하지 아니하였고, 甲은 이를 이유로 2016. 2. 15. 계약을 해제하였다. A는 청약철회에 의해 이미 계약은 종료되었으며, 만약 그렇지 않더라도 甲이 아무런 최고도 없이 계약을 해제한 것은 부당하다고 주장하였지만, 甲은 계약서상의 약관 조항 제10조에 의거한 계약해제로서 아무런 문제가 없다고 주장하고 있다.

한편, B는 2016. 1. 13. 甲으로부터 전기 난방기를 10개월 무이자 할부로 200만 원에 구입하기로 계약을 체결하면서 계약서를 수령하였고, 다음날 甲의 설치기사 Y는 전기 난방기 설치를 완료하였다. B는 계약체결과 동시에 1회차 할부금 20만 원을 현장에서 납부하였으며 나머지 할부금은 매달 13일에 계좌이체하기로 하였다.

> 제10조(계약의 해제) "甲(매도인)"은 "乙(매수인)"이 할부금 지급 의무를 이행하지 않은 경우 즉시 계약을 해제할 수 있다.
> 제17조(손해배상책임) 乙에게 발생한 손해가 甲 또는 그 이행보조자의 고의에 의하여 발생한 것이 아니라면 甲은 乙에 대하여 손해배상책임을 부담하지 아니한다.

[아래의 각 문제는 독립적임]

1. A가 甲과 체결한 계약에 관하여 다음의 질문에 답하시오.
   (1) 「할부거래에 관한 법률」이 적용되는지 여부를 설명하시오. (15점)

> - A는 농업을 위해 구매했으므로, 할부거래법 2조 5호 나목 및 같은 법 시행령 2조 3호에 따라 할부거래법이 적용되는 자에 해당한다.
> - 문제된 계약은 할부거래법 2조 1호 가목의 직접할부계약에 해당되므로, 할부거래법이 적용된다.

(2) 「할부거래에 관한 법률」이 적용된다고 가정할 때, A의 청약철회권 행사가 유효한지를 설명하시오. (15점)

> - 할부거래법 8조 1항 1호 및 3항에 따르면, 계약서를 받은 날로부터 7일 이내에 서면으로만 청약 철회할 수 있다.
> - 그런데 A가 구매한 전기냉방기는 할부거래법 시행령 6조 1항 6호 나목의 '전기냉방기'에 해당하므로, 청약을 철회할 수 없는 재화에 해당한다.
> - 甲은 전기 난방기의 포장에 '사용 후 반품불가'라고 분명하게 표시하였고, 설치기사 X도 그 점을 명확하게 설명하였으므로, 할부거래법 8조 6항에 따른 조치를 하였다.
> - 따라서 甲의 청약철회권 행사는 유효하지 않다.

2. 위 약관 조항 제10조에 관하여 다음의 질문에 답하시오.

(1) 위 약관 조항 제10조에 근거하여 甲이 계약을 해제할 수 있는지에 대해 「할부거래에 관한 법률」을 근거로 설명하시오. (15점)

> **1. 관련법령**
> - 할부거래법 11조 1항에 따르면, 할부거래업자는 소비자가 할부금 지급의무를 이행하지 아니하면 할부계약을 해제할 수 있다. 이 경우 할부거래업자는 그 계약을 해제하기 전에 14일 이상의 기간을 정하여 소비자에게 이행할 것을 서면으로 최고하여야 한다.
> - 할부거래법 43조에 따르면, 11조에 위반한 약정으로서 소비자에게 불리한 것은 효력이 없다.
>
> **2. 사안의 해결**
> - 약관조항 10조는 할부거래법 11조 1항 후단이 요구하는 '14일 이상 기간의 서면 최고' 요건을 없앤 것이므로 소비자에게 불리하다.
> - 따라서 약관조항 10조는 할부거래법 43조에 따라 효력이 없으므로, 甲은 이에 근거하여 계약을 해제할 수 없다.

(2) 위 약관 조항 제10조가 「약관의 규제에 관한 법률」상 불공정한 약관 조항에 해당하는지를 설명하시오. (단, 동법 제6조 위반 여부는 논하지 말 것) (10점)

- 약관규제법 9조 3호에 따르면, 법률에 따른 사업자의 해제권의 행사 요건을 완화하여 고객에게 부당하게 불이익을 줄 우려가 있는 조항은 무효이다.
- 약관조항 10조는 할부거래법 11조 1항 후문의 사업자의 해제권 행사요건인 '14일 이상 기간의 서면 최고'를 없앤 것이다.
- 따라서 약관규제법 9조 3호의 불공정한 약관 조항에 해당한다.

3. B가 2016. 2. 13. 2회차 할부금을 미납하자 甲은 적법하게 그 지급을 최고하였다. 그럼에도 불구하고 B가 계속하여 6개월간 할부금을 지급하지 않은 경우, 甲이 B에 대하여 「할부거래에 관한 법률」상 취할 수 있는 조치는 무엇인지를 설명하시오. (15점)

1. 관련법령
- 할부거래법 11조 1항에 따르면, 적법하게 지급을 최고한 경우, 할부거래업자는 소비자가 할부금 지급의무를 이행하지 아니하면 할부계약을 해제할 수 있다.

2. 사안의 해결
- 할부거래법 11조 3항에 따르면, 전기난방기 소유권이 B에게 유보된 경우에는 할부 계약을 해제하고 그 반환을 청구할 수 있다.

4. 甲의 직원인 설치기사 Y는 현저히 주의를 결여한 상태로 설치업무를 수행하였고, 그 결과전기 난방기에 고장이 발생하여 B가 재배하는 채소가 모두 냉해를 입게 되었다. B는 甲에게 이에 대한 손해배상을 요구하였으나, 甲은 계약서상의 약관 조항 제17조에 따라 책임이 없다고 주장하고 있다. 위 약관 조항 제17조가 「약관의 규제에 관한 법률」상 불공정한 약관 조항에 해당하는지를 설명하시오. (단, 동법 제6조 위반 여부는 논하지 말 것) (10점)

- 약관규제법 7조 1호에 따르면, 피고용자의 중대한 과실로 인한 법률상의 책임을 배제하는 조항은 불공정한 약관조항에 해당되어 무효이다.
- 사업자 甲의 피고용자인 설치기사 Y의 현저한 주의 결여로 중과실이 인정되고, 이로 인해 A에게 손해가 발생하였다.
- 그런데 약관조항 17조는 피고용자의 중과실로 인한 손해배상책임을 배제하고 있으므로, 약관규제법 7조 1호의 불공정한 약관에 해당한다.

제2문: 소비자 5개 법률 해설 173

[2018년] 통신판매, 약관규제

인터넷 홈페이지를 통하여 피부미용 용도의 마스크 팩 제품을 판매하고 있는 사업자 甲은 자사의 홈페이지에 각 품목별 매매대금, 대금지급 방법, 계약해제의 요건 및 방법 등 제품구매에 관한 일반적인 거래조건을 규정한 약관을 게시하고 있다. 최근 소비자 A는 마스크 팩을 다량으로 구입하고자 인터넷을 검색하던 중 甲의 홈페이지를 접하게 되었고, 거기서 광고하고 있는 제품의 효과가 매우 마음에 들어, 甲의 홈페이지를 통해 마스크 팩 100개를 주문하고 위 약관에서 정한 대로 대금도 모두 지급하였다. 얼마 후 A는 100개의 마스크 팩과 적법한 계약서를 배송 받았는데, 실제로 3개를 사용해 보니 홈페이지에서 광고하였던 효과가 없음을 알게 되었다. 이에 A가 제품배송일로부터 며칠이 지난 후 甲에게 청약을 철회하겠다고 하자, 甲은 아래 약관 제7조에 따라 청약의 철회가 불가능하다고 답변하였다.

> 제7조(청약철회의 제한) 고객은 배송된 제품을 실제 사용한 이후에는 청약을 철회할 수 없습니다.
>
> 제8조(해제의 제한) 고객은 주문 후 7일이 경과한 이후에는 계약을 해제할 수 없습니다.

1. A의 마스크 팩 구매가 「전자상거래 등에서의 소비자보호에 관한 법률」(이하 '전자상거래법'이라 한다)상 전자상거래와 통신판매에 해당하는지에 대해 설명하시오. (20점)

> 1. 전자상거래에 해당하는지 여부
> - 전자상거래법 2조 1호에 따르면, 전자상거래란 전자거래의 방법으로 상행위를 하는 것을 말한다.
> - A가 甲의 홈페이지 약관을 보고 홈페이지를 통해 마스크 팩을 주문하는 등 거래에서 전자문서가 이용되었으므로, 전자상거래법 2조 1호의 전자상거래에 해당한다.
>
> 2. 통신판매에 해당하는지 여부
> - 전자상거래법 2조 2호에 따르면, 통신판매란 전기통신 등의 방법으로 재화등의 판매 정보를 제공하고 청약을 받아 판매하는 것을 말한다.
> - 甲은 홈페이지, 즉 전기통신을 이용하여 마스크팩 정보를 제공하고 홈페이지에서 A로부터 청약을 받아 마스크 팩을 판매하였으므로 통신판매에 해당한다.

2. A의 마스크 팩 구매가 전자상거래법의 적용대상이라고 전제할 때, A가 청약을 철회할 수 있는지에 대해 설명하시오. (30점)

1. 관련법령
- 전자상거래법 17조 3항에 따르면, 1항 및 2항에도 불구하고 재화의 내용이 표시·광고의 내용과 다르면 그 재화를 공급받은 날부터 3개월 이내, 그 사실을 안 날 또는 알 수 있었던 날부터 30일 이내에 청약을 철회할 수 있다.

2. 사안의 해결
- 사안은 甲이 광고했던 마스크 팩의 효과가 없었던 경우이다.
- 따라서 A는 마스크 팩을 공급받은 날로부터 3개월 이내 또는 그 사실을 안 날로부터 30일 이내에 청약을 철회할 수 있다.

3. 위 약관 제7조 및 제8조가 「약관의 규제에 관한 법률」(이하 '약관규제법'이라 한다)상 불공정 약관조항에 해당하여 무효인지에 대해 설명하시오. (단, 약관규제법 제6조 해당 여부는 논하지 말 것) (30점)

1. 약관 7조의 경우
- 약관규제법 11조 1호에 따르면, 법률에 따른 고객의 권리를 상당한 이유 없이 제한하는 조항은 무효이다.
- 약관 7조는 전자상거래법 17조 3항의 기간 이내의 청약철회권을 상당한 이유 없이 제한하였다. 따라서 약관규제법 11조 1호의 불공정 약관조항에 해당하므로 무효이다.

2. 약관 8조의 경우
- 약관규제법 9조 1호에 따르면, 법률에 따른 고객의 해제권 행사를 제한하는 조항은 무효이다.
- 약관 8조는 민법상 甲의 채무불이행에 해당되는 경우에도 소비자의 계약해제권을 제한하였다. 따라서 약관규제법 9조 1호의 불공정 약관조항에 해당하므로 무효이다.

[2019년] 통신판매, 선불식할부계약, 약관규제

칠순이 된 甲은 2018. 12. 1. TV를 시청하던 중 상조업체 乙의 장례관련 상조상품 광고방송을 접하였다. 乙의 광고에는 최근 어르신들이 자손들에게 부담을 주지 않기 위해 장례 관련 상조상 품에 많이 가입한다는 정보와 함께, 가입 고객들에게 사은품으로 족욕기가 제공된다는 내용이 포함되어 있었다. 평소에 상조상품 가입을 고민하던 甲은 마침 족욕기가 필요하기도 해서 바로 乙에 전화를 걸어 상조상품에 가입하겠다는 의사를 밝혔다. 이후 甲은 2018. 12. 5. 乙이 보내 준 계약서와 함께 사은품 박스를 전달받았다. 이 계약서는 乙이 자사 상조상품에 가입하려는 고 객들에게 동일하게 적용하기 위해 일방적으로 미리 마련한 것으로서 甲이 수령한 계약서에는 가 입자가 60개월 동안 매달 5만 원을 납입하고 乙은 가입자 사망 시에 장례 용역 및 이에 부수하는 재화를 제공하기로 함과 아울러 乙의 주소, 청약철회에 관한 사항, 그리고 乙이 고객에게 사은품 을 제공할 수 있다는 내용을 담고 있었다. 甲은 계약서 수령 당일에 계약서에 서명한 후 이를 팩시밀리로 乙에게 송부하였다.

그런데 甲이 2018. 12. 20. 족욕기를 사용하려고 사은품 박스를 개봉해 보니 박스에는 족욕기가 아닌 가습기가 들어 있었다. 甲은 乙에 전화로 항의한 후, 자신은 가습기를 이미 가지고 있으므로 가습기를 족욕기로 교체해 주지 않으면 청약을 철회하겠다는 의사를 구두로 통지하였다.

이에 대해 乙은 족욕기가 품절되어 비슷한 가격의 가습기로 교체한 것이라면서 그 근거로 아래 계약서 제30조 제2항을 제시하였다. 甲은 계약체결 이전에 乙로부터 제30조 제2항에 관하여 아 무런 설명을 듣지 못했었다. 아울러 乙은 청약을 철회하려면 철회의사를 서면으로 통지해야 하는 데다, 甲이 계약을 체결하고 사은품을 제공받은 후 이미 14일이 경과하였으므로 청약철회 자체가 불가하다고 설명하였다.

제30조(사은품 제공)

① 회사는 상조상품에 가입하는 고객에 대하여 소정의 사은품을 제공할 수 있습니다.

② 회사가 고객에게 제공하는 사은품은 해당 품목의 수급사정 등에 따라 임의로 동일 가격 대의 다른 품목으로 변경될 수 있습니다.

---

1. 甲이 乙과 체결한 계약의 성질을 「할부거래에 관한 법률」(이하 '할부거래법'이라 함)을 바탕으 로 설명하시오. (10점)

> - 해당 계약은 60개월 동안 60회 납부하고 시기를 알 수 없는 사망 후에 장례 관련 서비스와 재화를 제공받는 것이므로 할부거래법 2조 2호 가목의 선불식 할부계약에 해당된다.

2. 계약서 제30조 제2항이 「약관의 규제에 관한 법률」(이하 '약관규제법'이라 함)상 계약의 내용이 될 수 있는지를 설명하시오[단 할부거래법 제23조 및 「전자상거래 등에서의 소비자보호에 관한 법률」(이하 '전자상거래법'이라 함) 제13조 위반 여부는 논하지 말 것]. (20점)

> ### 1. 관련법령 및 판례
> - 약관규제법 3조 3항에 따르면, 사업자는 약관에 정하여져 있는 "중요한 내용"을 고객이 이해할 수 있도록 설명해야 한다. 판례에 따르면, 중요한 내용이란 "사회통념에 비추어 고객이 계약체결의 여부나 대가를 결정하는데 직접 영향을 미칠 수 있는 사항"을 의미한다.
>
> ### 2. 사안의 해결
> - 甲은 상조상품 가입을 고민하던 중 마침 족욕기가 필요하기도 해서 족욕기를 사은품으로 제공한다는 광고를 보고 계약을 체결하였다. 가습기가 사은품이었다면 애당초 계약을 체결하지 않았을 것이다. 족욕기 제공 여부는 계약체결 여부를 결정하는데 직접 영향을 미칠 수 있는 중요한 내용이다.
> - 그런데 乙은 광고와 달리 족욕기가 아닌 가습기를 사은품으로 보냈고, 계약서 30조 2항("회사가 고객에게 제공하는 사은품은 해당 품목의 수급사정 등에 따라 임의로 동일 가격대의 다른 품목으로 변경될 수 있습니다")은 중요한 내용인데 이를 설명하지 않았다.
> - 따라서 계약서 30조 2항은 계약내용이 될 수 없다.

3. 乙의 입장에서 계약서 제30조 제2항이 약관규제법상 불공정한 약관에 해당하지 않는다는 주장과 그 근거를 제시하시오(단 약관규제법 제6조 위반 여부는 논하지 말 것). (20점)

> ### 1. 관련법령
> - 약관규제법 10조 1호에 따르면, 상당한 이유 없이 급부의 내용을 사업자가 일방적으로 결정하거나 변경할 수 있도록 권한을 부여하는 조항은 무효이다.
>
> ### 2. 사안의 해결
> - 계약서 30조 2항에 따르면, 乙은 사은품 족욕기의 수급사정 등에 따라 임의로 동일 가격대의 다른 품목으로 변경하여 지급할 수 있다. 족욕기의 품절 때문에 족욕기 제공이 불가능한 경우에는 동일 가격대의 다른 품목으로 제공하므로, 상당한 이유가 인정된다.

- 따라서 계약서 30조 2항은 불공정 약관에 해당하지 않는다.

4. 계약서 제30조 제2항이 약관규제법상 유효라고 전제하고, 甲이 乙과 체결한 상조계약의 청약을 철회할 수 있는지를 할부거래법과 전자상거래법의 관점에서 설명하시오. (30점)

1. 쟁점
- 문제된 계약은 할부거래법상 선불식할부계약, 전자상거래법상 통신판매에 해당한다. 상조상품 광고내용과 달리 사은품이 족욕기가 아닌 가습기가 제공된 경우 상조상품 계약서를 받은 날로부터 15일이 지난 뒤 청약을 철회할 수 있는지가 문제된다.

2. 할부거래법의 경우
- 할부거래법 24조 1항 및 2항에 따르면, 선불식 할부계약의 경우 계약서를 받은 날로부터 14일 이내에 서면으로만 청약을 철회할 수 있다.
- 乙은 계약서 받은 12월 5일로부터 15일 지난 뒤에 전화로 청약철회를 하였기 때문에, 할부거래법상 청약철회 요건을 충족시키지 못한다.

3. 전자상거래법의 경우
- 전자상거래법 17조 3항에 따르면, 재화의 내용이 표시·광고의 내용과 다른 경우 그 재화를 공급받은 날부터 3개월 이내 또는 그 사실을 안 날 또는 알 수 있었던 날부터 30일 이내에 청약을 철회할 수 있다.
- 乙은 광고 내용과 달리 상조상품의 사은품으로 족욕기가 아닌 가습기를 사은품으로 보냈고, 甲은 전자상거래법 17조 3항에 따라 사은품이 가습기라는 사실을 알게 된 12월 20일로부터 30일 이내에 전화로 청약을 철회할 수 있다.

[2020년] 전화권유판매, 약관규제

甲 피트니스센터(이하 '甲'이라 함)는 과거에 회원으로 등록되어 있던 고객들을 상대로 2019. 11. 1. '동계 특별프로모션'에 관한 휴대전화 문자메시지를 발송하여 이용료 할인 및 요가수업 3회 무료 수강이 포함된 프로그램 정보를 제공하는 한편, 문자메시지 하단에 甲의 전화번호를 남겨서 상담을 유도하였다.

과거 甲의 회원이었던 A는 해당 문자메시지를 받고 甲에 전화하여 상담원에게 위 프로모션에 관하여 문의하였다. 甲의 상담원은 이번 프로모션이 1개월당 20만 원에 상당하는 프로그램을 3개월 동안 30만 원에 제공하는 상품이며, 단 2주간만 회원을 모집하므로 조기 마감이 예상되니 속히 등록을 하는 편이 좋겠다고 A를 설득하였다. 이에 A는 11. 1. 전화상으로 가입의사를 밝히고 당일에 이용대금 30만 원을 甲의 은행계좌로 이체하였다. 甲은 고객들에게 적용하기 위해 미리 마련해 둔 계약서를 A에게 전자우편으로 발송하였는데, A가 받은 계약서에는 청약철회, 중도해지 및 그로 인한 위약금에 관한 내용은 적혀 있지 아니하였다.

그런데 A는 11. 5. 거주지 인근에 새로 문을 연 乙 피트니스센터에서 유사한 프로그램을 더 저렴한 가격에 제공한다는 사실을 알게 되었다. 하지만 이미 甲의 시설을 5일간 이용하였으므로 어쩔 수 없다고 생각하던 중 11. 15. 친구 B로부터 일정 기간 내에는 청약을 철회할 수 있다는 이야기를 듣게 되었다. 이에 甲에 같은 날 철회하고 싶다고 하였으나 甲은 A에게 계약 후 15일이 경과하였고 이미 피트니스센터 시설을 이용하였으므로 청약을 철회할 수 없다고 답변하였다.

하는 수 없이 계속 甲을 이용하기로 한 A가 12. 2. 운동기구 X를 사용하던 중 자신의 과실로 인하여 해당 운동기구에 경미한 고장을 일으켰다. A는 다음날 甲으로부터 새로운 운동기구 Y의 사용방법에 대한 설명을 듣지 못한 채 운동기구 Y를 조작하다가 오작동으로 인하여 허리를 다쳐 통원치료를 받게 되었다.

A는 甲에 자신의 치료비 및 한동안 일을 하지 못하게 되어 발생한 손해를 배상해 줄 것을 요구하였다. 하지만 甲은 A와 체결한 아래의 甲 피트니스센터 회원 가입 계약서를 제시하면서, 운동기구 Y의 이용으로 인해 발생한 부상에 대해서는 입원비와 수술비만 책임지기로 하였으므로 통원치료비는 배상할 필요가 없고, 오히려 甲이 A로부터 운동기구 X의 고장으로 인한 손해를 배상받아야 한다고 주장하고 있다.

제10조
고객이 피트니스센터를 이용하는 과정에서 운동기구의 고장, 훼손을 야기한 경우에 고객은

해당 운동기구의 신제품 가격에 상응하는 금원 및 교체 기간 동안의 영업손실금을 손해액으로 배상하여야 합니다.

제11조
피트니스센터를 이용하는 과정에서 고객에게 발생한 부상에 대하여 甲은 고객의 입원비와 수술비에 한하여 배상의 책임을 집니다.

1. 甲과 A 사이의 판매 또는 거래행위가 「방문판매 등에 관한 법률」상 어떠한 유형에 해당하는지를 설명하시오. (20점)

- 방문판매법 2조 3호에 따르면, "전화권유판매"란 전화를 이용하여 소비자에게 권유를 하거나 전화회신을 유도하는 방법으로 재화등을 판매를 의미한다.
- 甲이 문자로 자신의 전화번호를 남겨 A에게 전화회신을 유도하여 계약이 체결되었으므로, 방문판매법 2조 3호의 "전화권유판매"에 해당한다.

2. A의 청약철회 요구에 대한 甲의 답변 내용이 타당한지에 관하여 설명하시오. (20점)

- 甲과 A 사이의 거래는 3개월간 피트니스센터 이용 계약이지만, 계약서에 위약금 내용이 없으므로 방문판매법 2조 10호의 "계속거래"가 아니다.
- 甲이 A에게 11월 1일 전자우편으로 발송한 계약서에는 방문판매법 7조 2항에 따른 청약철회에 관한 사항이 적혀 있지 않았으므로, 방문판매법 8조 1항 3호에 따라 A는 청약철회를 할 수 있음을 친구로부터 들어서 알게 된 날인 11월 15일부터 14일 내에 청약을 철회할 수 있다.
- 사안의 경우 방문판매법 8조 2항의 청약철회 불가 사유에 해당하지 않는다.
- 따라서 甲의 답변 내용은 타당하지 않다.

3. 甲 피트니스센터 회원 가입 계약서 제10조 및 제11조가 「약관의 규제에 관한 법률」(이하 '약관규제법'이라 한다)상 불공정 약관조항에 해당하여 무효가 되는지를 설명하시오. (단, 약관규제법 제6조 해당 여부는 논하지 말 것) (30점)

1. 계약서 10조의 경우
- 약관규제법 8조에 따르면, 고객에게 부당하게 과중한 손해배상 의무를 부담시키는 조항은 무효이다.

- A가 과실로 운동기구 X에 경미한 고장을 일으켰음에도 불구하고, 해당 운동기구의 신제품 가격에 상응하는 금원 및 교체 기간 동안의 영업손실금을 손해액으로 배상하도록 한 것은 부당하게 과중한 손해배상 의무를 부담시키는 것이다.
- 따라서 약관규제법 8조의 불공정 약관조항에 해당하므로 무효이다.

2. 계약서 11조의 경우
- 약관규제법 7조 2호에 따르면, 상당한 이유 없이 사업자의 손해배상 범위를 제한하는 조항은 무효이다.
- 甲의 과실로 인해 A가 부상을 입어 통원치료를 받았다면, 갑은 이에 대한 손해배상책임을 부담해야 한다. 그럼에도 불구하고 계약서 11조는 상당한 이유 없이 손해배상 범위를 입원비와 수술비로 제한하고 있으므로, 상당한 이유 없이 사업자의 손해배상 범위를 제한하는 것이다.
- 따라서 약관규제법 7조 2호의 불공정 약관조항에 해당하므로 무효이다.

4. 피트니스센터 이용 약관을 둘러싸고 소비자 피해가 다수 야기되어 그로 인한 피해를 방지하기 위하여 표준약관이 필요한 경우에 공정거래위원회가 직접 표준약관을 제정하게 되는 요건에 관하여 설명하시오. (10점)

※ TIP: 아래 조문을 풀어서 설명
약관규제법 19조의3 4항: 공정거래위원회는 사업자 및 사업자단체가 제3항의 권고를 받은 날부터 4개월 이내에 필요한 조치를 하지 아니하면 관련 분야의 거래 당사자 및 소비자단체등의 의견을 듣고 관계 부처의 협의를 거쳐 표준이 될 약관을 제정할 수 있다.

[2021년] 통신판매, 약관규제, 소비자기본법

인터넷 쇼핑몰을 운영하는 甲회사는 온라인으로 의류, 신발, 액세서리 등을 판매해오고 있다. 소비자 A는 2020. 9. 1. 휴대전화로 甲회사의 인터넷 쇼핑몰에서 액세서리를 주문하여 계약서는 당일 이메일로 받고, 상품은 2020. 9. 3. 택배로 받았다. 하지만 A는 수령한 액세서리가 마음에 들지 않았다. A는 환불을 위하여 수령한 액세서리를 상자에 담은 후 상자 겉면에 "마음에 들지 않으니 환불해 주세요."라고 쓰고는 2020. 9. 7. 택배로 그 액세서리를 甲회사에 송부하였다. 그런데 일주일이 지나도록 환불 조치가 이루어지지 않아 A는 甲회사의 고객센터에 문의하였다. 이에 대해 甲회사의 고객센터는 "당해 액세서리는 주문제작 상품이므로 환불이 불가합니다."라는 답변을 하였다. 하지만 당해 액세서리는 외국에서 수입한 기성품이었다.

1. 「전자상거래 등에서의 소비자보호에 관한 법률」(이하 '전자상거래법'이라 함)상 A가 甲회사로부터 환불을 받을 수 있는지, 있다면 그 근거를 제시하여 설명하시오. (20점)

> **1. 관련법령**
> - 전자상거래법 17조 1항 1호에 따르면, 계약서 또는 재화등 공급 받은 날로부터 7일 이내 청약철회 가능하다.
> - 전자상거래법 17조 4항에 따르면, 1항에 따른 청약철회를 서면으로 하는 경우 그 의사표시가 적힌 서명 발송일로부터 효력이 발생한다.
>
> **2. 사안의 해결**
> - A는 액세사리 상품을 9월 3일 받았고 9월 7일 반송 상자 겉면에 쓴 "마음에 들지 않으니 환불해 주세요"가 서면 청약철회로 인정된다.
> - 따라서 9월 7일 청약철회 효력이 발생하였으므로 환불을 받을 수 있다.

2. 甲회사의 고객센터가 A에 대하여 한 답변이 전자상거래법상 어떠한 위법행위에 해당하고, 이에 대하여 공정거래위원회는 어떠한 조치를 취할 수 있는지 설명하시오. (20점)

> **1. 관련법령**
> - 甲 고객센터가 A에 대한 답변은 전자상거래법 21조 1항 1호의 금지행위인 "거짓사실을 알려 소비자의 청약철회를 방해하는 행위"에 해당한다.

2. 사안의 해결
- 공정위는 전자상거래법 32조 1항 2호에 따라 2항 각호의 조치, 즉 "해당 위반행위 중지, 법에 규정된 의무 이행, 시정조치 받은 사실 공표, 소비자피해 예방 및 구제에 필요한 조치, 기타 위반행위 시정을 위해 필요한 조치"를 명할 수 있다.

3. A가 甲회사의 인터넷 쇼핑몰 게시판을 살펴보니 자신과 같이 액세서리의 환불요청을 하였으나 환불 받지 못한 소비자가 80여 명이 있다는 사실을 알게 되었다. 이들이 「소비자기본법」 상 집단으로 분쟁을 해결할 수 있는 방안을 설명하시오. (10점)

- 소비자기본법 시행령 56조 1항 1호 및 2호의 요건을 충족하므로, A등 80여명은 소비자기본법 68조 1항에 따라 한국소비자원의 소비자분쟁조정위원회에 집단분쟁조정을 의뢰, 신청할 수 있다.
- 소비자기본법 70조 4호 가목 요건을 충족하므로, A등 80여명은 나목 내지 라목의 요건을 충족 하는 비영리민간단체에게 단체소송 제기를 요청할 수 있다.

4. 만약 A가 환불을 요청하지 않고 액세서리를 사용하려고 하였는데 액서리의 큐빅 하나에 금이 가 있는 것을 발견하고 2020. 9. 7. 甲회사에 교환을 요구하자 甲회사가 아래의 약관조 항을 이유로 A의 교환요청을 거절한다고 가정할 때, 각 약관조항이 「약관의 규제에 관한 법률」(이하 '약관규제법'이라 함)상 불공정한 약관인지 설명하시오(단, 약관규제법 제6조의 적용 여부는 논하지 말 것). (30점)

제12조(구매확정)
당사에서 구입한 상품은 소비자가 수령 후 3일 이내에 반송하지 않는 경우 구매확정으로 처리됩니다.

제13조(교환조건)
③ 구매확정이 되었다면 당사에서 구입한 상품에 하자가 있더라도 교환요구를 할 수 없습니다.

1. 약관 12조의 경우
- 약관규제법 11조 1호에 따르면, 법률에 따른 고객의 권리를 상당한 이유 없이 배제하거나 제한하는 조항은 무효이다.

- A는 전자상거래법 17조 1항 1호에 따라 7일 이내에 청약철회할 수 있음에도 불구하고, 약관 12조는 상당한 이유 없이 3일 이내 반송이 없으면 구매확정이 된다.
- 따라서 약관규제법 11조 1호에 해당하는 불공정한 약관이다.

2. 약관 13조 3항의 경우
- 약관규제법 7조 3호에 따르면, 상당한 이유 없이 사업자의 담보책임을 배제하는 조항은 무효이다.
- 甲은 하자 없는 액세서리, 즉 큐빅에 금이 없는 액세서리를 제공할 담보책임이 있는데, 약관 13조 3항은 상당 이유 없이 이러한 책임을 배제하고 있다.
- 따라서 약관규제법 7조 3호에 해당하는 불공정한 약관이다.

[2022년] 간접할부계약, 약관규제

소비자 A는 2021년 12월 1일 사업자 B의 자동차판매대리점에 방문하여 "본 대리점에서 자동차를 할부로 구매한 후 이용한 경우에는 할부계약에 관한 청약을 철회할 수 없습니다"라는 안내 표시판을 확인하고 C신용카드 회사로부터 발급받은 자신의 신용카드를 이용하여 12개월 할부로 X자동차(「자동차관리법」에 따른 자동차이다)를 구매하면서 계약서를 수령하였다. 그 다음 날인 12월 2일 A는 B가 탁송으로 보낸 X자동차를 수령하였다. 계약서에는 다음과 같은 내용의 약관 조항이 있었다.

제10조(손해배상액의 제한) 고객이 상품을 수령한 후에는 상품 하자로 인한 손해가 발생하더라도 B는 손해액의 50%만 배상합니다.

제11조(분쟁해결방법) 상품 하자로 인한 손해배상 분쟁은 중재로 해결해야 하며 법원에 소를 제기할 수 없습니다.

※ 이하의 문제는 각각 독립적임.

1. 「할부거래에 관한 법률」(이하 '할부거래법'이라고 한다)과 관련하여 다음 질문에 답하시오.

(1) A와 B 사이의 계약이 할부거래법상 어떤 유형의 계약에 해당하는지를 설명하시오. (20점)

---

1. 관련법령
- 할부거래법 2조 1호 나목에 따르면, 간접할부계약이란 "소비자가 신용제공자에게 재화등의 대금을 2개월 이상의 기간에 걸쳐 3회 이상 나누어 지급하고, 재화등의 대금을 완납하기 전에 사업자로부터 재화등의 공급을 받기로 하는 계약"이다.

2. 사안의 해결
- A는 신용제공자인 C신용카드사에게 X자동차 대금을 12개월 동안 12회 나누어 지급해야 하고, 대금 완납하기 전에 B로부터 X자동차를 공급받기로 하였으므로, A와 B사이의 계약은 간접할부계약에 해당한다.

---

(2) A는 X자동차를 이용하다가 2021년 12월 4일 왠지 마음에 들지 않아 X자동차 구매 계약에 관한 청약을 철회하려고 한다. A가 할부거래법에 따라 청약을 철회할 수 있는지를 설명하시오. (20점)

1. 관련법령

- 할부거래법 8조 2항 2호 및 같은 법 시행령 6조 1항 5호에 따르면, "「자동차관리법」에 따른 자동차"의 경우 소비자는 8조 1항에 따른 청약철회를 할 수 없다.
- 할부거래법 8조 6항에 따르면, 할부거래업자는 청약을 철회할 수 없다는 사실을 소비자가 쉽게 알 수 있는 곳에 분명하게 표시하는 등의 방법으로 소비자의 청약철회가 방해받지 않도록 조치해야 한다

2. 사안의 해결

- X자동차는 자동차관리법에 따른 자동차이고, B는 판매대리점 안에 할부계약 청약철회 불가 안내 표시판을 설치하였고 A도 이를 확인하였으므로 할부거래법 8조 6항의 조치를 한 것으로 볼 수 있다.
- 따라서 A는 X자동차를 받은 날(12월 2일)로부터 7일 이내인 12월 4일이라도 청약을 철회할 수 없다.

2. 「약관의 규제에 관한 법률」(이하 '약관규제법'이라고 한다)과 관련하여 다음 질문에 답하시오. (단, 약관규제법 제3조, 제6조 해당 여부는 논하지 말 것)

　(1) A는 X자동차를 이용하다가 X자동차의 하자로 인하여 부상을 입어 부상을 치료하기 위해 병원에 다니면서 100만 원의 치료비를 지불하였다. A가 B에게 100만 원의 치료비를 손해 배상으로 청구하자 B는 약관 제10조를 이유로 손해배상금 50만 원만 지급하겠다고 하였다. B가 약관 제10조를 이유로 손해배상액을 제한할 수 있는지를 설명하시오. (20점)

1. 관련법령

- 약관규제법 7조 2호에 따르면, "상당한 이유 없이 사업자의 손해배상 범위를 제한"하는 조항은 불공정약관 조항으로서 무효이다.

2. 사안의 해결

- 사안에서 약관 10조는 B의 손해배상 범위를 상당한 이유 없이 손해액의 50%로 제한하므로, 약관규제법 7조 2호의 불공정약관 조항에 해당한다.
- 따라서 B는 약관 10조를 이유로 손해배상액을 제한할 수 없다.

　(2) 약관 제11조가 약관규제법상 불공정한 약관 조항에 해당하는지를 설명하시오. (20점)

1. 관련법령
- 약관규제법 14조 1호에 따르면, "고객에게 부당하게 불리한 소송 제기 금지 조항"은 불공정약관 조항으로서 무효이다.

2. 사안의 해결
- 사안에서 약관 11조는 고객에게 손해배상 분쟁을 중재로만 해결하고 법원에 소를 제기할 수 없다고 하였으므로, 약관규제법 14조 1호의 불공정약관 조항에 해당한다.

경/제/법

부록

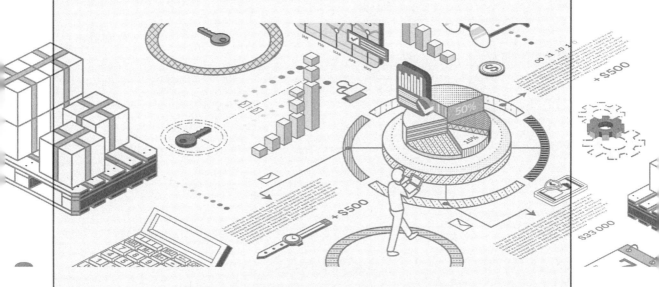

〈부록 1〉 기출조문집

☑ 수험생 편의를 위해 변호사시험용 법전에 수록된 법률 순서에 따라 편집하였고, 법전에 없는 공정거래법 시행령 별표 2의 전체 내용도 여기에 같이 수록하였다. 기출조문집은 참고용으로만 이용하고, 선택과목 법전(법무부 비매품)을 (학교를 통해서) 구해서 경제법편만 복사·이용하면서 실전 감각을 익히도록 권장한다.

● 소비자기본법

제19조(사업자의 책무) ① 사업자는 물품등으로 인하여 소비자에게 생명·신체 또는 재산에 대한 위해가 발생하지 아니하도록 필요한 조치를 강구하여야 한다.

⑤ 사업자는 물품등의 하자로 인한 소비자의 불만이나 피해를 해결하거나 보상하여야 하며, 채무불이행 등으로 인한 소비자의 손해를 배상하여야 한다.

제49조(수거 · 파기 등의 권고 등) ① 중앙행정기관의 장은 사업자가 제공한 물품등의 결함으로 인하여 소비자의 생명·신체 또는 재산에 위해를 끼치거나 끼칠 우려가 있다고 인정되는 경우에는 그 사업자에 대하여 당해 물품등의 수거·파기·수리·교환·환급 또는 제조·수입·판매·제공의 금지 그 밖의 필요한 조치를 권고할 수 있다.

제50조(수거 · 파기 등의 명령 등) ① 중앙행정기관의 장은 사업자가 제공한 물품등의 결함으로 인하여 소비자의 생명·신체 또는 재산에 위해를 끼치거나 끼칠 우려가 있다고 인정되는 경우에는 대통령령이 정하는 절차에 따라 그 물품등의 수거·파기·수리·교환·환급을 명하거나 제조·수입·판매 또는 제공의 금지를 명할 수 있고, 그 물품등과 관련된 시설의 개수(改修) 그 밖의 필요한 조치를 명할 수 있다.

제68조(분쟁조정의 특례) ① 제65조제1항의 규정에 불구하고, 국가·지방자치단체·한국소비자원·소비자단체·소비자 또는 사업자는 소비자의 피해가 다수의 소비자에게 같거나 비슷한 유형으로 발생하는 경우로서 대통령령이 정하는 사건에 대하여는 조정위원회(=한국소비자원 소비자분쟁조정위원회)에 일괄적인 분쟁조정(=집단분쟁조정)을 의뢰 또는 신청할 수 있다.

제70조(단체소송의 대상등) 다음 각 호의 어느 하나에 해당하는 단체는 사업자가 제20조의 규정을 위반하여 소비자의 생명·신체 또는 재산에 대한 권익을 직접적으로 침해하고 그

침해가 계속되는 경우 법원에 소비자권익침해행위의 금지·중지를 구하는 소송(=단체소송)을 제기할 수 있다.

1. 제29조의 규정에 따라 공정거래위원회에 등록한 소비자단체로서 다음 각 목의 요건을 모두 갖춘 단체

    가. 정관에 따라 상시적으로 소비자의 권익증진을 주된 목적으로 하는 단체일 것

    나. 단체의 정회원수가 1천명 이상일 것

    다. 제29조의 규정에 따른 등록 후 3년이 경과하였을 것

2. 제33조에 따라 설립된 한국소비자원

3. 「상공회의소법」에 따른 대한상공회의소, 「중소기업협동조합법」에 따른 중소기업협동조합중앙회 및 전국 단위의 경제단체로서 대통령령이 정하는 단체

4. 「비영리민간단체 지원법」 제2조의 규정에 따른 비영리민간단체로서 다음 각 목의 요건을 모두 갖춘 단체

    가. 법률상 또는 사실상 동일한 침해를 입은 50인 이상의 소비자로부터 단체소송의 제기를 요청받을 것

    나. 정관에 소비자의 권익증진을 단체의 목적으로 명시한 후 최근 3년 이상 이를 위한 활동실적이 있을 것

    다. 단체의 상시 구성원수가 5천명 이상일 것

    라. 중앙행정기관에 등록되어 있을 것

● 소비자기본법 시행령

제56조(집단분쟁조정의 신청대상) 법 제68조제1항에서 "대통령령이 정하는 사건"이란 다음 각 호의 요건을 모두 갖춘 사건을 말한다.

1. 물품등으로 인한 피해가 같거나 비슷한 유형으로 발생한 소비자 중 다음 각 목의 자를 제외한 소비자의 수가 50명 이상일 것

    가. 법 제31조제1항 본문에 따른 자율적 분쟁조정, 법 제57조에 따른 한국소비자원 원장의 권고, 그 밖의 방법으로 사업자와 분쟁해결이나 피해보상에 관한 합의가 이루어진 소비자

    나. 제25조 각 호의 분쟁조정기구에서 분쟁조정이 진행 중인 소비자

    다. 해당 물품등으로 인한 피해에 관하여 법원에 소(訴)를 제기한 소비자

2. 사건의 중요한 쟁점이 사실상 또는 법률상 공통될 것

● 전자상거래 등에서의 소비자보호에 관한 법률

제2조(정의)

1. "전자상거래"란 전자거래(=「전자문서 및 전자거래 기본법」 제2조제5호에 따른 전자거래)의 방법으로 상행위(商行爲)를 하는 것을 말한다.

2. "통신판매"란 우편·전기통신, 그 밖에 총리령으로 정하는 방법으로 재화 또는 용역(일정한 시설을 이용하거나 용역을 제공받을 수 있는 권리를 포함)의 판매에 관한 정보를 제공하고 소비자의 청약을 받아 재화 또는 용역(= 재화등)을 판매하는 것을 말한다. 다만, 「방문판매 등에 관한 법률」 제2조제3호에 따른 전화권유판매는 통신판매의 범위에서 제외한다.

3. "통신판매업자"란 통신판매를 업(業)으로 하는 자 또는 그와의 약정에 따라 통신판매 업무를 수행하는 자를 말한다.

4. "통신판매중개"란 사이버몰(컴퓨터 등과 정보통신설비를 이용하여 재화등을 거래할 수 있도록 설정된 가상의 영업장)의 이용을 허락하거나 그 밖에 총리령으로 정하는 방법으로 거래 당사자 간의 통신판매를 알선하는 행위를 말한다.

5. "소비자"란 다음 각 목의 어느 하나에 해당하는 자를 말한다.

   가. 사업자가 제공하는 재화등을 소비생활을 위하여 사용(이용을 포함)하는 자

   나. 가목 외의 자로서 사실상 가목의 자와 같은 지위 및 거래조건으로 거래하는 자 등 대통령령으로 정하는 자

제17조(청약철회등) ① 통신판매업자와 재화등의 구매에 관한 계약을 체결한 소비자는 다음 각 호의 기간(거래당사자가 다음 각 호의 기간보다 긴 기간으로 약정한 경우에는 그 기간) 이내에 해당 계약에 관한 청약철회등을 할 수 있다.

1. 제13조제2항에 따른 계약내용에 관한 서면을 받은 날부터 7일. 다만, 그 서면을 받은 때보다 재화등의 공급이 늦게 이루어진 경우에는 재화등을 공급받거나 재화등의 공급이 시작된 날부터 7일

2. 제13조제2항에 따른 계약내용에 관한 서면을 받지 아니한 경우, 통신판매업자의 주소 등이 적혀 있지 아니한 서면을 받은 경우 또는 통신판매업자의 주소 변경 등의 사유로 제1호의 기간에 청약철회등을 할 수 없는 경우에는 통신판매업자의 주소를 안 날 또는 알 수 있었던 날부터 7일

3. 제21조제1항제1호 또는 제2호의 청약철회등에 대한 방해 행위가 있는 경우에는 그 방해 행위가 종료한 날부터 7일

② 소비자는 다음 각 호의 어느 하나에 해당하는 경우에는 통신판매업자의 의사에 반하여 제1항에 따른 청약철회등을 할 수 없다. 다만, 통신판매업자가 제6항에 따른 조치를 하지 아니하는 경우에는 제2호부터 제5호까지의 규정에 해당하는 경우에도 청약철회등을 할 수 있다.

1. 소비자에게 책임이 있는 사유로 재화등이 멸실되거나 훼손된 경우. 다만, 재화등의 내용을 확인하기 위하여 포장 등을 훼손한 경우는 제외한다.

2. 소비자의 사용 또는 일부 소비로 재화등의 가치가 현저히 감소한 경우

3. 시간이 지나 다시 판매하기 곤란할 정도로 재화등의 가치가 현저히 감소한 경우

4. 복제가 가능한 재화등의 포장을 훼손한 경우

5. 용역 또는「문화산업진흥 기본법」제2조제5호의 디지털콘텐츠의 제공이 개시된 경우. 다만, 가분적 용역 또는 가분적 디지털콘텐츠로 구성된 계약의 경우에는 제공이 개시되지 아니한 부분에 대하여는 그러하지 아니하다.

6. 그 밖에 거래의 안전을 위하여 대통령령으로 정하는 경우

③ 소비자는 제1항 및 제2항에도 불구하고 재화등의 내용이 표시·광고의 내용과 다르거나 계약내용과 다르게 이행된 경우에는 그 재화등을 공급받은 날부터 3개월 이내, 그 사실을 안 날 또는 알 수 있었던 날부터 30일 이내에 청약철회등을 할 수 있다.

④ 제1항 또는 제3항에 따른 청약철회등을 서면으로 하는 경우에는 그 의사표시가 적힌 서면을 발송한 날에 그 효력이 발생한다.

⑤ 제1항부터 제3항까지의 규정을 적용할 때 재화등의 훼손에 대하여 소비자의 책임이 있는지 여부, 재화등의 구매에 관한 계약이 체결된 사실 및 그 시기, 재화등의 공급사실 및 그 시기 등에 관하여 다툼이 있는 경우에는 통신판매업자가 이를 증명하여야 한다.

⑥ 통신판매업자는 제2항제2호부터 제5호까지의 규정에 따라 청약철회등이 불가능한 재화등의 경우에는 그 사실을 재화등의 포장이나 그 밖에 소비자가 쉽게 알 수 있는 곳에 명확하게 표시하거나 시험 사용 상품을 제공하는 등의 방법으로 청약철회등의 권리 행사가 방해받지 아니하도록 조치하여야 한다. 다만, 제2항제5호 중 디지털콘텐츠에 대하여 소비자가 청약철회등을 할 수 없는 경우에는 청약철회등이 불가능하다는 사실의 표시와 함께 대통령령으로 정하는 바에 따라 시험 사용 상품을 제공하는 등의 방법으로 청약철회등의 권리 행사가 방해받지 아니하도록 하여야 한다.

제20조(통신판매중개자의 의무와 책임) ① 통신판매중개를 하는 자(=통신판매중개자)는 자신이 통신판매의 당사자가 아니라는 사실을 소비자가 쉽게 알 수 있도록 총리령으로 정하는

방법으로 미리 고지하여야 한다.

제20조의2(통신판매중개자 및 통신판매중개의뢰자의 책임) ① 통신판매중개자는 제20조제1
항의 고지를 하지 아니한 경우 통신판매중개의뢰자의 고의 또는 과실로 소비자에게 발생
한 재산상 손해에 대하여 통신판매중개의뢰자와 연대하여 배상할 책임을 진다.

제21조(금지행위) ① 전자상거래를 하는 사업자 또는 통신판매업자는 다음 각 호의 어느
하나에 해당하는 행위를 하여서는 아니 된다.

　1. 거짓 또는 과장된 사실을 알리거나 기만적 방법을 사용하여 소비자를 유인 또는 소비자
　　와 거래하거나 청약철회등 또는 계약의 해지를 방해하는 행위

제32조(시정조치 등) ① 공정거래위원회는 사업자가 다음 각 호의 어느 하나에 해당하는
행위를 하거나 이 법에 따른 의무를 이행하지 아니하는 경우에는 해당 사업자에게 그 시
정조치를 명할 수 있다.

　2. 제21조제1항 각 호의 금지행위 중 어느 하나에 해당하는 행위

　② 제1항에 따른 시정조치는 다음 각 호의 어느 하나에 해당하는 조치를 말한다.

　1. 해당 위반행위의 중지

　2. 이 법에 규정된 의무의 이행

　3. 시정조치를 받은 사실의 공표

　4. 소비자피해 예방 및 구제에 필요한 조치

　5. 그 밖에 위반행위의 시정을 위하여 필요한 조치

제35조(소비자에게 불리한 계약의 금지) 제17조부터 제19조까지의 규정을 위반한 약정으로
서 소비자에게 불리한 것은 효력이 없다.

● 전자상거래 등에서의 소비자보호에 관한 법률 시행령 (기출 없음)

● 독점규제 및 공정거래에 관한 법률

제2조(정의) 이 법에서 사용하는 용어의 뜻은 다음과 같다.

　2. "사업자단체"란 그 형태가 무엇이든 상관없이 둘 이상의 사업자가 공동의 이익을 증진
　　할 목적으로 조직한 결합체 또는 그 연합체를 말한다.

　3. "시장지배적사업자"란 일정한 거래분야의 공급자나 수요자로서 단독으로 또는 다른
　　사업자와 함께 상품이나 용역의 가격, 수량, 품질, 그 밖의 거래조건을 결정·유지 또는
　　변경할 수 있는 시장지위를 가진 사업자를 말한다. 이 경우 시장지배적사업자를 판단
　　할 때에는 시장점유율, 진입장벽의 존재 및 정도, 경쟁사업자의 상대적 규모 등을 종합

적으로 고려한다.

5. "경쟁을 실질적으로 제한하는 행위"란 일정한 거래분야의 경쟁이 감소하여 특정 사업자 또는 사업자단체의 의사에 따라 어느 정도 자유로이 가격, 수량, 품질, 그 밖의 거래조건 등의 결정에 영향을 미치거나 미칠 우려가 있는 상태를 초래하는 행위를 말한다.

20 "재판매가격유지행위"란 사업자가 상품 또는 용역을 거래할 때 거래상대방인 사업자 또는 그 다음 거래단계별 사업자에 대하여 거래가격을 정하여 그 가격대로 판매 또는 제공할 것을 강제하거나 그 가격대로 판매 또는 제공하도록 그 밖의 구속조건을 붙여 거래하는 행위를 말한다.

제3조(국외에서의 행위에 대한 적용) 국외에서 이루어진 행위라도 그 행위가 국내 시장에 영향을 미치는 경우에는 이 법을 적용한다.

제5조(시장지배적지위의 남용금지) ① 시장지배적사업자는 다음 각 호의 어느 하나에 해당하는 행위(이하 "남용행위"라 한다)를 해서는 아니 된다.

1. 상품의 가격이나 용역의 대가(이하 "가격"이라 한다)를 부당하게 결정·유지 또는 변경하는 행위

3. 다른 사업자의 사업활동을 부당하게 방해하는 행위

5. 부당하게 경쟁사업자를 배제하기 위하여 거래하거나 소비자의 이익을 현저히 해칠 우려가 있는 행위

② 남용행위의 유형 및 기준은 대통령령으로 정한다.

제6조(시장지배적사업자의 추정) 일정한 거래분야에서 시장점유율이 다음 각 호의 어느 하나에 해당하는 사업자(일정한 거래분야에서 연간 매출액 또는 구매액이 40억원 미만인 사업자는 제외)는 시장지배적사업자로 추정한다.

1. 하나의 사업자의 시장점유율이 100분의 50 이상

2. 셋 이하의 사업자의 시장점유율의 합계가 100분의 75 이상. 이 경우 시장점유율이 100분의 10 미만인 사업자는 제외한다.

제7조(시정조치) ① 공정거래위원회는 남용행위가 있을 때에는 그 시장지배적사업자에게 가격의 인하, 해당 행위의 중지, 시정명령을 받은 사실의 공표 또는 그 밖에 필요한 시정조치를 명할 수 있다.

제8조(과징금) 공정거래위원회는 시장지배적사업자가 남용행위를 한 경우에는 그 사업자에게 대통령령으로 정하는 매출액(대통령령으로 정하는 사업자의 경우에는 영업수익을 말한다. 이하 같다)에 100분의 6을 곱한 금액을 초과하지 아니하는 범위에서 과징금을 부과할 수

있다. 다만, 매출액이 없거나 매출액의 산정이 곤란한 경우로서 대통령령으로 정하는 경우(이하 "매출액이 없는 경우등"이라 한다)에는 20억원을 초과하지 아니하는 범위에서 과징금을 부과할 수 있다.

제9조(기업결합의 제한) ① 누구든지 직접 또는 대통령령으로 정하는 특수한 관계에 있는 자(=특수관계인)를 통하여 다음 각 호의 어느 하나에 해당하는 행위(이하 "기업결합"이라 한다)로서 일정한 거래분야에서 경쟁을 실질적으로 제한하는 행위를 하여서는 아니 된다. 다만, 자산총액 또는 매출액의 규모가 대통령령으로 정하는 규모에 해당하는 회사(=대규모회사) 외의 자가 제2호에 해당하는 행위를 하는 경우에는 그러하지 아니하다.

1. 다른 회사 주식의 취득 또는 소유

2. 임원 또는 종업원에 의한 다른 회사의 임원 지위의 겸임(이하 "임원겸임"이라 한다)

3. 다른 회사와의 합병

4. 다른 회사의 영업의 전부 또는 주요 부분의 양수·임차 또는 경영의 수임이나 다른 회사의 영업용 고정자산의 전부 또는 주요 부분의 양수(이하 "영업양수"라 한다)

5. 새로운 회사설립에의 참여. 다만, 다음 각 목의 어느 하나에 해당하는 경우는 제외한다.
  가. 특수관계인(대통령령으로 정하는 자는 제외한다) 외의 자는 참여하지 아니하는 경우
  나. 「상법」 제530조의2제1항에 따른 분할에 따른 회사설립에 참여하는 경우

② 다음 각 호의 어느 하나에 해당한다고 공정거래위원회가 인정하는 기업결합에 대해서는 제1항을 적용하지 아니한다. 이 경우 해당 요건을 충족하는지에 대한 입증은 해당 사업자가 하여야 한다.

2. 상당한 기간 동안 대차대조표상의 자본총계가 납입자본금보다 작은 상태에 있는 등 회생이 불가능한 회사와의 기업결합으로서 대통령령으로 정하는 요건에 해당하는 경우

제40조(부당한 공동행위의 금지) ① 사업자는 계약·협정·결의 또는 그 밖의 어떠한 방법으로도 다른 사업자와 공동으로 부당하게 경쟁을 제한하는 다음 각 호의 어느 하나에 해당하는 행위를 할 것을 합의(이하 "부당한 공동행위"라 한다)하거나 다른 사업자로 하여금 이를 하도록 하여서는 아니 된다.

1. 가격을 결정·유지 또는 변경하는 행위

4. 거래지역 또는 거래상대방을 제한하는 행위

7. 영업의 주요 부문을 공동으로 수행·관리하거나 수행·관리하기 위한 회사 등을 설립하는 행위

8. 입찰 또는 경매를 할 때 낙찰자, 경락자, 입찰가격, 낙찰가격 또는 경락가격, 그 밖에

대통령령으로 정하는 사항을 결정하는 행위

제42조(시정조치) ① 공정거래위원회는 부당한 공동행위가 있을 때에는 그 사업자에게 해당 행위의 중지, 시정명령을 받은 사실의 공표 또는 그 밖에 필요한 시정조치를 명할 수 있다.

제43조(과징금) 공정거래위원회는 부당한 공동행위가 있을 때에는 그 사업자에게 대통령령으로 정하는 매출액에 100분의 20을 곱한 금액을 초과하지 아니하는 범위에서 과징금을 부과할 수 있다. 다만, 매출액이 없는 경우등에는 40억원을 초과하지 아니하는 범위에서 과징금을 부과할 수 있다.

제44조(자진신고자 등에 대한 감면 등) ① 다음 각 호의 어느 하나에 해당하는 자(소속 전·현직 임직원을 포함한다)에 대해서는 제42조에 따른 시정조치나 제43조에 따른 과징금을 감경 또는 면제할 수 있고, 제129조에 따른 고발을 면제할 수 있다.

1. 부당한 공동행위의 사실을 자진신고한 자

2. 증거제공 등의 방법으로 공정거래위원회의 조사 및 심의·의결에 협조한 자

⑤ 제1항에 따라 시정조치 또는 과징금이 감경 또는 면제되는 자의 범위와 감경 또는 면제의 기준·정도 등과 제4항에 따른 정보 및 자료의 제공·누설 금지에 관한 세부 사항은 대통령령으로 정한다.

제45조(불공정거래행위의 금지) ① 사업자는 다음 각 호의 어느 하나에 해당하는 행위로서 공정한 거래를 해칠 우려가 있는 행위(이하 "불공정거래행위"라 한다)를 하거나, 계열회사 또는 다른 사업자로 하여금 이를 하도록 하여서는 아니 된다.

1. 부당하게 거래를 거절하는 행위

2. 부당하게 거래의 상대방을 차별하여 취급하는 행위

4. 부당하게 경쟁자의 고객을 자기와 거래하도록 유인하는 행위

5. 부당하게 경쟁자의 고객을 자기와 거래하도록 강제하는 행위

6. 자기의 거래상의 지위를 부당하게 이용하여 상대방과 거래하는 행위

7. 거래의 상대방의 사업활동을 부당하게 구속하는 조건으로 거래하는 행위

제46조(재판매가격유지행위의 금지) 사업자는 재판매가격유지행위를 하여서는 아니 된다. 다만, 다음 각 호의 어느 하나에 해당하는 경우에는 그러하지 아니하다.

1. 효율성 증대로 인한 소비자후생 증대효과가 경쟁제한으로 인한 폐해보다 큰 경우 등 재판매가격유지행위에 정당한 이유가 있는 경우

제49조(시정조치) ① 공정거래위원회는 제45조제1항·제2항, 제46조, 제47조 또는 제48조를 위반하는 행위가 있을 때에는 해당 사업자(제45조제2항 및 제47조의 경우에는 해당 특수관계

인 또는 회사를 말한다)에게 해당 불공정거래행위, 재판매가격유지행위 또는 특수관계인에 대한 부당한 이익제공행위의 중지 및 재발방지를 위한 조치, 해당 보복조치의 금지, 계약조항의 삭제, 시정명령을 받은 사실의 공표, 그 밖에 필요한 시정조치를 명할 수 있다.

제50조(과징금) ① 공정거래위원회는 제45조제1항(제9호는 제외한다), 제46조 또는 제48조를 위반하는 행위가 있을 때에는 해당 사업자에게 대통령령으로 정하는 매출액에 100분의 4를 곱한 금액을 초과하지 아니하는 범위에서 과징금을 부과할 수 있다. 다만, 매출액이 없는 경우등에는 10억원을 초과하지 아니하는 범위에서 과징금을 부과할 수 있다.

② 공정거래위원회는 제45조제1항제9호 또는 같은 조 제2항, 제47조제1항 또는 제3항을 위반하는 행위가 있을 때에는 해당 특수관계인 또는 회사에 대통령령으로 정하는 매출액에 100분의 10을 곱한 금액을 초과하지 아니하는 범위에서 과징금을 부과할 수 있다. 다만, 매출액이 없는 경우등에는 40억원을 초과하지 아니하는 범위에서 과징금을 부과할 수 있다.

제51조(사업자단체의 금지행위) ① 사업자단체는 다음 각 호의 어느 하나에 해당하는 행위를 하여서는 아니 된다.

1. 제40조제1항 각 호의 행위로 부당하게 경쟁을 제한하는 행위

제52조(시정조치) ① 공정거래위원회는 제51조를 위반하는 행위가 있을 때에는 그 사업자단체(필요한 경우 관련 구성사업자를 포함한다)에 해당 행위의 중지, 시정명령을 받은 사실의 공표, 그 밖에 필요한 시정조치를 명할 수 있다.

제53조(과징금) ① 공정거래위원회는 제51조제1항을 위반하는 행위가 있을 때에는 해당 사업자단체에 10억원의 범위에서 과징금을 부과할 수 있다.

② 공정거래위원회는 제51조제1항제1호를 위반하는 행위에 참가한 사업자에게 대통령령으로 정하는 매출액에 100분의 20을 곱한 금액을 초과하지 아니하는 범위에서 과징금을 부과할 수 있다. 다만, 매출액이 없는 경우등에는 40억원을 초과하지 아니하는 범위에서 과징금을 부과할 수 있다.

③ 공정거래위원회는 제51조제1항제2호부터 제4호까지의 규정을 위반하는 행위에 참가한 사업자에게 대통령령으로 정하는 매출액에 100분의 10을 곱한 금액을 초과하지 아니하는 범위에서 과징금을 부과할 수 있다. 다만, 매출액이 없는 경우등에는 20억원을 초과하지 아니하는 범위에서 과징금을 부과할 수 있다.

제116조(법령에 따른 정당한 행위) 이 법은 사업자 또는 사업자단체가 다른 법령에 따라 하는 정당한 행위에 대해서는 적용하지 아니한다.

● 독점규제 및 공정거래에 관한 법률 시행령

제9조(남용행위의 유형 또는 기준) ① 법 제5조제1항제1호에 따른 상품의 가격이나 용역의 대가(이하 "가격"이라 한다)를 부당하게 결정·유지 또는 변경하는 행위는 정당한 이유 없이 가격을 수급의 변동이나 공급에 필요한 비용(같은 종류 또는 유사한 업종의 통상적인 수준의 것으로 한정한다)의 변동에 비하여 현저하게 상승시키거나 근소하게 하락시키는 행위로 한다.

③ 법 제5조제1항제3호에 따른 다른 사업자의 사업활동을 부당하게 방해하는 행위는 직접 또는 간접으로 다음 각 호의 행위를 하여 다른 사업자의 사업활동을 어렵게 하는 행위로 한다.

4. 그 밖에 제1호부터 제3호까지의 방법 외의 다른 부당한 방법에 따른 행위를 하여 다른 사업자의 사업활동을 어렵게 하는 행위 중 공정거래위원회가 정하여 고시하는 행위

⑤ 법 제5조제1항제5호에 따른 부당하게 경쟁사업자를 배제하기 위하여 거래하는 행위는 다음 각 호의 행위로 한다.

2. 부당하게 거래상대방이 경쟁사업자와 거래하지 않을 것을 조건으로 그 거래상대방과 거래하는 행위

⑥ 제1항부터 제5항까지의 규정에 따른 행위의 세부적인 유형 및 기준에 관하여 필요한 사항은 공정거래위원회가 정하여 고시한다.

제16조(기업결합의 적용제외 기준) 법 제9조제2항제2호에서 "대통령령으로 정하는 요건에 해당하는 경우"란 다음 각 호의 요건을 모두 갖춘 경우를 말한다.

1. 기업결합을 하지 않으면 회사의 생산설비 등이 해당 시장에서 계속 활용되기 어려운 경우

2. 해당 기업결합보다 경쟁제한성이 적은 다른 기업결합이 이루어지기 어려운 경우

제51조(자진신고자등에 대한 감면 기준 등) ① 법 제44조제1항에 따른 시정조치 또는 과징금이 감경·면제되는 자의 범위와 그 기준은 다음 각 호와 같다.

2. 공정거래위원회가 조사를 시작한 후에 법 제44조제1항제2호에 따라 조사등에 협조한 자가 다음 각 목의 요건에 모두 해당하는 경우에는 과징금을 면제하고, 시정조치를 감경하거나 면제한다.

　가. 공정거래위원회가 부당한 공동행위에 대한 정보를 입수하지 못했거나 부당한 공동행위임을 입증하는 증거를 충분히 확보하지 못한 상태에서 조사등에 협조했을 것

　나. 제1호가목, 다목 및 라목의 요건에 모두 해당할 것

● **약관의 규제에 관한 법률** (참고: 무효사유는 非기출조항도 포함)

제2조(정의)

  1. "약관"이란 그 명칭이나 형태 또는 범위에 상관없이 계약의 한쪽 당사자가 여러 명의 상대방과 계약을 체결하기 위하여 일정한 형식으로 미리 마련한 계약의 내용을 말한다.

제3조(약관의 작성 및 설명의무 등)

  ② 사업자는 계약을 체결할 때에는 고객에게 약관의 내용을 계약의 종류에 따라 일반적으로 예상되는 방법으로 분명하게 밝히고, 고객이 요구할 경우 그 약관의 사본을 고객에게 내주어 고객이 약관의 내용을 알 수 있게 하여야 한다. (생략)

  ③ 사업자는 약관에 정하여져 있는 중요한 내용을 고객이 이해할 수 있도록 설명하여야 한다. 다만, 계약의 성질상 설명하는 것이 현저하게 곤란한 경우에는 그러하지 아니하다.

  ④ 사업자가 제2항 및 제3항을 위반하여 계약을 체결한 경우에는 해당 약관을 계약의 내용으로 주장할 수 없다.

제7조(면책조항의 금지) 계약 당사자의 책임에 관하여 정하고 있는 약관의 내용 중 다음 각 호의 어느 하나에 해당하는 내용을 정하고 있는 조항은 무효로 한다.

  1. 사업자, 이행 보조자 또는 피고용자의 고의 또는 중대한 과실로 인한 법률상의 책임을 배제하는 조항

  2. 상당한 이유 없이 사업자의 손해배상 범위를 제한하거나 사업자가 부담하여야 할 위험을 고객에게 떠넘기는 조항

  3. 상당한 이유 없이 사업자의 담보책임을 배제 또는 제한하거나 그 담보책임에 따르는 고객의 권리행사의 요건을 가중하는 조항

  4. 상당한 이유 없이 계약목적물에 관하여 견본이 제시되거나 품질·성능 등에 관한 표시가 있는 경우 그 보장된 내용에 대한 책임을 배제 또는 제한하는 조항

제8조(손해배상액의 예정) 고객에게 부당하게 과중한 지연 손해금 등의 손해배상 의무를 부담시키는 약관 조항은 무효로 한다.

제9조(계약의 해제·해지) 계약의 해제·해지에 관하여 정하고 있는 약관의 내용 중 다음 각 호의 어느 하나에 해당되는 내용을 정하고 있는 조항은 무효로 한다.

  1. 법률에 따른 고객의 해제권 또는 해지권을 배제하거나 그 행사를 제한하는 조항

  2. 사업자에게 법률에서 규정하고 있지 아니하는 해제권 또는 해지권을 부여하여 고객에게 부당하게 불이익을 줄 우려가 있는 조항

3. 법률에 따른 사업자의 해제권 또는 해지권의 행사 요건을 완화하여 고객에게 부당하게 불이익을 줄 우려가 있는 조항

4. 계약의 해제 또는 해지로 인한 원상회복의무를 상당한 이유 없이 고객에게 과중하게 부담시키거나 고객의 원상회복 청구권을 부당하게 포기하도록 하는 조항

5. 계약의 해제 또는 해지로 인한 사업자의 원상회복의무나 손해배상의무를 부당하게 경감하는 조항

6. 계속적인 채권관계의 발생을 목적으로 하는 계약에서 그 존속기간을 부당하게 단기 또는 장기로 하거나 묵시적인 기간의 연장 또는 갱신이 가능하도록 정하여 고객에게 부당하게 불이익을 줄 우려가 있는 조항

제10조(채무의 이행) 채무의 이행에 관하여 정하고 있는 약관의 내용 중 다음 각 호의 어느 하나에 해당하는 내용을 정하고 있는 조항은 무효로 한다.

1. 상당한 이유 없이 급부(給付)의 내용을 사업자가 일방적으로 결정하거나 변경할 수 있도록 권한을 부여하는 조항

2. 상당한 이유 없이 사업자가 이행하여야 할 급부를 일방적으로 중지할 수 있게 하거나 제3자에게 대행할 수 있게 하는 조항

제11조(고객의 권익 보호) 고객의 권익에 관하여 정하고 있는 약관의 내용 중 다음 각 호의 어느 하나에 해당하는 내용을 정하고 있는 조항은 무효로 한다.

1. 법률에 따른 고객의 항변권(抗辯權), 상계권(相計權) 등의 권리를 상당한 이유 없이 배제하거나 제한하는 조항

2. 고객에게 주어진 기한의 이익을 상당한 이유 없이 박탈하는 조항

3. 고객이 제3자와 계약을 체결하는 것을 부당하게 제한하는 조항

4. 사업자가 업무상 알게 된 고객의 비밀을 정당한 이유 없이 누설하는 것을 허용하는 조항

제12조(의사표시의 의제) 의사표시에 관하여 정하고 있는 약관의 내용 중 다음 각 호의 어느 하나에 해당하는 내용을 정하고 있는 조항은 무효로 한다.

1. 일정한 작위(作爲) 또는 부작위(不作爲)가 있을 경우 고객의 의사표시가 표명되거나 표명되지 아니한 것으로 보는 조항. 다만, 고객에게 상당한 기한 내에 의사표시를 하지 아니하면 의사표시가 표명되거나 표명되지 아니한 것으로 본다는 뜻을 명확하게 따로 고지한 경우이거나 부득이한 사유로 그러한 고지를 할 수 없는 경우에는 그러하지 아니하다.

2. 고객의 의사표시의 형식이나 요건에 대하여 부당하게 엄격한 제한을 두는 조항

3. 고객의 이익에 중대한 영향을 미치는 사업자의 의사표시가 상당한 이유 없이 고객에게 도달된 것으로 보는 조항

4. 고객의 이익에 중대한 영향을 미치는 사업자의 의사표시 기한을 부당하게 길게 정하거나 불확정하게 정하는 조항

제14조(소송 제기의 금지 등) 소송 제기 등과 관련된 약관의 내용 중 다음 각 호의 어느 하나에 해당하는 조항은 무효로 한다.

1. 고객에게 부당하게 불리한 소송 제기 금지 조항 또는 재판관할의 합의 조항

2. 상당한 이유 없이 고객에게 입증책임을 부담시키는 약관 조항

제16조(일부 무효의 특칙) 약관의 전부 또는 일부의 조항이 제3조제4항에 따라 계약의 내용이 되지 못하는 경우나 제6조부터 제14조까지의 규정에 따라 무효인 경우 계약은 나머지 부분만으로 유효하게 존속한다. 다만, 유효한 부분만으로는 계약의 목적 달성이 불가능하거나 그 유효한 부분이 한쪽 당사자에게 부당하게 불리한 경우에는 그 계약은 무효로 한다.

제19조의3(표준약관)

④ 공정거래위원회는 사업자 및 사업자단체가 제3항의 권고를 받은 날부터 4개월 이내에 필요한 조치를 하지 아니하면 관련 분야의 거래 당사자 및 소비자단체등의 의견을 듣고 관계 부처의 협의를 거쳐 표준이 될 약관을 제정 또는 개정할 수 있다.

● 약관의 규제에 관한 법률 시행령 (기출 없음)

● 할부거래에 관한 법률

제2조(정의)

1. "할부계약"이란 계약의 명칭·형식이 어떠하든 재화나 용역(=재화등)에 관한 다음 각 목의 계약(제2호에 따른 선불식 할부계약에 해당하는 경우는 제외)을 말한다.

　가. 소비자가 사업자에게 재화의 대금(代金)이나 용역의 대가(=재화등의 대금)를 2개월 이상의 기간에 걸쳐 3회 이상 나누어 지급하고, 재화등의 대금을 완납하기 전에 재화의 공급이나 용역의 제공(=재화등의 공급)을 받기로 하는 계약(=직접할부계약)

　나. 소비자가 신용제공자(예: 신용카드사)에게 재화등의 대금을 2개월 이상의 기간에 걸쳐 3회 이상 나누어 지급하고, 재화등의 대금을 완납하기 전에 사업자로부터 재화등의 공급을 받기로 하는 계약(=간접할부계약)

2. "선불식 할부계약"이란 계약의 명칭·형식이 어떠하든 소비자가 사업자로부터 다음 각 목의 어느 하나에 해당하는 재화등의 대금을 2개월 이상의 기간에 걸쳐 2회 이상 나누어 지급하고 재화등의 공급은 대금의 전부 또는 일부를 지급한 후에 받기로 하는 계약을 말한다.

　가. 장례 또는 혼례를 위한 용역(제공시기가 확정된 경우는 제외) 및 이에 부수한 재화

3. "할부거래"란 할부계약에 의한 거래를 말하며, "할부거래업자"란 할부계약에 의한 재화등의 공급을 업으로 하는 자를 말한다.

4. "선불식 할부거래"란 선불식 할부계약에 의한 거래를 말하며, "선불식 할부거래업자"란 선불식 할부계약에 의한 재화등의 공급을 업으로 하는 자를 말한다.

5. "소비자"란 다음 각 목의 어느 하나에 해당하는 자를 말한다.

　가. 할부계약 또는 선불식 할부계약에 의하여 제공되는 재화등을 소비생활을 위하여 사용하거나 이용하는 자

　나. 가목 외의 자로서 사실상 가목의 자와 동일한 지위 및 거래조건으로 거래하는 자 등 대통령령으로 정하는 자

6. "신용제공자"란 소비자·할부거래업자와의 약정에 따라 재화등의 대금에 충당하기 위하여 신용을 제공하는 자를 말한다.

제8조(청약의 철회) ① 소비자는 다음 각 호의 기간(거래당사자가 그 보다 긴 기간을 약정한 경우에는 그 기간을 말한다) 이내에 할부계약에 관한 청약을 철회할 수 있다.

1. 제6조제1항에 따른 계약서를 받은 날부터 7일. 다만, 그 계약서를 받은 날보다 재화등의 공급이 늦게 이루어진 경우에는 재화등을 공급받은 날부터 7일

2. 다음 각 목의 어느 하나에 해당하는 경우에는 그 주소를 안 날 또는 알 수 있었던 날 등 청약을 철회할 수 있는 날부터 7일

　가. 제6조제1항에 따른 계약서를 받지 아니한 경우

　나. 할부거래업자의 주소 등이 적혀 있지 아니한 계약서를 받은 경우

　다. 할부거래업자의 주소 변경 등의 사유로 제1호의 기간 이내에 청약을 철회할 수 없는 경우

3. 제6조제1항에 따른 계약서에 청약의 철회에 관한 사항이 적혀 있지 아니한 경우에는 청약을 철회할 수 있음을 안 날 또는 알 수 있었던 날부터 7일

4. 할부거래업자가 청약의 철회를 방해한 경우에는 그 방해 행위가 종료한 날부터 7일

② 소비자는 다음 각 호의 어느 하나에 해당하는 경우에는 제1항에 따른 청약의 철회를

할 수 없다. 다만, 할부거래업자가 청약의 철회를 승낙하거나 제6항에 따른 조치를 하지 아니한 경우에는 제2호부터 제4호까지에 해당하는 경우에도 청약을 철회할 수 있다.

1. 소비자에게 책임있는 사유로 재화등이 멸실되거나 훼손된 경우. 다만, 재화등의 내용을 확인하기 위하여 포장 등을 훼손한 경우는 제외한다.

2. 사용 또는 소비에 의하여 그 가치가 현저히 낮아질 우려가 있는 것으로서 대통령령으로 정하는 재화등을 사용 또는 소비한 경우

3. 시간이 지남으로써 다시 판매하기 어려울 정도로 재화등의 가치가 현저히 낮아진 경우

4. 복제할 수 있는 재화등의 포장을 훼손한 경우

5. 그 밖에 거래의 안전을 위하여 대통령령으로 정하는 경우

③ 소비자가 제1항에 따라 청약을 철회할 경우 제1항에 따른 기간 이내에 할부거래업자에게 청약을 철회하는 의사표시가 적힌 서면을 발송하여야 한다.

④ 제1항에 따른 청약의 철회는 제3항에 따라 서면을 발송한 날에 그 효력이 발생한다.

⑥ 할부거래업자는 제2항제2호부터 제4호까지의 규정에 따라 청약을 철회할 수 없는 재화등에 대하여는 그 사실을 재화등의 포장이나 그 밖에 소비자가 쉽게 알 수 있는 곳에 분명하게 표시하거나 시용(試用) 상품을 제공하는 등의 방법으로 소비자가 청약을 철회하는 것이 방해받지 아니하도록 조치하여야 한다.

제11조(할부거래업자의 할부계약 해제) ① 할부거래업자는 소비자가 할부금 지급의무를 이행하지 아니하면 할부계약을 해제할 수 있다. 이 경우 할부거래업자는 그 계약을 해제하기 전에 14일 이상의 기간을 정하여 소비자에게 이행할 것을 서면으로 최고(催告)하여야 한다.

② 할부거래업자 또는 소비자는 제1항에 따라 할부계약이 해제된 경우에는 상대방에게 원상회복(原狀回復)하여 줄 의무를 진다. 이 경우 상대방이 원상회복할 때까지 자기의 의무이행을 거절할 수 있다.

③ 할부거래업자는 재화등의 소유권이 할부거래업자에게 유보된 경우 그 할부계약을 해제하지 아니하고는 그 반환을 청구할 수 없다.

제13조(소비자의 기한의 이익 상실) ① 소비자는 다음 각 호의 어느 하나에 해당하는 경우에는 할부금의 지급에 대한 기한의 이익을 주장하지 못한다.

1. 할부금을 다음 지급기일까지 연속하여 2회 이상 지급하지 아니하고 그 지급하지 아니한 금액이 할부가격의 100분의 10을 초과하는 경우

제24조(소비자의 청약의 철회) ① 소비자는 다음 각 호의 기간(거래당사자가 다음 각 호의 기간보다 긴 기간으로 약정한 경우에는 그 기간을 말한다) 이내에 선불식 할부계약에 관한 청약을

철회할 수 있다.

1. 제23조제3항에 따른 계약서를 받은 날부터 14일

2. 다음 각 목의 어느 하나에 해당하는 경우에는 그 주소를 안 날 또는 알 수 있었던 날 등 청약을 철회할 수 있는 날부터 14일

    가. 선불식 할부거래업자의 주소 등이 적혀 있지 아니한 계약서를 받은 경우

    나. 선불식 할부거래업자의 주소 변경 등의 사유로 제1호의 기간 이내에 청약을 철회할 수 없는 경우

3. 제23조제3항에 따른 계약서에 청약의 철회에 관한 사항이 적혀 있지 아니한 경우에는 청약을 철회할 수 있음을 안 날 또는 알 수 있었던 날부터 14일

4. 선불식 할부거래업자가 청약의 철회를 방해한 경우에는 그 방해행위가 종료한 날부터 14일

5. 제23조제3항에 따른 계약서를 받지 아니한 경우에는 계약일부터 3개월

② 소비자가 제1항에 따라 청약을 철회할 경우 제1항에 따른 기간 이내에 선불식 할부거래업자에게 청약을 철회하는 의사표시가 적힌 서면을 발송하여야 한다(→ 전화 구두에 의한 청약철회 불가)

③ 제1항에 따른 청약의 철회는 제2항에 따라 서면을 발송한 날에 그 효력이 발생한다.

제43조(소비자에게 불리한 계약의 금지) 제6조부터 제13조까지, 제15조, 제16조, 제22조의2, 제23조부터 제26조까지의 규정을 위반한 약정으로서 소비자에게 불리한 것은 효력이 없다.

● 할부거래에 관한 법률 시행령

제2조(소비자의 범위) 「할부거래에 관한 법률」 제2조제5호나목에서 "사실상 가목의 자와 동일한 지위 및 거래조건으로 거래하는 자 등 대통령령으로 정하는 자"란 다음 각 호의 어느 하나에 해당하는 자를 말한다.

3. 재화등을 농업(축산업 포함) 및 어업활동을 위하여 구입한 자로서 「원양산업발전법」 제6조제1항에 따라 해양수산부장관의 허가를 받은 원양어업자 외의 자

제6조(소비자가 청약의 철회를 할 수 없는 경우) ① 법 제8조제2항제2호에서 "대통령령으로 정하는 재화등"이란 다음 각 호의 어느 하나에 해당하는 재화등을 말한다.

5. 「자동차관리법」에 따른 자동차

6. 설치에 전문인력 및 부속자재 등이 요구되는 것으로서 다음 각 목에 해당하는 재화를 설치한 경우

    나. 전기 냉방기(난방 겸용인 것을 포함한다)

● 방문판매 등에 관한 법률

제2조(정의)

1. "방문판매"란 재화 또는 용역의 판매를 업(業)으로 하는 자(=판매업자)가 방문을 하는 방법으로 그의 영업소, 대리점, 그 밖에 총리령으로 정하는 영업 장소(=사업장) 외의 장소에서 소비자에게 권유하여 계약의 청약을 받거나 계약을 체결(사업장 외의 장소에서 권유 등 총리령으로 정하는 방법으로 소비자를 유인하여 사업장에서 계약의 청약을 받거나 계약을 체결하는 경우를 포함)하여 재화 또는 용역(=재화등)을 판매하는 것을 말한다.

3. "전화권유판매"란 전화를 이용하여 소비자에게 권유를 하거나 전화회신을 유도하는 방법으로 재화등을 판매하는 것을 말한다.

10. "계속거래"란 1개월 이상에 걸쳐 계속적으로 또는 부정기적으로 재화등을 공급하는 계약으로서 중도에 해지할 경우 대금 환급의 제한 또는 위약금에 관한 약정이 있는 거래를 말한다.

제8조(청약철회등) ① 방문판매 또는 전화권유판매(=방문판매등)의 방법으로 재화등의 구매에 관한 계약을 체결한 소비자는 다음 각 호의 기간(거래 당사자 사이에 다음 각 호의 기간보다 긴 기간으로 약정한 경우에는 그 기간) 이내에 그 계약에 관한 청약철회등을 할 수 있다.

1. 제7조제2항에 따른 계약서를 받은 날부터 14일. 다만, 그 계약서를 받은 날보다 재화등이 늦게 공급된 경우에는 재화등을 공급받거나 공급이 시작된 날부터 14일

2. 다음 각 목의 어느 하나의 경우에는 방문판매자등의 주소를 안 날 또는 알 수 있었던 날부터 14일

   가. 제7조제2항에 따른 계약서를 받지 아니한 경우

   나. 방문판매자등의 주소 등이 적혀 있지 아니한 계약서를 받은 경우

   다. 방문판매자등의 주소 변경 등의 사유로 제1호에 따른 기간 이내에 청약철회등을 할 수 없는 경우

3. 제7조제2항에 따른 계약서에 청약철회등에 관한 사항이 적혀 있지 아니한 경우에는 청약철회등을 할 수 있음을 안 날 또는 알 수 있었던 날부터 14일

4. 방문판매업자등이 청약철회등을 방해한 경우에는 그 방해 행위가 종료한 날부터 14일

② 소비자는 다음 각 호의 어느 하나에 해당하는 경우에는 방문판매자등의 의사와 다르게 제1항에 따른 청약철회등을 할 수 없다. 다만, 방문판매자등이 제5항에 따른 조치를 하지 아니한 경우에는 제2호부터 제4호까지의 규정에 해당하더라도 청약철회등을 할 수 있다.

1. 소비자에게 책임이 있는 사유로 재화등이 멸실되거나 훼손된 경우. 다만, 재화등의 내용을 확인하기 위하여 포장 등을 훼손한 경우는 제외한다.

2. 소비자가 재화등을 사용하거나 일부 소비하여 그 가치가 현저히 낮아진 경우

3. 시간이 지남으로써 다시 판매하기 어려울 정도로 재화등의 가치가 현저히 낮아진 경우

4. 복제할 수 있는 재화등의 포장을 훼손한 경우

5. 그 밖에 거래의 안전을 위하여 대통령령으로 정하는 경우

③ 소비자는 제1항 또는 제2항에도 불구하고 재화등의 내용이 표시·광고의 내용과 다르거나 계약 내용과 다르게 이행된 경우에는 그 재화등을 공급받은 날부터 3개월 이내에, 그 사실을 안 날 또는 알 수 있었던 날부터 30일 이내에 청약철회등을 할 수 있다.

④ 제1항 또는 제3항에 따른 청약철회등을 서면으로 하는 경우에는 청약철회등의 의사를 표시한 서면을 발송한 날에 그 효력이 발생한다.

⑤ 방문판매자등은 제2항제2호부터 제4호까지의 규정에 따라 청약철회등을 할 수 없는 재화등의 경우에는 그 사실을 재화등의 포장이나 그 밖에 소비자가 쉽게 알 수 있는 곳에 분명하게 표시하거나 시용(試用) 상품을 제공하는 등의 방법으로 청약철회등의 권리행사가 방해받지 아니하도록 조치하여야 한다.

제31조(계약의 해지) 계속거래업자등과 계속거래등의 계약을 체결한 소비자는 계약기간 중 언제든지 계약을 해지할 수 있다. 다만, 다른 법률에 별도의 규정이 있거나 거래의 안전 등을 위하여 대통령령으로 정하는 경우에는 그러하지 아니하다.

● 방문판매 등에 관한 법률 시행령

제40조(계속거래 또는 사업권유거래의 계약 해지 제한 사유) 법 제31조 단서에서 "대통령령으로 정하는 경우"란 소비자(사업권유거래의 상대방을 포함)의 주문에 의하여 개별적으로 생산되는 재화등에 대한 것으로서 계약 해지를 인정하면 계속거래업자 또는 사업권유거래업자(=계속거래업자등)에게 회복할 수 없는 중대한 피해가 예상되는 경우로서 사전에 해당 거래에 대하여 별도로 그 사실을 고지하고 소비자의 서면(전자문서 포함) 동의를 받은 경우를 말한다.

● 독점규제 및 공정거래에 관한 법률 시행령 별표 2 (참고: 非기출조항도 포함)

불공정거래행위의 유형 또는 기준(제52조 관련)

1. 거래거절

법 제45조제1항제1호에 따른 부당하게 거래를 거절하는 행위는 다음 각 목의 행위로 한다.

가. 공동의 거래거절

정당한 이유 없이 자기와 경쟁관계에 있는 다른 사업자와 공동으로 특정사업자에게 거래의 개시를 거절하거나 계속적인 거래관계에 있는 특정사업자에게 거래를 중단하거나 거래하는 상품 또는 용역의 수량이나 내용을 현저히 제한하는 행위

나. 그 밖의 거래거절

부당하게 특정사업자에게 거래의 개시를 거절하거나 계속적인 거래관계에 있는 특정사업자에게 거래를 중단하거나 거래하는 상품 또는 용역의 수량이나 내용을 현저히 제한하는 행위

2. 차별적 취급

법 제45조제1항제2호에 따른 부당하게 거래의 상대방을 차별하여 취급하는 행위는 다음 각 목의 행위로 한다.

가. 가격차별

부당하게 거래지역 또는 거래상대방에 따라 현저하게 유리하거나 불리한 가격으로 거래하는 행위

나. 거래조건차별

부당하게 특정사업자에게 수량·품질 등의 거래조건이나 거래내용을 현저하게 유리하거나 불리하게 취급하는 행위

다. 계열회사를 위한 차별

정당한 이유 없이 자기의 계열회사를 유리하게 하기 위해 가격·수량·품질 등의 거래조건이나 거래내용을 현저하게 유리하거나 불리하게 하는 행위

라. 집단적 차별

집단으로 특정사업자를 부당하게 차별적으로 취급하여 그 사업자의 사업활동을 현저하게 유리하거나 불리하게 하는 행위

3. 경쟁사업자 배제

법 제45조제1항제3호에 따른 부당하게 경쟁자를 배제하는 행위는 다음 각 목의 행위로 한다.

가. 부당염매

자기의 상품 또는 용역을 공급하는 경우에 정당한 이유 없이 그 공급에 소요되는 비용보다 현저히 낮은 가격으로 계속 공급하거나 그 밖에 부당하게 상품 또는 용역을 낮은 가격으로 공급하여 자기 또는 계열회사의 경쟁사업자를 배제시킬 우려가 있는 행위

나. 부당고가매입

부당하게 상품 또는 용역을 통상거래가격에 비해 높은 가격으로 구입하여 자기 또는 계열회사의 경쟁사업자를 배제시킬 우려가 있는 행위

4. 부당한 고객유인

법 제45조제1항제4호에 따른 부당하게 경쟁자의 고객을 자기와 거래하도록 유인하는 행위는 다음 각 목의 행위로 한다.

가. 부당한 이익에 의한 고객유인

정상적인 거래관행에 비추어 부당하거나 과대한 이익을 제공하거나 제공할 제의를 하여 경쟁사업자의 고객을 자기와 거래하도록 유인하는 행위

나. 위계에 의한 고객유인

「표시·광고의 공정화에 관한 법률」 제3조에 따른 부당한 표시·광고 외의 방법으로 자기가 공급하는 상품 또는 용역의 내용이나 거래조건 및 그 밖의 거래에 관한 사항을 실제보다 또는 경쟁사업자의 것보다 현저히 우량 또는 유리한 것으로 고객이 잘못 알게 하거나 경쟁사업자의 것이 실제보다 또는 자기의 것보다 현저히 불량 또는 불리한 것으로 고객을 잘못 알게 하여 경쟁사업자의 고객을 자기와 거래하도록 유인하는 행위

다. 그 밖의 부당한 고객유인

경쟁사업자와 그 고객의 거래를 계약성립의 저지, 계약불이행의 유인 등의 방법으로 거래를 부당하게 방해하여 경쟁사업자의 고객을 자기와 거래하도록 유인하는 행위

5. 거래강제

법 제45조제1항제5호에 따른 부당하게 경쟁자의 고객을 자기와 거래하도록 강제하는 행위는 다음 각 목의 행위로 한다.

가. 끼워팔기

거래상대방에게 자기의 상품 또는 용역을 공급하면서 정상적인 거래관행에 비추어 부당하게 다른 상품 또는 용역을 자기 또는 자기가 지정하는 사업자로부터 구입하도록 하는 행위

나. 사원판매

부당하게 자기 또는 계열회사의 임직원에게 자기 또는 계열회사의 상품이나 용역을 구입 또는 판매하도록 강제하는 행위

다. 그 밖의 거래강제

정상적인 거래관행에 비추어 부당한 조건 등 불이익을 거래상대방에게 제시하여 자기 또는 자기가 지정하는 사업자와 거래하도록 강제하는 행위

6. 거래상 지위의 남용

법 제45조제1항제6호에 따른 자기의 거래상의 지위를 부당하게 이용하여 상대방과 거래하는 행위는 다음 각 목의 행위로 한다.

가. 구입강제

거래상대방이 구입할 의사가 없는 상품 또는 용역을 구입하도록 강제하는 행위

나. 이익제공강요

거래상대방에게 자기를 위해 금전·물품·용역 및 그 밖의 경제상 이익을 제공하도록 강요하는 행위

다. 판매목표강제

자기가 공급하는 상품 또는 용역과 관련하여 거래상대방의 거래에 관한 목표를 제시하고 이를 달성하도록 강제하는 행위

라. 불이익제공

가목부터 다목까지의 규정에 해당하는 행위 외의 방법으로 거래상대방에게 불이익이 되도록 거래조건을 설정 또는 변경하거나 그 이행과정에서 불이익을 주는 행위

마. 경영간섭

거래상대방의 임직원을 선임·해임하는 경우에 자기의 지시 또는 승인을 얻게 하거나 거래상대방의 생산품목·시설규모·생산량·거래내용을 제한하여 경영활동을 간섭하는 행위

7. 구속조건부거래

법 제45조제1항제7호에 따른 거래의 상대방의 사업활동을 부당하게 구속하는 조건으로 거래하는 행위는 다음 각 목의 행위로 한다.

가. 배타조건부거래

부당하게 거래상대방이 자기 또는 계열회사의 경쟁사업자와 거래하지 않는 조건으로 그 거래상대방과 거래하는 행위

나. 거래지역 또는 거래상대방의 제한

상품 또는 용역을 거래하는 경우에 그 거래상대방의 거래지역 또는 거래상대방을 부당하게 구속하는 조건으로 거래하는 행위

8. 사업활동 방해

법 제45조제1항제8호에 따른 부당하게 다른 사업자의 사업활동을 방해하는 행위는 다음 각 목의 행위로 한다.

가. 기술의 부당이용

다른 사업자의 기술을 부당하게 이용하여 다른 사업자의 사업활동을 상당히 곤란하게 할 정도로 방해하는 행위

나. 인력의 부당유인·채용

다른 사업자의 인력을 부당하게 유인·채용하여 다른 사업자의 사업활동을 상당히 곤란하게 할 정도로 방해하는 행위

다. 거래처 이전 방해

다른 사업자의 거래처 이전을 부당하게 방해하여 다른 사업자의 사업활동을 심히 곤란하게 할 정도로 방해하는 행위

라. 그 밖의 사업활동방해

가목부터 다목까지에서 규정한 방법 외의 부당한 방법으로 다른 사업자의 사업활동을 심히 곤란하게 할 정도로 방해하는 행위

9. 부당한 지원행위

법 제45조제1항제9호에 따른 특수관계인 또는 다른 회사를 지원하는 행위는 부당하게 다음 각 목의 행위를 통해 과다한 경제상 이익을 제공하여 특수관계인 또는 다른 회사를 지원하는 행위로 한다.

가. 부당한 자금지원

특수관계인 또는 다른 회사에 가지급금·대여금 등 자금을 상당히 낮거나 높은 대가로 제공 또는 거래하거나 상당한 규모로 제공 또는 거래하는 행위

나. 부당한 자산·상품 등 지원

특수관계인 또는 다른 회사에 부동산·유가증권·무체재산권 등 자산 또는 상품·용역을 상당히 낮거나 높은 대가로 제공 또는 거래하거나 상당한 규모로 제공 또는 거래하는 행위

다. 부당한 인력지원

특수관계인 또는 다른 회사에 인력을 상당히 낮거나 높은 대가로 제공 또는 거래하거나 상당한 규모로 제공 또는 거래하는 행위

라. 부당한 거래단계 추가 등

1) 다른 사업자와 직접 상품·용역을 거래하면 상당히 유리함에도 불구하고 거래상 역할이 없거나 미미(微微)한 특수관계인이나 다른 회사를 거래단계에 추가하거나 거쳐서 거래하는 행위

2) 다른 사업자와 직접 상품·용역을 거래하면 상당히 유리함에도 불구하고 특수관계 인이나 다른 회사를 거래단계에 추가하거나 거쳐서 거래하면서 그 특수관계인이나 다른 회사에 거래상 역할에 비해 과도한 대가를 지급하는 행위

〈부록 2〉 연도별 기출문제(실전연습용)

■ 연습 가이드

- 사례형 시험에서는 공부한 내용을 손으로 쓸 수 없으면 무의미하다. 본서 제3편 기출 답안 해설 부분을 공부한 뒤에 '실전처럼 법전만 참조하여' 연도별 기출문제를 실제 시험시간인 2시간 안에 답안을 작성해보고, 시험 대비 상태를 객관적으로 파악해 본다. 실전 연습 여부가 실전에서 큰 차이를 만들 수 있다.
- 법전을 이용할 경우 제1문에서 불공정거래행위 문제를 풀 때에는 본서 <부록 1의 공정거래법 시행령 별표 2>를 참조하면 된다.

■ 답안 작성 가이드

- <u>문제 사안에서 불분명한 부분이 있으면, 결론을 위해 필요한 전제를 쓰고 그에 따라 결론을</u> 내리면 되므로, 사안이 불분명하다고 해서 걱정할 필요가 없다. 예를 들어, '이런 경우라면 이러하다. 저런 경우라면 저러하다'라는 식으로 2개의 전제를 제시하고, 서로 다른 2개의 결론으로 답안을 작성해도 된다. 단, 문제 설문을 잘못 이해하고 사안 해결과 전혀 관계가 없는 전제를 제시하면 감점될 수밖에 없다. 따라서 문제 설문부터 잘 이해해야 한다.
- 배점이 20점 이상인 문제는 사안에 따라 적절하게 목차를 구성하여 답안을 작성한다. 목차 자체가 중요한 것은 아니므로 사안에 맞게 적당하게만 구성하면 된다. 배점이 10점 또는 15 점 문제도 사안에 따라 목차 구성이 필요할 수도 있으나 반드시 목차를 만들 필요는 없다.
- 법률, 시행령, 조, 항, 호, 목을 정확하게 기술한다. 사안 해결에 직접 적용되는 조문과 판례가 아닌 내용은 아무리 많이 쓰더라도 득점에 도움이 되지 않는다.
- 답안지 작성의 결론 부분은 문제 물음 형식에 맞추어 쓰는 것이 좋다.

물음 예시	결론 예시	
	사안이 분명한 경우	사안이 불분명한 경우
해당하는지를 설명하시오.	해당한다 또는 해당하지 않는다 (1개 결론)	필요한 전제를 제시하고, 1개 또는 2개 결론으로 답안 작성
유효한지를 설명하시오.	유효하다 또는 유효하지 않다 (1개 결론)	
할 수 있는지를 설명하시오.	할 수 있다 또는 할 수 없다 (1개 결론)	

〈2012년〉

제1문 80점

국내에서 소비재 X를 제조·판매하는 사업자는 A, B, C, D뿐이다(관련 지역시장은 '국내시장', 관련 상품시장은 'X의 제조·판매시장'으로 가정한다). A, B, C, D의 2010년 X의 국내매출액은 각각 5,000억 원, 2,500억 원, 2,000억 원, 500억 원이다. 현재까지 X는 수입이 안 되고 있고, 다른 사업자들의 신규 진입도 용이하지 않다. 최근 A가 X를 공급하는 데 필요한 비용이 10% 상승하였고, B, C, D 역시 X의 공급에 필요한 비용이 유사한 비율로 상승하였다. A, B, C, D 모두 눈치만 보고 있던 중 시장점유율이 가장 높은 A의 대표이사가 B와 C의 대표이사와 회합을 하고 자신의 가격인상 계획을 밝히면서 동참해줄 것을 요청하였다. 이에 대하여 B와 C의 대표이사는 잠자코 듣기만 하였다. 그 후 A는 X의 판매가격을 30% 인상하였고, 1주일 후 B와 C 역시 각각 29%, 28% 판매가격을 인상하였다. B와 C가 가격을 인상한 1주일 후 D 역시 X의 판매가격을 20% 인상하였다. 그로부터 한 달이 지난 2011. 6. 1. 소비자단체 Z가 공정거래위원회에 위 행위를 신고하였다.

1. 시장지배적 지위의 남용금지와 관련하여 아래의 질문에 답하시오.
   (1) A가 독점규제 및 공정거래에 관한 법률(이하, '독점규제법')상 시장지배적 사업자에 해당하는지를 설명하시오. (15점)
   (2) A가 독점규제법상 시장지배적 사업자라고 가정할 경우, A의 가격인상 행위가 동법상 시장지배적 지위의 남용행위에 해당하는지를 설명하시오. (20점)
2. 부당한 공동행위의 금지와 관련하여 아래 질문에 답하시오.
   (1) A, B, C의 행위가 독점규제법상 부당한 공동행위에 해당하는지를 설명하시오. (35점)
   (2) D의 경우에도 부당한 공동행위의 '합의'가 인정되는지를 설명하시오. (10점)

제2문 80점

소비자 A는 자동차회사 B로부터 승용차(자동차관리법에 따른 자동차에 해당함)를 구매하는 계약(이하, '위 계약')을 체결하고 계약서를 교부받은 3일 뒤에 승용차를 인도받았다. 위 계약에 따르면, 현금가격은 2,000만 원이었고, 할부기간은 20개월로 매달 말일에 할부금을 지급하는 것으로 하였으며, 연간 할부수수료율은 10%였다. A와 B는 B가 통상적으로 사용하는 계약서로 위 계약을 체결하였다. 계약서에는 다음과 같은 조항이 포함되어 있다.

> 제7조(전속관할) 본 계약에 관한 일체의 소송은 [   ]을 전속적인 관할법원으로 한다.
> 제8조(할부수수료율의 변경) 경제사정의 변동이 있는 경우 B는 할부수수료율을 최초에 약정한 할부수수료율의 50% 범위 이내에서 변경할 수 있다.

1. 할부거래에 관한 법률(이하, '할부거래법')과 관련하여 아래 질문에 답하시오.
   (1) A와 B 사이의 위 계약이 할부거래법상 할부계약에 해당하는지를 설명하시오. (10점)
   (2) 인도받은 승용차의 디자인이 마음에 들지 않는다는 이유로 A가 승용차를 인도받은 날로부터 6일째 되는 날 할부거래법에 따라 청약을 철회할 수 있는지를 설명하시오. (15점)
2. B의 계약체결 담당자 C는 약관의 규제에 관한 법률(이하, '약관규제법')의 적용을 회피하기 위하여 회사의 지침에 따라 고객과 계약을 체결할 때 예외 없이 고객이 보는 앞에서 계약서 제7조의 [ ] 부분에 'B의 본점 소재지 관할법원'이라고 수기(手記)하였고, 위 계약을 체결하면서도 동일한 방법으로 수기하였다. 그럼에도 불구하고 A가 B의 본점 소재지 관할법원을 전속관할법원으로 기재한 계약서 제7조를 약관규제법 제2조 제1호의 약관이라고 주장할 수 있는 근거와 반면에 B가 동 조항을 약관이 아니라고 주장할 수 있는 근거를 각각 설명하시오. (20점)
3. 위 계약을 체결한 후 1년이 지나자 시중금리가 급격히 상승하였다. 이에 따라 B는 계약서 제8조를 근거로 연간 할부수수료율을 기존 10%에서 14%로 인상한다고 A에게 통지하였다.
   (1) B가 A와 위 계약을 체결할 때 계약서 제8조의 내용을 설명하지 않은 경우, 약관규제법상 B가 계약서 제8조를 계약의 내용이라고 주장할 수 있는지를 설명하시오. (15점)
   (2) A와 위 계약을 체결할 때 B가 계약서 제8조의 내용을 설명한 경우, 약관규제법상 A가 계약서 제8조를 무효라고 주장할 수 있는 근거와 B가 동 조항을 유효라고 주장할 수 있는 근거를 각각 설명하시오(단, 약관규제법 제6조 위반 여부는 논하지 말 것). (20점)

〈2013년〉

제1문 80점

A, B, C, D는 국내에서 소비재인 Y 상품을 제조·판매하는 사업자(관련 시장은 국내 Y 제조·판매 시장으로 전제하고, 이에 대하여 논하지 말 것)로 시장점유율이 각각 A 40%, B 30%, C 20%, D 10%이다. C와 D는 Y 상품의 단위당 생산비용을 절감하기 위한 목적으로 계약기간을 10년으로 하여 Y 상품의 제조에 필요한 부품 Z(이는 Y 상품의 제조에만 사용되는 부품이라고 가정한다)를 공동으로 구매하기로 하는 계약(이하 '공동구매계약'이라 함)을 체결하였다. A는 계열회사로부터 부품 Z를 전량 공급받고 있으나, B, C, D는 10여 개 중소기업으로부터 공급받는 방식으로 이를 조달하여 왔는데, 부품 Z의 해외가격은 국내가격보다 낮아서 수출이 곤란하고, 운송비용이 커서 수입 역시 이루어지지 않고 있다. 또한 C와 D는 Y 상품의 도매가격을 10,000원 이상으로 유지하기로 합의하였다. 한편, C는 자신의 유통업체들과 Y 상품에 대한 공급계약을 체결하면서 유통업체들이 Y 상품을 소비자들에게 12,000원 이하로 판매하지 못하도록 하고, 이를 위반할 경우 C가 계약을 해지할 수 있는 권한을 갖도록 하는 약정을 포함하였다.

1. C와 D 사이의 공동구매계약이 독점규제 및 공정거래에 관한 법률(이하 '독점규제법'이라 함)상 부당한 공동행위에 해당되는지를 설명하시오. (40점)
2. C와 D 사이의 Y 상품에 대한 도매가격의 합의가 독점규제법 제40조 제1항 각 호에 정한 부당한 공동행위의 유형 중 어느 유형에 해당할 수 있는가? 또한 그 유형에 해당한다고 할 경우 이를 위법하다고 볼 수 있는지를 설명하시오. (20점)
3. C가 그 유통업체들과 사이의 약정에 근거하여 Y 상품을 12,000원 이하로 판매한 유통업체들과의 계약을 실제로 해지하였다면, 이러한 행위가 독점규제법 제45조 제1항의 불공정거래행위에 해당되는지를 설명하시오. (단, 독점규제법 제45조 제1항 제6호 해당 여부는 논하지 말 것) (20점)

제2문 80점

A는 자신이 평소에 관심을 가지고 있던 사진 관련 인터넷 사이트를 찾던 중 사진과 관련한 각종 정보를 무료로 받아 볼 수 있다는 '사진동아리' 사이트를 발견하였다. B가 운영하는 위 사이트에는 "회원으로 가입한 누구나 사진에 관한 다양하고 유익한 정보를 무료로 제공받을 수 있고, 회원이 달리 해지통보를 하지 않는 한 가입 후 1년씩 자동으로 갱신됩니다."라는 안내문구가 크게 표시되어 있었다. 이에 A는 좋은 기회라고 생각하고 2011. 3.경 회원 가입절차를 진행하였는데, 회원 가입 당시 표시단추를 누르면 별도 화면으로 연결되어 제시되는 '이용규정'을 확인하지 않고 동의하였다. 그런데 위 사이트에 회원으로 가입한 후 1년 6개월이 지날 무렵 정보이용료를 납부하라는 통지를 받게 되었고, 사정을 확인해 보니 가입 당시 미처 확인하지 못했던 '이용규정'에 아래와 같은 조항이 포함되어 있었다.

> * 무료 회원으로 가입한 후 1년이 지났음에도 가입자가 달리 해지통보를 하지 않으면 자동으로 유료로 전환됩니다.

1. 위 이용규정 조항이 약관의 규제에 관한 법률(이하 '약관규제법'이라 함)상 약관에 해당하는지 여부를 설명하시오. (10점)
2. 위 이용규정 조항이 약관규제법상 약관이라고 가정할 때, A의 입장에서 약관규제법상 위 이용규정 조항이 계약의 내용이 될 수 없다고 주장할 수 있는 근거와 B의 입장에서 약관규제법상 위 이용규정 조항이 계약의 내용이 되었다고 주장할 수 있는 근거를 각각 설명하시오. (40점)
3. 위 이용규정 조항이 계약의 내용이 되었다고 가정할 때, 약관규제법상 위 조항의 효력 유무를 설명하시오. (단, 약관규제법 제6조 위반 여부는 논하지 말 것) (20점)
4. 위 이용규정 조항을 포함하여 A와 B 사이의 위 계약이 유효하게 성립하였다고 전제하고, 또한 동계약이 방문판매 등에 관한 법률상 계속거래에 해당한다고 가정할 때, A가 이를 해지할 수 있는지 여부를 설명하시오. (10점)

〈2014년〉

제1문 80점

국내에서 자전거를 제조하는 회사(이하, '자전거 제조사')는 모두 15개이다. 15개 자전거 제조사들은 공동의 이익 증진을 위하여 자전거제조사협회를 설립하여 모두 회원으로 활동하고 있다. A는 국내 자전거 제조시장(관련시장은 국내 자전거 제조시장으로 전제함)에서 시장점유율 1위인 사업자로서 30%의 시장점유율을 가지고 있고, B는 12%, C는 10%의 시장점유율을 차지하고 있다. D를 포함한 나머지 12개 사업자들은 각각 4%의 시장점유율을 가지고 있다.

2012년경 원자재 가격이 급격히 상승함에 따라서 모든 자전거 제조사들은 큰 폭의 적자를 보고 있었다. 이러한 문제를 해소하기 위하여 A, B, C는 2013. 1. 5. 모임을 가지고 자전거 판매가격을 최소 10% 이상 인상하기로 합의하였다. C는 자전거 판매가격을 인상할 의사가 없었지만, 위 모임에 참석하여 가격인상에 동의하였다. 며칠 후 A는 자전거 판매가격을 10% 인상하였고, B는 8% 인상하였다. C는 원래부터 자전거 판매가격을 인상할 의사가 없었기 때문에 가격을 인상하지 않았다.

한편, A는 자전거제조사협회에 대하여 다른 자전거 제조사들도 가격을 인상하도록 협회 차원에서 조치를 취해 달라고 요청하였다. 이에 자전거제조사협회는 2013. 2. 1. 자전거 판매가격을 10% 인상하기로 결의하였고, 이를 모든 회원사에 통지하였다. A, B, C 이외의 나머지 12개 제조사들 중에서 11개사(이하, '기타 11개 제조사들')는 자전거 판매가격을 8~9% 인상하였으나, D는 가격을 인상하지 않았다.

1. 「독점규제 및 공정거래에 관한 법률」(이하 '공정거래법')상 부당한 공동행위와 관련하여 다음의 질문에 답하시오.
   (1) A, B의 행위가 부당한 공동행위에 해당하는지를 설명하시오. (30점)
   (2) C의 행위가 부당한 공동행위에 해당하는지를 설명하시오. (10점)
2. 공정거래법상 사업자단체의 금지행위와 관련하여 다음의 질문에 답하시오.
   (1) 자전거제조사협회의 행위가 공정거래법 제51조 제1항 제1호의 금지행위에 해당하는지를 설명하시오. (25점)
   (2) 기타 11개 제조사들 및 D에 대하여 공정거래위원회가 제재조치를 취할 수 있는지를 그 근거와 함께 설명하시오. (15점)

제2문 80점

6개월 전 아이를 출산한 가정주부 A는 유모차를 구입하기 위해 인터넷상에서 가격비교사이트를 검색하다가, 그 중 가격이 가장 저렴해 보이는 X쇼핑몰에서 2013. 7. 12. Y유모차를 주문하였다. 주문 당시 X쇼핑몰의 화면에는 "해당 제품은 재고처분을 위하여 특가에 제공되는 것으로서, 배송 후에는 당사는 교환이나 환불 등 어떠한 책임도 지지 않습니다."라는 내용의 팝업창이 나타났다. A는 팝업창의 「동의」란에 클릭하고, 온라인으로 대금을 송금하였으며, 같은 해 7. 16. 「전자상거래 등에서의 소비자보호에 관한 법률」제13조 제2항에 따른 계약내용에 관한 서면과 함께 유모차를 배송 받았다.

1. A가 배송받은 유모차를 유심히 살펴보니 X쇼핑몰에서 본 것과 색상 및 디자인에 차이가 있었다. 그런데 A는 2013. 7. 17.부터 여행을 떠날 예정이어서 일단 그 유모차를 사용하기로 하였고, 여행에서 돌아온 며칠 후인 같은 해 7. 30. 청약을 철회하고자 한다. 이 때 「전자상거래 등에서의 소비자보호에 관한 법률」상 A가 청약을 철회할 수 있는지를 설명하시오. (20점)
2. X쇼핑몰에서 Y유모차를 구입한 B는 「전자상거래 등에서의 소비자보호에 관한 법률」상 청약을 철회할 수 있는 기간이 도과한 직후에 동 제품의 이음새 하자로 바퀴가 파손되어 X쇼핑몰에 교환을 요청하였으나, X쇼핑몰은 팝업창에 기재된 내용을 근거로 교환을 거절하였다.
   (1) B는 위 팝업창과 관련하여 X쇼핑몰이 「약관의 규제에 관한 법률」상의 명시·설명 의무를 위반하였다고 주장할 수 있는지를 그 근거와 함께 설명하시오. (20점)
   (2) 위 팝업창의 문구가 계약의 내용이 되었다고 가정할 때, B가 「약관의 규제에 관한 법률」상 위 팝업창에 기재된 내용이 무효라고 주장할 수 있는지를 그 근거와 함께 설명하시오 (단, 동법 제6조 위반 여부는 논하지 말 것). (20점)
3. X쇼핑몰에서 구매한 Y유모차의 이음새 하자로 바퀴가 떨어져 나간 사례가 다수 발생한 경우, Y유모차의 구매자들이 「소비자기본법」상 집단적으로 피해구제를 받을 수 있는 수단을 설명하시오. (20점)

〈2015년〉

제1문 80점

A사는 국내에서 컴퓨터를 제조하는 사업자이다. 국내에서 컴퓨터를 제조하는 사업자로는 A사, B사, C사, D사가 있고, 시장점유율은 A사 40%, B사 30%, C사 20%, D사 10%이다(관련시장은 '국내 컴퓨터 공급시장'으로 가정한다). A사는 자신이 제조한 컴퓨터를 별개의 사업자인 소매업체를 통해 판매하는데, 소매업체들은 A사의 제품뿐 아니라 다른 컴퓨터 제조업체들의 제품도 판매하여 왔다. A사가 거래하는 소매업체들은 국내 전체 컴퓨터 판매 매출액의 70%를 차지하고 있다. A사는 오랜 기술개발 끝에 컴퓨터 X를 시중에 출시하면서 자사의 컴퓨터 X를 판매하는 모든 소매업체에 A사와 경쟁관계에 있는 컴퓨터 제조사가 생산하는 유사한 사양의 컴퓨터를 취급하지 말도록 요청하면서, 이를 준수하지 않는 경우 해당 소매업체에 A사가 생산하는 모든 컴퓨터의 공급을 중단할 것이라고 통보하였다. 그에 따라 A사와 거래하는 소매업체들은 컴퓨터 X와 유사한 사양의 D사 컴퓨터 판매를 중단하였다. 그로 인해 D사의 컴퓨터 매출액이 크게 감소하였고, D사는 가뜩이나 좋지 않은 재무상황이 더 나빠져 도산하게 되었다.

1. 「독점규제 및 공정거래에 관한 법률」(이하, '공정거래법')상 A사의 행위에 관하여 다음의 질문에 답하시오.
   (1) A사의 행위가 시장지배적 지위 남용행위에 해당하는지를 설명하시오(단, 공정거래법 제5조 제1항 제3호 및 동법 시행령 제9조 제3항의 해당 여부는 논하지 말 것). (30점)
   (2) A사의 행위가 불공정거래행위 중 구속조건부 거래행위에 해당하는지를 설명하시오. (20점)
   (3) 만약 A사의 행위가 불공정거래행위 중 구속조건부 거래행위에 해당한다면, 공정거래위원회가 A사에 대하여 어떤 행정처분을 할 수 있는지를 설명하시오. (10점)
2. A사가 D사의 발행주식 전부(이하, '이 사건 주식')를 인수하는 경우 공정거래법상 기업결합의 제한과 관련하여 다음의 질문에 답하시오.
   (1) A사의 이 사건 주식 인수가 공정거래법상 경쟁을 실질적으로 제한하는 기업결합으로 추정되는지를 설명하시오. (10점)
   (2) A사의 이 사건 주식 인수가 경쟁제한적이라고 가정할 때 공정거래법상 예외적으로 허용할 수 있는 기업결합에 해당하는지를 설명하시오. (10점)

제2문 80점

A화장품회사(이하, 'A사')의 영업사원 甲은 화장품의 판매촉진을 위하여 2014. 10. 10. B사의 주차장에 일일 판매부스를 마련하여, B사 여직원들을 상대로 피부미백용 화장품을 소개하고 구입을 권유하였다. B사의 여직원들은 이날 점심시간을 이용하여 A사의 판매부스를 찾았고, 그 가운데 여직원 乙이 30만 원 상당의 피부미백용 화장품을 6개월 할부로 구입하기로 하였다.

甲은 乙에게 피부미백용 화장품과 함께 사은품으로 그 화장품의 견본, 그리고 청약철회에 관한 사항이 적혀있는 계약서를 제공하였으며, 乙은 제1회 할부금을 현장에서 甲에게 납부하고 나머지 할부금은 매달 10일에 계좌이체하기로 하였다.

그런데 乙이 무상으로 제공받은 견본을 모두 사용해본 결과 피부미백효과가 뚜렷하지 않다는 느낌이 들자, 乙은 2014. 10. 20. 甲에게 전화를 걸어서 매매계약에 관한 청약을 철회하겠다는 의사를 전달하는 한편, 이미 납부한 할부금의 환급을 요구하였다. 乙은 구입한 화장품의 뚜껑을 개봉해보았을 뿐 사용하지는 않았다. 하지만 甲으로부터 "이미 구입한 지 열흘이 지났을 뿐만 아니라, 전화상으로는 청약철회가 안 되며, 일단 뚜껑을 개봉한 후에는 청약철회를 받아줄 수 없다."라는 답변을 듣게 되었다.

甲의 답변에 불만을 가진 乙이 2014. 11. 10. 제2회 할부금을 납부하지 않자, A사는 乙에게 서면으로 다음 할부금 납부 기일까지 나머지 할부금 전체를 납부하라는 통지를 하였다. A사는 그 근거로서 약관의 형식으로 작성된 계약서의 다음 조항을 제시하고 있다.

제10조(할부금의 연체)

① 고객이 할부금을 연체하는 경우, 회사는 고객에게 나머지 할부금 전체에 대한 일시 납부를 요구할 수 있습니다.

② 고객이 할부금의 일시 납부를 거부하는 경우, 회사는 본 계약을 해제할 수 있습니다.

③ 회사가 위 제2항에 따라 본 계약을 해제하는 경우, 고객은 회사를 상대로 소를 제기할 수 없습니다.

---

1. A사의 화장품 판매행위가 「방문판매 등에 관한 법률」(이하, '방문판매법')상 방문판매에 해당하는지를 설명하시오. (15점)

2. 乙의 청약철회와 관련하여 다음 질문에 답하시오.

   (1) 乙의 청약철회에 대해 「할부거래에 관한 법률」(이하, '할부거래법')과 방문판매법 중 어느

법률을 우선 적용해야 하는지를 설명하시오. (10점)

   (2) 위 질문(1)에서 우선 적용하는 법률에 따라 乙의 청약철회가 효력이 있는지를 설명하시오. (20점)

3. A사가 乙의 할부금을 일시에 납부하도록 한 조치가 할부거래법상 효력이 있는지를 설명하시오. (20점)

4. 위 계약서 제10조 제3항이 「약관의 규제에 관한 법률」(이하, '약관규제법')상 불공정한 약관조항에 해당하는지를 설명하시오(단, 약관규제법 제6조의 해당 여부는 논하지 말 것). (15점)

〈2016년〉

제1문 80점

A사는 자동차 타이어를 제조·판매하는 외국 사업자로서 프랑스에 본사를 두고 국내에는 아무런 자회사나 지사를 두지 않고 있다. A사는 국내 소비자에게는 국내 대리점들을 통하여 자동차 타이어를 판매하고 있다(관련 지역시장은 '국내시장', 관련 상품시장은 '자동차 타이어 소매시장'으로 가정한다).

국내 자동차 타이어 소매시장(국산, 수입산 모두 포함)은 A, B, C 3사의 과점체제인데 2015년 말을 기준으로 시장점유율은 A사 40%, B사 30%, C사 20%이다. 국내 자동차 타이어 소매시장의 규모는 연간 1조원 정도이다.

A사의 국내 대리점들은 모두 독립적인 전속 대리점들이며, 시설투자비 등 대리점 개설 비용이 크고, 대리점 계약기간은 10년(단, 계약기간 갱신 가능)이다. 최근 A사의 국내 대리점 간 경쟁이 치열하여 일부 대리점들은 원거리까지 광고전단지를 배포하는 등 공격적인 영업을 하고 있어, 상당수 대리점들은 A사에게 대리점별 영업구역을 정하여 줄 것을 요청하고 있다. 한편, 불경기가 계속되면서 A사의 국내매출액이 2014년 이후 급감하고 있다.

1. A사와 동사의 모든 국내 대리점들이 2016. 1. 5. 대리점별 영업구역을 정하고 이에 합의하였다면, 이러한 대리점들의 행위가 「독점규제 및 공정거래에 관한 법률」(이하, '공정거래법'이라 한다) 제40조 제1항 각호에 정한 부당한 공동행위의 유형 중 어느 유형에 해당할 수 있는가? 또한 그 유형에 해당한다고 할 경우 이를 위법하다고 볼 수 있는지를 설명하시오. (30점)

2. A사가 타이어 재고량이 적정수준을 초과하였음을 이유로 2015. 7.부터 국내 대리점들에게 전월 주문량 대비 5%의 물량을 10% 인하된 가격에 추가로 구입하도록 하였다면, A사의 이러한 행위가 공정거래법상 불공정거래행위의 유형 중 어느 유형에 해당할 수 있는가? 또한 그 유형에 해당한다고 할 경우 이를 위법하다고 볼 수 있는지를 설명하시오. (30점)

3. 위 질문 1.의 합의가 프랑스에서 이루어졌음을 전제로, A사에 대하여 공정거래법을 적용할 수 있는지, 적용할 수 있다면 그 근거는 무엇인지를 설명하시오. (20점)

제2문 80점

건강과 미용에 관심이 많은 A는 다이어트 효과와 함께 피부 미용에도 좋은 건강기능식품을 구매하기 위해 여러 인터넷 쇼핑몰을 검색하던 중, 국내 여러 업체가 입점하여 다양한 건강기능식품들을 판매하고 있는 B사의 X 쇼핑몰 사이트를 발견하였다. A는 동 사이트에서 C사가 판매하고 있는 제품들의 가격, 효능, 복용방법을 상세히 볼 수 있었는데, 2016. 1. 5. 그 중 가격대비 효능이 뛰어난 것으로 보이는 '파워 정' 제품 1박스를 주문하면서 당일 대금 100만 원을 C사의 Y은행 계좌로 입금하였다.

1. A는 2016. 1. 8. 「전자상거래 등에서의 소비자보호에 관한 법률」(이하, '전자상거래법'이라 한다) 제13조 제2항에 따른 계약내용에 관한 서면과 함께 '파워 정' 제품을 수령하였으나 막상 제품을 받고 보니 다른 제품에 대해 좀 더 알아보지 않고 구매를 한 것이 후회되었다. 이에 A는 2016. 1. 9. C사에 전화를 걸어 청약 철회의 의사를 표시하였지만 C사의 담당자는 다음과 같은 약관 조항을 언급하며 청약 철회가 불가능하다고 답하였다.

> 제10조(청약 철회의 제한) 고객이 제품에 대한 대금을 입금한 이후에는 청약을 철회할 수 없다.

가. 위 약관 조항 제10조가 전자상거래법상 무효인지, 그리고 A가 동법상 청약 철회를 할 수 있는지를 설명하시오. (25점)

나. 위 약관 조항 제10조가 「약관의 규제에 관한 법률」상 불공정한 약관 조항에 해당하는지를 설명하시오(단, 동법 제6조 위반 여부는 논하지 말 것). (15점)

2. A는 '파워 정'제품을 수령한 후 설명서에 나와 있는 복용법에 따라 2016. 1. 10.부터 10일간 매일 1알씩 복용하였다. 그런데 설명서에 나와 있는 다이어트, 피부 미용의 효과가 발생하기는 커녕 점점 피부에 붉은 반점이 생기고 두통과 불면증까지 겪게 되었다. 이에 A는 2016. 1. 20. 복용을 중단하고 환불을 받고자 C사에 전화를 하였으나, 그 날 이후 계속 연락이 되지 않고 있다. 이 경우 전자상거래법상 A가 C사 이외에 B사에 대해서도 손해배상 책임을 물을 수 있는지를 설명하시오. (20점)

3. C사의'파워 정'제품을 구매하여 복용한 다른 소비자들에게도 A의 경우와 유사한 부작용이 발생하자 한국소비자원에서 해당 제품에 대한 시험·검사를 실시하였다. 그 결과 '파워정' 제

품에는 인체에 치명적으로 유해한 성분이 포함되어 있는 것으로 판명되었다. 이 경우 「소비자기본법」상 C사가 취해야 할 조치와 중앙행정기관의 장이 취할 수 있는 조치는 무엇인지를 설명하시오. (20점)

⟨2017년⟩

제1문 80점

甲, 乙, 丙, 丁(이하 '라면 4사'라 한다.)은 국내에서 라면을 제조·판매하는 사업자로서 대형마트, 대리점, 도매상 등을 통하여 라면을 공급하고 있는데, 대형마트를 통하여 판매되는 비중은 라면 4사 모두 80% 이상이다. A, B, C 3개의 대형마트(이하 '마트 3사'라 한다.)는 라면 4사로부터 라면을 공급받아 소비자에게 판매하고 있는데, 대형마트를 통하여 판매되는 라면 4사의 라면 중 50% 이상은 A마트를 통하여 판매되고 있다. A마트는 개점 10주년 행사 명목으로 10일간 라면 가격을 10년 전 가격으로 인하하여 판매하기로 기획하였는데, 이는 B 및 C마트가 판매하는 가격에 비해 20% 이상 낮은 가격이었다. 광고를 통하여 A마트의 가격인하 행사를 알게 된 B 및 C마트는 그 행사로 인해 자신의 라면판매가 부진하게 될 것을 우려하여 라면 4사에 유통질서 확립을 위한 조치를 요청하였다. 이에 甲은 A마트에 대해 '소비자에게 판매하는 자사의 제품 가격을 권장가격 수준으로 유지하고, 만약 이를 준수하지 않을 경우 제품공급을 중단할 수 있음'을 통보하였다. 하지만 A마트는 예정대로 개점 10주년 행사를 진행하였고, 甲은 이를 이유로 A마트에 대한 라면 공급을 중단하였다.

乙은 도매상들에게 공급한 제품의 대금을 90일 만기의 어음으로 받고 있었다. 그런데 도매상 X가 영업부진으로 인하여 현재 대차대조표상 자본총계가 납입자본금보다 작은 상태이고, 乙에 대해서는 지난 1년간의 물품대금을 지급하지 못하고 있다. 이에 乙은 도매상 X에 대해 향후 공급하는 라면제품부터는 그 대금 전액을 즉시 현금으로 결제할 것을 요구하였다.

한편, 라면 4사는 제품생산에 필요한 원료가격 및 인건비 등이 상승하자 자사의 라면가격을 각사의 사정에 따라 인상할 것을 고려하고 있었다. 이러한 사실을 알게 된 정부는 라면 4사의 대표들을 불러 물가 안정을 위해 라면 가격 인상율을 5% 이내로 해줄 것을 요청하였다. 이에 라면 4사 대표는 식사 모임을 갖고, 그 자리에서 정부 시책에 따라 각사의 라면 공급 가격을 5% 인상하기로 결정하였다.

1. 甲이 A마트에 대하여 '소비자에 대한 판매 가격을 권장가격 수준으로 유지할 것'을 요구한 행위가 「독점규제 및 공정거래에 관한 법률」(이하 '공정거래법'이라 한다.)상 부당한 재판매가격유지행위에 해당하는지를 설명하시오. (25점)

2. 다음 각 행위가 공정거래법 제45조 제1항의 불공정거래행위 중 어느 유형에 해당할 수 있는 지와 그 유형에 해당한다고 할 경우 이를 위법하다고 볼 수 있는지를 설명하시오. (단, 공정거 래법 제45조 제1항 제7호 및 제8호의 적용여부는 판단하지 아니함)

(1) 甲이 A마트에 대하여 라면 공급을 중단한 행위 (15점)

(2) 乙이 도매상 X에 대하여 즉시 현금 결제를 요구한 행위 (20점)

3. 라면 4사가 라면의 공급 가격을 5% 인상하기로 한 행위가 행정지도에 따른 행위로서 공정거 래법상 정당한 행위로 볼 수 있는지를 설명하시오. (20점)

제2문 80점

甲은 전기 난방기(냉방 겸용)를 판매하는 사업자이며, A와 B는 농업에 종사하는 자로서 자신의 비닐하우스에서 채소를 재배하고 있다. A는 자신의 비닐하우스 내부 온도를 유지하는데 사용할 목적으로 2016. 1. 12. 甲으로부터 전기 난방기를 10개월 무이자 할부로 300만 원에 구입하기로 하고, 계약체결과 동시에 1회차 할부금 30만 원을 현장에서 납부하였으며 나머지 할부금은 매달 12일에 계좌이체하기로 하였다. 甲은 계약체결시 청약철회 등에 대한 내용이 적혀있는 계약서를 제공하였으며, 다음날 甲의 설치기사 X는 전기 난방기 및 설치에 필요한 부속자재를 싣고 가 설치를 완료하였다. 이후 전기 난방기를 가동하고 있던 A는 B가 동일한 전기난방기를 甲으로부 터 200만 원에 구입하였다는 이야기를 듣게 되었고, 이에 2016. 1. 14. 甲에게 전화하여 청약을 철회할 것을 통보하는 한편 전기 난방기를 가져가라고 하였다. 그러나 甲은 전기 난방기의 포장 에 '사용 후 반품불가'라고 분명하게 표시되어 있었고, 설치기사 X도 그 점을 명확하게 설명하였 음을 이유로 A의 요구를 거부하였다. 이후 A는 2016. 2. 12. 2회차 할부금을 지급하지 아니하였 고, 甲은 이를 이유로 2016. 2. 15. 계약을 해제하였다. A는 청약철회에 의해 이미 계약은 종료되 었으며, 만약 그렇지 않더라도 甲이 아무런 최고도 없이 계약을 해제한 것은 부당하다고 주장하 였지만, 甲은 계약서상의 약관 조항 제10조에 의거한 계약해제로서 아무런 문제가 없다고 주장하 고 있다.

한편, B는 2016. 1. 13. 甲으로부터 전기 난방기를 10개월 무이자 할부로 200만 원에 구입하기로 계약을 체결하면서 계약서를 수령하였고, 다음날 甲의 설치기사 Y는 전기 난방기 설치를 완료하 였다. B는 계약체결과 동시에 1회차 할부금 20만 원을 현장에서 납부하였으며 나머지할부금은 매달 13일에 계좌이체하기로 하였다.

제10조(계약의 해제) "甲(매도인)"은 "乙(매수인)"이 할부금 지급 의무를 이행하지 않은 경우 즉시 계약을 해제할 수 있다.

제17조(손해배상책임) 乙에게 발생한 손해가 甲 또는 그 이행보조자의 고의에 의하여 발생한 것이 아니라면 甲은 乙에 대하여 손해배상책임을 부담하지 아니한다.

[아래의 각 문제는 독립적임]

1. A가 甲과 체결한 계약에 관하여 다음의 질문에 답하시오.

   (1) 「할부거래에 관한 법률」이 적용되는지 여부를 설명하시오. (15점)

   (2) 「할부거래에 관한 법률」이 적용된다고 가정할 때, A의 청약철회권 행사가 유효한지를 설명하시오. (15점)

2. 위 약관 조항 제10조에 관하여 다음의 질문에 답하시오.

(1) 위 약관 조항 제10조에 근거하여 甲이 계약을 해제할 수 있는지에 대해 「할부거래에 관한 법률」을 근거로 설명하시오. (15점)

(2) 위 약관 조항 제10조가 「약관의 규제에 관한 법률」상 불공정한 약관 조항에 해당하는지를 설명하시오. (단, 동법 제6조 위반 여부는 논하지 말 것) (10점)

3. B가 2016. 2. 13. 2회차 할부금을 미납하자 甲은 적법하게 그 지급을 최고하였다. 그럼에도 불구하고 B가 계속하여 6개월간 할부금을 지급하지 않은 경우, 甲이 B에 대하여 「할부거래에 관한 법률」상 취할 수 있는 조치는 무엇인지를 설명하시오. (15점)

4. 甲의 직원인 설치기사 Y는 현저히 주의를 결여한 상태로 설치업무를 수행하였고, 그 결과전기 난방기에 고장이 발생하여 B가 재배하는 채소가 모두 냉해를 입게 되었다. B는 甲에게 이에 대한 손해배상을 요구하였으나, 甲은 계약서상의 약관 조항 제17조에 따라 책임이 없다고 주장하고 있다. 위 약관 조항 제17조가 「약관의 규제에 관한 법률」상 불공정한 약관 조항에 해당하는지를 설명하시오. (단, 동법 제6조 위반 여부는 논하지 말 것) (10점)

〈2018년〉

제1문 80점

甲, 乙, 丙, 丁(이하 '건설 4사'라 한다)은 각각 국내 관급항만건설공사 시장의 35%, 30%, 15%, 10%(관련시장은 '국내 관급항만건설공사 시장'이라고 가정한다)를 차지하고 있다. 국내에서 관급항만건설공사를 수행하기 위해서는 높은 기술력과 상당한 정도의 시공경험을 갖추어야 하고 현재까지 외국 건설사가 국내 관급항만건설공사를 수행한 적은 없다. 현재 정부에서 발주하는 항만건설공사의 대부분은 건설 4사가 수주하고 있는데, 정부는 관급공사시장에서 자유경쟁을 촉진하고 과점구조에 따른 과도한 공사대금의 합리적 조정을 위하여 항만건설공사의 수주 방식을 기존의 수의계약에서 경쟁입찰 방식으로 바꾸었다. 경쟁입찰 방식으로 바꾼 이후 첫 번째 항만건설공사 입찰에서는 甲이 500억 원을, 乙이 550억 원을, 丙이 570억 원을, 丁이 590억 원을 입찰가로 제출하여 甲이 낙찰을 받았고, 두 번째 입찰에서는 甲이 450억 원을, 乙이 410억 원을, 丙이 480억 원을, 丁이 490억 원을 입찰가로 제출하여 乙이 낙찰을 받았다. 그리고 세 번째 입찰에서는 甲이 330억 원을, 乙이 350억 원을, 丙이 320억 원을, 丁이 370억 원을 입찰가로 제출하여 丙이 낙찰을 받았고, 네 번째 입찰에서는 甲이 270억 원을, 乙이 280억 원을, 丙이 250억 원을, 丁이 230억 원을 입찰가로 제출하여 丁이 낙찰을 받았다. 이후 공정거래위원회는 甲, 乙, 丙, 丁이 순차적으로 낙찰을 받은 점에 의문을 가지고 조사를 한 결과, 甲, 乙, 丙 3사가 회합을 가지고 낙찰예정자와 그에 따른 각 건설사의 입찰가격을 합의하였다는 사실을 알게 되었다. 그런데 丁은 위 합의에 참여하지 않았고, 다만 甲, 乙, 丙 3사의 합의사실과 네 번째 입찰에 관한 정보를 우연히 알게 되어 위와 같이 입찰에 참여하였다고 주장한다. 또한 공정거래위원회의 조사과정에서 丙은 조사에 적극 협조하여 위 합의의 입증에 필요한 증거자료를 제출하였다.

1. 甲, 乙, 丙 3사의 행위가 「독점규제 및 공정거래에 관한 법률」(이하 '공정거래법'이라 한다)상 부당한 공동행위에 해당하는지에 대해 설명하시오. (40점)
2. 丁의 행위가 공정거래법상 부당한 공동행위에 해당할 수 있는지에 대해 설명하시오. (20점)
3. 丙에 대하여 공정거래위원회가 시정조치 또는 과징금을 감경 또는 면제할 수 있는지에 대해 설명하시오. (20점)

제2문 80점

인터넷 홈페이지를 통하여 피부미용 용도의 마스크 팩 제품을 판매하고 있는 사업자 甲은 자사의 홈페이지에 각 품목별 매매대금, 대금지급 방법, 계약해제의 요건 및 방법 등 제품구매에 관한 일반적인 거래조건을 규정한 약관을 게시하고 있다. 최근 소비자 A는 마스크 팩을 다량으로 구입하고자 인터넷을 검색하던 중 甲의 홈페이지를 접하게 되었고, 거기서 광고하고 있는 제품의 효과가 매우 마음에 들어, 甲의 홈페이지를 통해 마스크 팩 100개를 주문하고 위 약관에서 정한 대로 대금도 모두 지급하였다. 얼마 후 A는 100개의 마스크 팩과 적법한 계약서를 배송 받았는데, 실제로 3개를 사용해 보니 홈페이지에서 광고하였던 효과가 없음을 알게 되었다. 이에 A가 제품배송일로부터 며칠이 지난 후 甲에게 청약을 철회하겠다고 하자, 甲은 아래 약관 제7조에 따라 청약의 철회가 불가능하다고 답변하였다.

> 제7조(청약철회의 제한) 고객은 배송된 제품을 실제 사용한 이후에는 청약을 철회할 수 없습니다.
>
> 제8조(해제의 제한) 고객은 주문 후 7일이 경과한 이후에는 계약을 해제할 수 없습니다.

1. A의 마스크 팩 구매가 「전자상거래 등에서의 소비자보호에 관한 법률」(이하 '전자상거래법'이라 한다)상 전자상거래와 통신판매에 해당하는지에 대해 설명하시오. (20점)
2. A의 마스크 팩 구매가 전자상거래법의 적용대상이라고 전제할 때, A가 청약을 철회할 수 있는지에 대해 설명하시오. (30점)
3. 위 약관 제7조 및 제8조가 「약관의 규제에 관한 법률」(이하 '약관규제법'이라 한다)상 불공정 약관조항에 해당하여 무효인지에 대해 설명하시오. (단, 약관규제법 제6조 해당 여부는 논하지 말 것) (30점)

〈2019년〉

제1문 80점

원자재인 X상품은 국내에서 사업자 甲, 乙, 丙이 생산하고 있는데(관련시장은 '국내 X상품시장'이라고 가정함), 甲, 乙, 丙의 시장점유율은 각각 60%, 35%, 5%이다. 국내 X상품시장에서 甲, 乙, 丙의 연간 매출액 총합계는 약 10조 원이다. X상품 제조를 위해서는 대규모 투자와 고도의 기술이 필요하여 이 시장에는 최근 20년 동안 새로운 진입자가 없었다. 한편 원자재인 X상품을 가공하여 소비재인 Y상품을 제조·판매하고 있는 사업자 A는 지난 10년 동안 甲으로부터 X상품을 전량 구매해 왔고, 乙과 丙으로부터는 X상품을 구매하지 않았다. 국내 Y상품시장에서 A의 시장점유율은 50%이다(관련시장은 '국내 Y상품시장'이라고 가정함).

甲은 A가 국내 Y상품시장에서 상당한 이익을 얻고 있음을 알고 이 시장에 직접 진출하기 위하여 A에게 X상품의 공급을 전면 중단하겠다고 통지하였다. 이에 A는 乙과 丙에게 X상품의 판매를 요청하였으나, 乙과 丙은 A의 요청을 받아들이지 않았다. 그 결과 A는 Y상품 제조를 할 수 없게 되어 甲에게 X상품 물량을 종전 대비 50% 정도라도 제공해 줄 것을 요청하였으나, 甲은 A의 요청을 들어줄 수 있었음에도 불구하고 결국 X상품 공급을 전면 중단하였다(이하 '甲의 행위'라 함). 이로 인하여 A는 Y상품 제조에 필요한 X상품을 구매하지 못하여 폐업하였고, 국내 Y상품시장에서 소비자가격이 크게 상승하였다. A가 폐업한 뒤 甲은 국내 Y상품시장에서 50%의 점유율을 차지하였다.

한편 생산설비 유지·보수 서비스를 제공하는 중소기업인 B는 丙에게 해당 서비스를 5년 동안 공급해 왔는데, 회사의 규모와 교섭력에 있어서 丙에 비해 현저히 열위에 놓여 있다. 丙이 B로부터 해당 서비스의 구매를 중단할 경우 B는 丙 외에 해당 서비스를 제공할 대체거래선을 찾기가 쉽지 않아서 폐업할 수밖에 없다. 丙은 이를 기화로 B가 주요 임원을 선임 또는 해임할 경우 丙의 승인을 얻도록 요구하였다(이하 '丙의 행위'라 함). B는 丙과 거래 관계를 지속하기 위해 丙의 요구를 수용할 수밖에 없었다.

1. 甲이 「독점규제 및 공정거래에 관한 법률」(이하 '공정거래법'이라 함)상 시장지배적 사업자에 해당되는지를 설명하시오. (10점)
2. 甲이 시장지배적 사업자라고 가정할 때, 甲의 행위가 공정거래법상 시장지배적 지위 남용행

위에 해당되는지를 설명하시오(단 공정거래법 제5조 제1항 제1호 및 제5호 해당 여부는 논하지 말 것). (40점)

3. 甲의 행위가 시장지배적 지위 남용행위에 해당된다고 가정할 경우 공정거래위원회가 공정거래법상 甲에 대하여 할 수 있는 행정처분에 대하여 설명하시오. (10점)

4. B에 대한 丙의 행위가 공정거래법상 불공정거래행위에 해당되는지를 설명하시오(단 공정거래법 제45조 제1항 제8호 해당 여부는 논하지 말 것). (20점)

제2문 80점

칠순이 된 甲은 2018. 12. 1. TV를 시청하던 중 상조업체 乙의 장례관련 상조상품 광고방송을 접하였다. 乙의 광고에는 최근 어르신들이 자손들에게 부담을 주지 않기 위해 장례 관련 상조상품에 많이 가입한다는 정보와 함께, 가입 고객들에게 사은품으로 족욕기가 제공된다는 내용이 포함되어 있었다. 평소에 상조상품 가입을 고민하던 甲은 마침 족욕기가 필요하기도 해서 바로 乙에 전화를 걸어 상조상품에 가입하겠다는 의사를 밝혔다. 이후 甲은 2018. 12. 5. 乙이 보내 준 계약서와 함께 사은품 박스를 전달받았다. 이 계약서는 乙이 자사 상조상품에 가입하려는 고객들에게 동일하게 적용하기 위해 일방적으로 미리 마련한 것으로서 甲이 수령한 계약서에는 가입자가 60개월 동안 매달 5만 원을 납입하고 乙은 가입자 사망 시에 장례 용역 및 이에 부수하는 재화를 제공하기로 함과 아울러 乙의 주소, 청약철회에 관한 사항, 그리고 乙이 고객에게 사은품을 제공할 수 있다는 내용을 담고 있었다. 甲은 계약서 수령 당일에 계약서에 서명한 후 이를 팩시밀리로 乙에게 송부하였다.

그런데 甲이 2018. 12. 20. 족욕기를 사용하려고 사은품 박스를 개봉해 보니 박스에는 족욕기가 아닌 가습기가 들어 있었다. 甲은 乙에 전화로 항의한 후, 자신은 가습기를 이미 가지고 있으므로 가습기를 족욕기로 교체해 주지 않으면 청약을 철회하겠다는 의사를 구두로 통지하였다.

이에 대해 乙은 족욕기가 품절되어 비슷한 가격의 가습기로 교체한 것이라면서 그 근거로 아래 계약서 제30조 제2항을 제시하였다. 甲은 계약체결 이전에 乙로부터 제30조 제2항에 관하여 아무런 설명을 듣지 못했었다. 아울러 乙은 청약을 철회하려면 철회의사를 서면으로 통지해야 하는데다, 甲이 계약을 체결하고 사은품을 제공받은 후 이미 14일이 경과하였으므로 청약철회 자체가 불가하다고 설명하였다.

제30조(사은품 제공)

① 회사는 상조상품에 가입하는 고객에 대하여 소정의 사은품을 제공할 수 있습니다.

② 회사가 고객에게 제공하는 사은품은 해당 품목의 수급사정 등에 따라 임의로 동일 가격대의 다른 품목으로 변경될 수 있습니다.

1. 甲이 乙과 체결한 계약의 성질을 「할부거래에 관한 법률」(이하 '할부거래법'이라 함)을 바탕으로 설명하시오. (10점)

2. 계약서 제30조 제2항이 「약관의 규제에 관한 법률」(이하 '약관규제법'이라 함)상 계약의 내용이 될 수 있는지를 설명하시오[단 할부거래법 제23조 및 「전자상거래 등에서의 소비자보호에 관한 법률」(이하 '전자상거래법'이라 함) 제13조 위반 여부는 논하지 말 것]. (20점)

3. 乙의 입장에서 계약서 제30조 제2항이 약관규제법상 불공정한 약관에 해당하지 않는다는 주장과 그 근거를 제시하시오(단 약관규제법 제6조 위반 여부는 논하지 말 것). (20점)

4. 계약서 제30조 제2항이 약관규제법상 유효라고 전제하고, 甲이 乙과 체결한 상조계약의 청약을 철회할 수 있는지를 할부거래법과 전자상거래법의 관점에서 설명하시오. (30점)

⟨2020년⟩

제1문 80점

甲, 乙, 丙 사업자와 다수의 군소 사업자들이 국내에서 소비재인 X 상품을 제조·판매하고 있다. 2017년 말 기준으로 국내 X 상품 시장은 甲이 25%(1위), 乙이 20%(2위), 丙이 15%(3위)를 각각 점유하고 있다. X 상품을 생산하기 위해서는 반드시 중간재인 Y 상품이 필요한데, Y 상품은 전량 C 국으로부터 수입되어 왔고, 2018년에 C 국의 정치·경제 상황이 불안정해지면서 Y 상품의 원활한 공급이 크게 우려되는 상황을 맞게 되었다.

甲은 그 동안 Y 상품을 대체할 수 있는 자체 중간재를 개발하려고 했지만, 개발을 위해 소요되는 막대한 비용과 불확실한 성공가능성으로 인해 선뜻 개발에 착수하지 못하고 있었다. 그러던 중 C 국으로부터 자재를 수급하는 것에 대한 불안정성이 커지자 甲은 乙과 丙에 공동으로 회사를 설립하여 Y 상품의 대체재를 연구·개발할 것을 제안하였고, 乙과 丙도 甲의 제안에 공감하여 甲, 乙, 丙은 공동으로 A 회사를 설립하였다.

A 회사는 Y 상품보다 원가가 낮으면서도 성능이 좋은 대체재를 개발하는 데 성공하였으며, 그에 따라 甲, 乙, 丙은 X 상품의 단가를 인하하여 시장에서 경쟁의 우위를 점하게 됨은 물론 소비자들도 가격 인하의 혜택을 누리게 되었다. 국내 X 상품 시장에서 甲, 乙, 丙 시장점유율 합계도 2019년 말 기준으로 종전의 60%에서 70%로 증가하였다.

A 회사를 통해 합작투자의 성과를 경험한 甲, 乙, 丙은 2019년 말 X 상품을 포함하여 취급상품의 유통비용을 절감할 목적으로 유통업무를 전담하는 B 회사를 설립하였다. 그런데, 甲, 乙, 丙의 예상과 달리 유통경로를 통합함에 따른 비용절감 효과는 미미했던 반면, 甲, 乙, 丙의 X 상품 유통을 B 회사가 전담함에 따라 시장에서 X 상품을 유통하는 사업자 수가 감소하였고, X 상품의 추가적인 가격인하는 발생하지 않고 있다.

1. 「독점규제 및 공정거래에 관한 법률」(이하 '공정거래법'이라 함)상 부당한 공동행위와 관련하여 다음의 질문에 답하시오.
   (1) 甲, 乙, 丙의 A 회사 설립행위가 부당한 공동행위에 해당하는지를 설명하시오. (30점)
   (2) 甲, 乙, 丙의 B 회사 설립행위가 부당한 공동행위에 해당하는지를 설명하시오. (10점)
2. B 회사의 영업사원들은 경쟁사업자가 판매하는 X 상품에 인체에 유해한 성분이 들어있지

않음에도 불구하고 경쟁사업자가 판매하는 X 상품에는 인체에 유해한 성분이 있다고 고객에게 설명하면서 X 상품을 판매하였는데, 이러한 행위가 공정거래법상 불공정거래행위에 해당하는지를 설명하시오(단, 공정거래법 제45조 제1항 제8호 위반 여부는 논하지 말 것). (20점)

3. 甲, 乙, 丙이 위 사안과 달리 A 회사를 설립하는 대신 각각 X 상품의 가격을 10% 인상하기로 협의하고 인상된 가격으로 소비자에게 X 상품을 판매하였다고 가정하고, 이로 인하여 발생하는 손해를 보전받기 위해서 소비자가 공정거래법상 이용할 수 있는 제도와 그 특징에 대해 설명하시오. (20점)

제2문 80점

甲 피트니스센터(이하 '甲'이라 함)는 과거에 회원으로 등록되어 있던 고객들을 상대로 2019. 11. 1. '동계 특별프로모션'에 관한 휴대전화 문자메시지를 발송하여 이용료 할인 및 요가수업 3회 무료 수강이 포함된 프로그램 정보를 제공하는 한편, 문자메시지 하단에 甲의 전화번호를 남겨서 상담을 유도하였다.

과거 甲의 회원이었던 A는 해당 문자메시지를 받고 甲에 전화하여 상담원에게 위 프로모션에 관하여 문의하였다. 甲의 상담원은 이번 프로모션이 1개월당 20만 원에 상당하는 프로그램을 3개월 동안 30만 원에 제공하는 상품이며, 단 2주간만 회원을 모집하므로 조기 마감이 예상되니 속히 등록을 하는 편이 좋겠다고 A를 설득하였다. 이에 A는 11. 1. 전화상으로 가입의사를 밝히고 당일에 이용대금 30만 원을 甲의 은행계좌로 이체하였다. 甲은 고객들에게 적용하기 위해 미리 마련해 둔 계약서를 A에게 전자우편으로 발송하였는데, A가 받은 계약서에는 청약철회, 중도해지 및 그로 인한 위약금에 관한 내용은 적혀 있지 아니하였다.

그런데 A는 11. 5. 거주지 인근에 새로 문을 연 乙 피트니스센터에서 유사한 프로그램을 더 저렴한 가격에 제공한다는 사실을 알게 되었다. 하지만 이미 甲의 시설을 5일간 이용하였으므로 어쩔 수 없다고 생각하던 중 11. 15. 친구 B로부터 일정 기간 내에는 청약을 철회할 수 있다는 이야기를 듣게 되었다. 이에 甲에 같은 날 철회하고 싶다고 하였으나 甲은 A에게 계약 후 15일이 경과하였고 이미 피트니스센터 시설을 이용하였으므로 청약을 철회할 수 없다고 답변하였다.

하는 수 없이 계속 甲을 이용하기로 한 A가 12. 2. 운동기구 X를 사용하던 중 자신의 과실로 인하여 해당 운동기구에 경미한 고장을 일으켰다. A는 다음날 甲으로부터 새로운 운동기구 Y의 사용방법에 대한 설명을 듣지 못한 채 운동기구 Y를 조작하다가 오작동으로 인하여 허리를 다쳐 통원치료를 받게 되었다.

A는 甲에 자신의 치료비 및 한동안 일을 하지 못하게 되어 발생한 손해를 배상해 줄 것을 요구하였다. 하지만 甲은 A와 체결한 아래의 甲 피트니스센터 회원 가입 계약서를 제시하면서, 운동기구 Y의 이용으로 인해 발생한 부상에 대해서는 입원비와 수술비만 책임지기로 하였으므로 통원 치료비는 배상할 필요가 없고, 오히려 甲이 A로부터 운동기구 X의 고장으로 인한 손해를 배상받아야 한다고 주장하고 있다.

제10조

고객이 피트니스센터를 이용하는 과정에서 운동기구의 고장, 훼손을 야기한 경우에 고객은 해당 운동기구의 신제품 가격에 상응하는 금원 및 교체 기간 동안의 영업손실금을 손해액으로 배상하여야 합니다.

제11조

피트니스센터를 이용하는 과정에서 고객에게 발생한 부상에 대하여 甲은 고객의 입원비와 수술비에 한하여 배상의 책임을 집니다.

---

1. 甲과 A 사이의 판매 또는 거래행위가 「방문판매 등에 관한 법률」상 어떠한 유형에 해당하는지를 설명하시오. (20점)

2. A의 청약철회 요구에 대한 甲의 답변 내용이 타당한지에 관하여 설명하시오. (20점)

3. 甲 피트니스센터 회원 가입 계약서 제10조 및 제11조가 「약관의 규제에 관한 법률」(이하 '약관규제법'이라 한다)상 불공정 약관조항에 해당하여 무효가 되는지를 설명하시오. (단, 약관규제법 제6조 해당 여부는 논하지 말 것) (30점)

4. 피트니스센터 이용 약관을 둘러싸고 소비자 피해가 다수 야기되어 그로 인한 피해를 방지하기 위하여 표준약관이 필요한 경우에 공정거래위원회가 직접 표준약관을 제정하게 되는 요건에 관하여 설명하시오. (10점)

〈2021년〉

제1문 80점

甲은 국내에서 오프라인 매장을 개설하여 가전제품을 전문적으로 판매하는 유통전문회사이다. 관련 시장을 '국내 가전양판시장'이라고 가정할 때 甲은 이 시장에서 시장점유율 45%를 차지하고 있고, 경쟁사 중에는 乙의 시장점유율이 30%이며, 나머지 경쟁자들의 시장점유율은 각 5% 미만이다. 甲은 1년 전부터 가전제품 제조사들과의 전속거래를 유도하기 위한 전략을 시행하고 있다. 그에 따라 甲은 자신에게만 가전제품을 납품하기로 하는 약정을 체결하는 가전제품 제조사에 대하여는 자신의 부담으로 고객에 대한 구매할인을 제공해 주고 있다. 이런 전략이 효과를 거두어 乙을 제외한 나머지 경쟁자들 중에는 시장에서 퇴출되는 사업자가 나타나기 시작하였다. 한편 乙은 丙을 계열회사로 두고 있는데, 丙은 제조업체로부터 제품 배송을 위탁받아 유통전문회사의 오프라인 매장에 배송하는 물류배송업체이다. 현재 乙은 甲에 비해 중소 가전업체의 가전제품을 많이 취급하고 있다. 중소 가전업체는 판로 확대를 위하여 가전제품 유통전문회사의 오프라인 매장에서 가전제품을 판매할 것을 희망하고 있는데, 乙은 중소 가전업체에 대하여 乙의 오프라인 매장에서 가전제품을 판매하게 될 경우 제품 배송 용역은 丙으로부터 구입하도록 하고 있다. 따라서 중소 가전업체는 乙의 오프라인 매장에서 가전제품을 판매하기 위하여서는 丙의 제품 배송 용역을 구입할 수밖에 없는 형편이다.

1. 甲의 행위가 「독점규제 및 공정거래에 관한 법률」(이하 '공정거래법'이라 함)상 시장지배적 지위 남용행위에 해당하는지에 관하여 다음의 질문에 답하시오.
   (1) 甲은 공정거래법상 시장지배적 사업자에 해당하는가? (10점)
   (2) 甲이 시장지배적 사업자라고 가정하고 甲의 행위에 공정거래법 제5조 제1항 제5호 전단에 정한 '경쟁사업자를 배제하기 위하여 거래하는 행위' 규정을 적용할 경우, 甲의 행위가 이 행위 유형에 형식적으로 해당한다고 볼 수 있는 근거를 설명하시오. (10점)
   (3) 甲의 행위가 위와 같은 규정에 해당한다고 할 경우 甲의 행위가 부당한지를 판단해 보시오. (20점)
2. 乙이 중소 가전업체에 대하여 한 행위가 공정거래법상 불공정거래행위에 해당하는지를 설명하시오(단, 공정거래법 제45조 제1항 제6호, 제7호, 제8호의 적용 여부는 판단하지 아니함). (25점)

3. 乙은 공정거래위원회의 조사를 받던 중 문제가 되는 행위를 자발적으로 시정할 수 있는 방안을 제시하여 사건을 신속하게 종결하고자 한다. 乙이 취할 수 있는 공정거래법상 절차는 무엇인지 설명하시오. (15점)

제2문 80점

인터넷 쇼핑몰을 운영하는 甲회사는 온라인으로 의류, 신발, 액세서리 등을 판매해오고 있다. 소비자 A는 2020. 9. 1. 휴대전화로 甲회사의 인터넷 쇼핑몰에서 액세서리를 주문하여 계약서는 당일 이메일로 받고, 상품은 2020. 9. 3. 택배로 받았다. 하지만 A는 수령한 액세서리가 마음에 들지 않았다. A는 환불을 위하여 수령한 액세서리를 상자에 담은 후 상자 겉면에 "마음에 들지 않으니 환불해 주세요."라고 쓰고는 2020. 9. 7. 택배로 그 액세서리를 甲회사에 송부하였다. 그런데 일주일이 지나도록 환불 조치가 이루어지지 않아 A는 甲회사의 고객센터에 문의하였다. 이에 대해 甲회사의 고객센터는 "당해 액세서리는 주문제작 상품이므로 환불이 불가합니다."라는 답변을 하였다. 하지만 당해 액세서리는 외국에서 수입한 기성품이었다.

1. 「전자상거래 등에서의 소비자보호에 관한 법률」(이하 '전자상거래법'이라 함)상 A가 甲회사로부터 환불을 받을 수 있는지, 있다면 그 근거를 제시하여 설명하시오. (20점)
2. 甲회사의 고객센터가 A에 대하여 한 답변이 전자상거래법상 어떠한 위법행위에 해당하고, 이에 대하여 공정거래위원회는 어떠한 조치를 취할 수 있는지 설명하시오. (20점)
3. A가 甲회사의 인터넷 쇼핑몰 게시판을 살펴보니 자신과 같이 액세서리의 환불요청을 하였으나 환불 받지 못한 소비자가 80여 명이 있다는 사실을 알게 되었다. 이들이 「소비자기본법」상 집단으로 분쟁을 해결할 수 있는 방안을 설명하시오. (10점)
4. 만약 A가 환불을 요청하지 않고 액세서리를 사용하려고 하였는데 액세서리의 큐빅 하나에 금이 가 있는 것을 발견하고 2020. 9. 7. 甲회사에 교환을 요구하자 甲회사가 아래의 약관조항을 이유로 A의 교환요청을 거절한다고 가정할 때, 각 약관조항이 「약관의 규제에 관한 법률」(이하 '약관규제법'이라 함)상 불공정한 약관인지 설명하시오(단, 약관규제법 제6조의 적용 여부는 논하지 말 것). (30점)

제12조(구매확정) 당사에서 구입한 상품은 소비자가 수령 후 3일 이내에 반송하지 않는 경우 구매확정으로 처리됩니다.

제13조(교환조건)

③ 구매확정이 되었다면 당사에서 구입한 상품에 하자가 있더라도 교환요구를 할 수 없습니다.

〈2022년〉

제1문 80점

국내 X상품시장에서 사업자 A, B, C, D의 2021년 기준 시장점유율은 각각 40%, 30%, 20%, 10%이다. 이 사안의 관련시장은 국내 X상품시장으로 한다. 그런데 이들 사업자는 모두 2019년 말부터 영업적자를 겪고 있다. 이에 2022년 1월 초 A의 대표이사는 B, C, D의 대표이사들에게 영업적자 극복을 위한 회의를 제안하였고, 이에 A, B, C, D의 대표이사들이 회합하였다. 이 회의에서 A의 대표이사는 B, C, D의 대표이사들에게 영업적자가 해소되는 시점까지 X상품 가격을 20% 정도 인상하자고 제안하였다. 이에 응하여 B, C, D의 대표이사들도 상품 가격을 인상하기로 하였다.

1. 「독점규제 및 공정거래에 관한 법률」(이하 '공정거래법'이라고 한다)상 부당한 공동행위와 관련하여 다음 질문에 답하시오.
   (1) 위 사례에서 A, B, C, D의 행위가 부당한 공동행위에 해당하는지를 설명하시오. (40점)
   (2) 위 사례에서 A, B, C, D의 행위가 부당한 공동행위에 해당한다고 가정할 경우 공정거래위원회가 공정거래법상 A, B, C, D에 대하여 할 수 있는 행정처분에 대하여 설명하시오. (20점)
2. 한편 A는 영업적자를 극복하기 위한 방안으로써 자사의 거래상 지위를 이용하여 계속적 거래관계에 있는 납품업체로 하여금 자사에 금전을 제공하도록 강제하였다. 이러한 A의 행위가 공정거래법상 불공정거래행위에 해당하는지를 설명하시오(단, 공정거래법 제45조 제1항 제8호, 제10호의 적용 여부는 논하지 말 것). (20점)

제2문 80점

소비자 A는 2021년 12월 1일 사업자 B의 자동차판매대리점에 방문하여 "본 대리점에서 자동차를 할부로 구매한 후 이용한 경우에는 할부계약에 관한 청약을 철회할 수 없습니다"라는 안내 표시판을 확인하고 C신용카드 회사로부터 발급받은 자신의 신용카드를 이용하여 12개월 할부로 X자동차(「자동차관리법」에 따른 자동차이다)를 구매하면서 계약서를 수령하였다. 그 다음 날인 12월 2일 A는 B가 탁송으로 보낸 X자동차를 수령하였다. 계약서에는 다음과 같은 내용의 약관 조항이 있었다.

> 제10조(손해배상액의 제한) 고객이 상품을 수령한 후에는 상품 하자로 인한 손해가 발생하더라도 B는 손해액의 50%만 배상합니다.
> 제11조(분쟁해결방법) 상품 하자로 인한 손해배상 분쟁은 중재로 해결해야 하며 법원에 소를 제기할 수 없습니다.

※ 이하의 문제는 각각 독립적임.

1. 「할부거래에 관한 법률」(이하 '할부거래법'이라고 한다)과 관련하여 다음 질문에 답하시오.
   (1) A와 B 사이의 계약이 할부거래법상 어떤 유형의 계약에 해당하는지를 설명하시오. (20점)
   (2) A는 X자동차를 이용하다가 2021년 12월 4일 왠지 마음에 들지 않아 X자동차 구매 계약에 관한 청약을 철회하려고 한다. A가 할부거래법에 따라 청약을 철회할 수 있는지를 설명하시오. (20점)
2. 「약관의 규제에 관한 법률」(이하 '약관규제법'이라고 한다)과 관련하여 다음 질문에 답하시오.
   (단, 약관규제법 제3조, 제6조 해당 여부는 논하지 말 것)
   (1) A는 X자동차를 이용하다가 X자동차의 하자로 인하여 부상을 입어 부상을 치료하기 위해 병원에 다니면서 100만 원의 치료비를 지불하였다. A가 B에게 100만 원의 치료비를 손해배상으로 청구하자 B는 약관 제10조를 이유로 손해배상금 50만 원만 지급하겠다고 하였다. B가 약관 제10조를 이유로 손해배상액을 제한할 수 있는지를 설명하시오. (20점)
   (2) 약관 제11조가 약관규제법상 불공정한 약관 조항에 해당하는지를 설명하시오. (20점)

주진열
부산대 법학전문대학원 교수

〈약력〉
서울대 법학박사
대법원 재판연구관(공정거래법 전담)
대법원 사법연수원/서울지방변호사회 공정거래법 강사
대법원 법원행정처 특수사법제도연구위원회 조사위원
공정거래위원회 경쟁정책자문위원
변호사시험/사법시험 출제위원
한국경쟁법학회 부회장/한국법경제학회 학술상 수상
스탠퍼드대/시카고대/캘리포니아–버클리대 로스쿨 연수(한국연구재단 지원)
하버드대 로스쿨 연수(서울대 지원)
논문, 저서, 북챕터 등 100여 편

로스쿨 경제법

초판발행	2022년 11월 1일
지은이	주진열
펴낸이	안종만 · 안상준
편 집	한두희
기획/마케팅	정성혁
표지디자인	이영경
제 작	고철민 · 조영환
펴낸곳	**(주) 박영사**
	서울특별시 금천구 가산디지털2로 53, 210호(가산동, 한라시그마밸리)
	등록 1959. 3. 11. 제300–1959–1호(倫)
전 화	02)733–6771
f a x	02)736–4818
e-mail	pys@pybook.co.kr
homepage	www.pybook.co.kr
ISBN	979–11–303–4314–3 93360

정 가   20,000원